AF467894

HISTOIRE
DU COMMERCE
ENTRE
LE LEVANT ET L'EUROPE.
TOME II.

A PARIS, chez TREUTTEL ET WÜRTZ, Libraires,
rue de Bourbon, n.° 17.

A STRASBOURG et à LONDRES, même maison de commerce.

HISTOIRE
DU COMMERCE

ENTRE

LE LEVANT ET L'EUROPE

DEPUIS LES CROISADES
JUSQU'A LA FONDATION DES COLONIES D'AMÉRIQUE;

PAR G. B. DEPPING

MEMBRE DE LA SOCIÉTÉ ROYALE DES ANTIQUAIRES DE FRANCE
DE LA SOCIÉTÉ PHILOTECHNIQUE
DE LA SOCIÉTÉ ROYALE DES ANTIQUAIRES DU NORD, À COPENHAGUE
ASSOCIÉ ÉTRANGER DE L'ACADÉMIE ROYALE DE MUNICH
ET CORRESPONDANT DE LA SOCIÉTÉ ROYALE DE NANCY.

OUVRAGE QUI A ÉTÉ COURONNÉ EN 1828
Par l'Académie royale des Inscriptions et Belles-Lettres.

TOME II.

PARIS
IMPRIMÉ PAR AUTORISATION DU ROI
A L'IMPRIMERIE ROYALE.

M DCCC XXX.

HISTOIRE

DU COMMERCE

ENTRE

LE LEVANT ET L'EUROPE.

CHAPITRE VII.

CONSULATS.

Origine des consuls de commerce. — Magistrats commerciaux à Venise. — Consuls de mer à Barcelone. — Conservateurs des Foires de Lyon. — Bourse des marchands à Toulouse. — Consuls de Paris. — Origine des lois nautiques de la Méditerranée; Loi Rhodienne; Livre du Consulat de mer, revendiqué par les Catalans. — Règles d'Oléron. — Lois de Wisby. — Consulats dans l'Orient; leur origine. — Magistrats maritimes chez les Maures, au moyen âge. — Consulats marseillais en Syrie aux douzième et treizième siècles, à Tyr, à Saint-Jean-d'Acre, à Bérythe; consuls vénitiens à Tyr, à Byblos, à Antioche. — Rivalité des consuls de Venise et de Gênes en Chypre. — Leurs consuls en Crimée, en Égypte. — Consuls catalans à Alexandrie. — Consulats à Séville. — Fondes ou loges des chrétiens en Orient. — Fondes d'Alexandrie. — Droits consulaires.

Dans la multitude d'affaires commerciales qui avaient lieu entre l'Orient et l'Occident, et entre les peuples latins eux-mêmes, il y en avait nécessairement qui donnaient lieu à des contestations et à des procès : or, les contestations des négocians et marchands sont de nature à ne pouvoir être jugées toujours par des juges civils, et à exiger une magistrature particulière, ainsi que des réglemens spéciaux. Athènes et Rome avaient des juges pour les corporations d'arts et métiers; en Grèce, il y avait des arbitres pour les différends résultant de la navigation [1]. Les empereurs romains avaient investi des juges particuliers du droit de juger tous les différends qui s'élèveraient entre les artisans ou entre les commerçans. Un rescrit de l'empereur Anastase défend à ces deux classes de se soustraire à la juridiction qui avait été instituée exprès pour eux [2]. Ulpien s'explique clairement sur la compétence de ces magistratures spéciales. Partout où il y avait des corporations de marchands et négocians dans l'empire, il existait donc probablement aussi un juge ou un tribunal de la même espèce.

Cette institution nécessaire a dû survivre à la décadence de l'empire, lors de l'invasion des barbares; les

(1) Voyez les Dialogues de Lucien, la Harangue de Démosthène contre Apaturios. Lucien parle des Ναυτοδίκαι, ou juges des nautonniers. — Comparez Toubeau, Institutes du droit consulaire; — et Baumstark, De Curatoribus emporii et nautodicis apud Athenienses; Fribourg, 1828, in-8°.

(2) Lex ult. cod. de juridict. omnium judicum.

Visigoths mêmes protégeaient, par une magistrature spéciale, les marchands qui voyageaient au-dehors [1] : comment donc les nations plus civilisées auraient-elles pu laisser périr une institution protectrice de leur industrie et de leur commerce? Ce qu'il y a de certain, c'est qu'aussitôt que nous voyons en Italie les villes se rendre indépendantes, se donner des lois, et se gouverner à l'instar de l'ancienne république romaine, nous y retrouvons les marchands sous une juridiction spéciale, et à leur tête nous apercevons des juges uniquement institués pour eux; il en est fait mention dans une charte de Pistoie, de l'an 1107. Roger I, roi de Sicile, les institua en 1128, à Messine [2]. Par une charte de la ville de Sienne, de l'an 1145, les consuls des marchands sont appelés dans le conseil municipal; ils auront dix sous pour leur consulat, et autant pour leur conseil [3]. Les statuts de la ville de Pise, dont une partie est de l'an 1161 [4], parlent des audiences que les consuls des marins et des marchands avaient coutume de tenir auprès de

(1) Leg. Visigoth., liv. III, §. 2.

(2) Voyez Brevis Histor. liberat. Messanæ, dans le tome VI des Miscellanea de Baluze.

(3) « Habebo in communi consilio omnes consules negociatorum quorum unicuilibet dabo viginti solidos, decem pro eorum consulatu, et decem pro consilio... Factum anno 1145. » Dans Muratori, Antiq. italic.; tome IV, dissert. 47.

(4) Masi, Della navigazione e commercio della republ. pisana,

l'église de Saint-Michel[1]; ce qui fait supposer que ce tribunal existait depuis long-temps. Les mêmes statuts attribuent formellement aux consuls de mer la connaissance de toutes les affaires litigieuses, relatives à la navigation, aux nolis, aux avaries et à la perte des marchandises. Modène et Lucques avaient des consuls de marchands en 1182, époque où les deux villes firent un pacte dans lequel les grands consuls et les consuls des marchands de chacune des deux villes sont nommés[2]. Dans le royaume de Naples, les marchands et changeurs d'Amalfi obtinrent, par une charte de l'an 1190, la faculté d'avoir un consulat. Gènes institua, en 1250, quatre consuls de mer[3] : ce n'étaient probablement pas les premiers consuls marchands qu'eut cette ville.

p. 96; — Comp. Azuni, Système du droit maritime, tome I, section Pise; — et Raumer, Uber einen ungedrückten Codex &c.; Berlin, 1828, in-4°.

(1) « Excipimus consules marinariorum et mercatorum, qui apud ecclesiam sancti Michaëlis curiam tenere consueverunt. » Chap. : De judicibus, reclamatoribus et reis. — « Statuimus etiam ut questio marinarii et nauli et de mercibus amissis seu deterioratis in navi, vel ligno, à consulibus ordinis maris summatìm et extrà ordinem secundum justitiam dirimatur. » Chap. : De modo cognoscendi et judicandi; ibid.

(2) Pacta concordiæ initæ inter consules majores et consules mercatorum Mutinæ, et consules majores et consules mercatorum Lucæ, anno 1182; pièce des archives de Modène, publiée par Muratori, Antiq. italic., tome II, dissert. 30.

(3) Foglieta, Annal. genuens., liv. V.

Si nous ne trouvons cette institution dans d'autres villes de l'Italie qu'un siècle plus tard, c'est vraisemblablement parce que les documens qui constataient son existence sont perdus. Il fallait qu'elle fût assez ancienne à Rome, puisqu'il est dit de Paul III qu'il confirma la *très-ancienne juridiction de ses consuls* du corps des marchands drapiers[1]. À Florence, le consulat de commerce ne fut pourtant institué formellement qu'en 1421 ; il fut composé de six membres, dont quatre étaient pris dans le corps des grands métiers, et deux dans le corps des petits; on les élisait tous les ans. Les six consuls résidèrent d'abord tous à Florence; mais, en 1426, on arrêta que la moitié du tribunal siégerait à Pise, et l'autre moitié resterait à Florence. Cette institution dura peu de temps : déjà en 1481, le consulat fut supprimé, et ces fonctions réunies à celles des capitaines de ports[2].

C'était surtout à Venise qu'une magistrature spéciale était nécessaire pour tant de corporations d'artisans, et pour la multitude d'affaires commerciales qui s'y traitaient. Le gouvernement n'avait pas manqué d'instituer diverses espèces de juges, d'inspecteurs, de fonctionnaires pour les arts et métiers, la navigation, le trafic, &c. Dès l'an 1195, il y eut un bureau de

(1) Voyez Marquard, De Jure mercatorum et commerciorum singulari; Francfort, 1662.

(2) Scip. Ammirato, Storia fiorentina, liv. XVIII.

visdomini de la douane, appelés *officiers à la table de mer*, et chargés de percevoir les impôts sur les marchandises qu'on importait de l'étranger par la voie de la mer. Un autre bureau avait la perception des entrées du côté de la terre ferme ; c'était ce qu'on appelait le *bureau des trois tables*, parce qu'il se composait de trois sections, dont l'une s'occupait de la grosse draperie, la seconde, de toute autre espèce de marchandise, et la troisième, des fers[1].

Ce fut vers le commencement du treizième siècle que l'on institua à Venise le conseil supérieur des *pregadi*, et la magistrature des étrangers et des consuls de marchands[2]. Le consulat même est probablement plus ancien. Les consuls avaient diverses attributions; ils faisaient la police chez les marchands; ils empêchaient que les navires marchands et les barques, dans l'Adige et le Pô, ne fussent chargés outre mesure. Ils étaient les juges civils des banques particulières, des faillites, des fabriques de soie, tissus d'or et de soie, et, par suite, des filatures de soie. Ils jugeaient au criminel, dans le cas de vol commis sur les galères de commerce; ils prononçaient l'arrestation des débiteurs, sur les instances des créanciers. Des

(1) Voyez Marin, Storia del commercio de' Veneziani, tome V, liv. II, chap. II.

(2) Sandi, Storia civile della republ. di Venezia, tome I, part. II livre V.

juges suppléans, appelés *sopra-consuli*, accordaient des sauf-conduits aux faillis non frauduleux; mais seulement avec approbation du conseil des quarante. Ils avaient la surveillance des juifs, des banques du Ghetto, et des prêts sur gage. Au quatorzième siècle, on créa un tribunal dit des *cinq* pour les affaires du commerce[1].

L'état avait encore ses préposés à la fonde des Allemands et à celle des Lombards, sous le titre de *visdomini*, au nombre de trois pour chaque nation, et il entretenait des officiers publics pour empêcher la contrebande, pour les dépôts des marchandises du Levant[2], &c.

A Barcelone, on prit des mesures semblables pour la sûreté du commerce et pour la garantie des négocians et fabricans vis-à-vis du gouvernement. En 1279, la ville eut une junte municipale, composée d'experts, qui prononçaient sur la partie contentieuse de la navigation mercantile; mais on ignore si cet établissement était permanent, ou seulement temporaire; il subsista jusqu'en 1347 : cette année, le roi d'Aragon Pierre IV créa formellement un tribunal consulaire[3];

(1) Sandi, Storia civile &c., l. c. — Voyez aussi Marin, Storia del commercio, l. c.

(2) Ibid.

(3) Capmany, Memor. histor. sobre el commercio de Barcelona, tome II, charte 73e.

cependant les consuls de mer existaient déjà auparavant. Dans une sentence de la chancellerie aragonaise de l'an 1282, quatre bourgeois sont désignés comme « procureurs ou consuls de Barcelone pour les affaires » de mer ;» et au commencement du quatorzième siècle, Barcelone élisait tous les ans deux citoyens, en qualité de consuls du commerce. Ces magistrats prêtaient serment entre les mains des chefs de la municipalité[1]. D'après la cédule de Pierre IV, la ville de Barcelone devait élire chaque année deux consuls de mer, à l'instar de ceux de Mayorque, qui par conséquent sont antérieurs en date. Son prédécesseur, Pierre III, avait institué de même un consulat de mer à Valence, en 1283. Cette ville est la première d'Espagne qui ait eu, autant que l'on sache, une juridiction consulaire, en vertu d'un privilége du roi[2]. Des ordonnances royales, qui ont été conservées, déterminèrent clairement les droits et les devoirs des consulats de mer qui venaient d'être créés[3].

Selon une vieille coutume, la bourse connaissait des naufrages, et nommait des curateurs pour prendre soin des biens jetés sur la côte; elle étendait sa juri-

(1) Capmany, Memor. histor., tomes I et III.

(2) Ibid.

(3) Ordenanzas de la antigua forma judiciaria del consulado de mar; dans Capmany, Codigo de las costumbr. maritim. de Barcel., page 321.

diction sur les bateliers et déchargeurs du port. Tous les différends entre ces derniers et leurs patrons étaient du ressort des consuls. Par privilége de l'an 1432, ceux-ci eurent la juridiction sur les dettes frauduleuses et sur les cautions en matières commerciales.

Cet établissement possédait des fonds considérables, où l'on prenait l'argent pour les fêtes, les grandes cérémonies, les salaires des employés. Quelquefois aussi on faisait des avances au roi; dans ce cas, les bourses de plusieurs villes se réunissaient. C'est ce qui arriva en 1401, lorsque les syndics des consulats de Barcelone, de Valence, de Mayorque et de Perpignan se réunirent pour s'entendre sur le prêt ou l'abandon d'un de leurs revenus, qu'ils allaient faire pendant trois ans au roi D. Martin. J'ai déjà dit ailleurs que c'était toujours parmi les bourgeois marchands que l'on prenait les consuls [1].

Le *Livre du Consulat de mer*, dont il sera question plus bas, contient, dans les quarante-trois premiers articles, un réglement de la procédure consulaire; on présume que cette partie a été composée au treizième siècle sous le règne de Jacques d'Aragon. Les charges et attributions des consuls y sont spécifiées; deux tribunaux y sont investis, en première et en seconde instances, du jugement des différends mari-

(1) Capmany, Memor. hist., tom. I et III.

times; les membres du premier tribunal sont les consuls; ceux du second s'appellent juges[1].

Il est probable que la France a eu des juges et des cours maritimes depuis la seconde race : les *Assises de Jérusalem*, rédigées par les Francs qui étaient partis pour les croisades avec Godefroi de Bouillon, reconnaissent la compétence d'une cour de mer pour les affaires pécuniaires des marchands, et admettent dans ces cours les témoignages écrits ou verbaux, au lieu des combats judiciaires qui étaient usités dans les causes civiles[2]. Peut-être pratiquait-on déjà en France la coutume de faire juger par exception les contestations des marins par des jurés spéciaux, ne pouvant soumettre les gens de mer aux épreuves judiciaires de ces temps barbares.

Dans la France méridionale, il y avait au moyen âge des consuls de toute espèce; ceux des corps mu-

(1) Capmany, Codigo de las costumbres maritim. de Barcelona; 1791, in-4°.

(2) « Bien sachiez sil homes qui vont sur mer, se il avient que il aient acun contrast o leurs mariniers de gater pour mantens ou pour acun autre chose dou vaisel, la raizon coumande que ce soit jugié par la court de la mer, pour ce que en la court de la mer n'a point de bataille pour preuve ne pour demande de celui veage, et en la court des bourgeois doit avoir bataille, se la querelle passe un marc d'argent. » Assises de la basse-cour de Jérusalem, chap. XL; manuscrit de la Bibliothèque du Roi. — Voyez aussi Pardessus, Collection de lois maritimes, tome I, chap. VII.

nicipaux avaient, entre autres fonctions, la police des marchés, sans être spécialement institués pour le commerce et l'industrie. Les lettres du roi Jean, de l'an 1351, parlent des consuls des tailleurs de Montpellier[1].

Dans cette ville, il y avait même un consul des marchands de balais[2]. Mais indépendamment des consuls majeurs ou municipaux, et des consuls des arts et métiers, Montpellier avait des consuls de mer, dont ressortissaient les consuls marchands qui veillaient sur le port de Lates, et qui concluaient des traités de commerce avec les villes de France, d'Italie et d'outre-mer. On les voit intervenir dans un grand nombre de transactions relatives aux intérêts de leur ville[3]. Marseille, dans le temps de son indépendance, presque républicaine, avait parmi ses officiers municipaux, élus par le peuple, des magistrats chargés de la *claverie*, ou douane, et des préposés ou chefs des arts et métiers. Les consuls sont très-anciens dans cette ville maritime, ainsi que le prouvent ses statuts, rédigés au treizième siècle. Pour le port d'Aigues-Mortes, Philippe III ordonna de désigner, pour chaque navire,

(1) Encyclopédie méthodique, article Consuls. — Savary, Dictionnaire du Commerce, même article.

(2) D'Aigrefeuille, Histoire de la ville de Montpellier; p. 586 et suivantes : le Consulat de mer.

(3) Ibid.

un juge qui prononcerait sur les contestations des marins[1].

Pour les foires de Champagne, le roi nommait un conservateur : aussi lorsque ces foires furent transférées à Lyon, où s'étaient établis beaucoup de négocians italiens, la magistrature du *conservateur*, ou gardien des priviléges des marchands, suivit naturellement cette translation. Les lettres-patentes de Philippe de Valois, de l'an 1349, portent que les foires de Lyon seront privilégiées, comme l'étaient celles de Brie et de Champagne[2].

L'édit de Louis XIV, de l'an 1669, rappelle les prérogatives accordées aux juges conservateurs par ses prédécesseurs, depuis Philippe de Valois jusqu'à Louis XIII[3]. Ce même édit déclare que le tribunal des juges conservateurs de Lyon fut pris pour modèle quand les juridictions consulaires furent érigées à Paris et ailleurs : « Ayant été pleinement informé par » la discussion &c., dit le roi, que la juridiction de

(1) Lettres de Philippe, de l'an 1279, dans le t. I des Ordonnances des rois de France, où, par erreur, ces lettres ont la date de 1079.

(2) Ordonnances des rois de France.—Voyez Girard, Troisième Livre des offices de France, titre XV: De la Juridiction des juges et consuls.

(3) Jousse, Nouveau Commentaire sur l'ordonnance du commerce de 1673; Marseille, 1802, titre XII : De la Juridiction des consuls.

» la conservation desdits priviléges est une des plus » anciennes et plus considérables justices de notre » royaume, sur le fait des foires et du commerce; » qu'elle a servi d'exemple pour la création des juri- » dictions consulaires de notre bonne ville de Paris et » des autres de notredit royaume, &c. »

Ce qui distinguait pourtant la magistrature de la conservation des foires de celles des consulats de commerce, c'est qu'elle dépendait de la couronne au lieu d'être le résultat du choix des marchands; c'était un commissaire royal et non un confrère qui prononçait sur les contestations commerciales. On donnait pour raison de cela, que les marchands fréquentant les foires, n'étant assemblés qu'accidentellement [1], et même étant étrangers, ne pouvaient pas nommer un conservateur.

Dans une mer comme la Méditerranée, où la navigation et les relations commerciales des peuples sont aussi anciennes, la législation maritime doit l'être aussi. Les Grecs avaient des lois particulières pour la navigation mercantile. Sans favoriser le commerce, les Romains avaient prévu dans leurs lois la plupart des différends auxquels les expéditions mercantiles peuvent

(1) Girard, Troisième Livre des offices de France, traitant des institutions et établissemens des baillis, sénéchaux, prévôts, &c., le tout vérifié par édits et ordonnances des rois; par J. Joly; Paris, 1647, in-folio, titre XV.

donner lieu. A cet égard, leur législation était même si complète, qu'ils n'ont laissé aux peuples modernes, suivant l'expression d'un savant jurisconsulte [1], que la gloire de les imiter. Ces lois protégeaient les naufragés; elles instituaient aussi un prêteur, ou magistrat particulier pour les marchands du dehors; mais on ne connaissait point à Rome l'institution des consulats à l'étranger, qui sont devenus un besoin pour l'Europe. Beaucoup de dispositions législatives sur le commerce maritime chez les Romains étaient empruntées aux lois de l'île de Rhodes, où la marine était florissante avant que Rome eût l'empire du monde. Aussi les lois rhodiennes sur la navigation étaient renommées dans l'antiquité [2]: les auteurs latins en citent des dispositions; mais ce recueil est perdu: ce qu'on a publié sous le nom de droit naval des Rhodiens ne paraît pas venir de ce peuple ancien. Il y a même des savans qui doutent que le code naval de Rhodes ait jamais été rédigé [3]; ils pensent que sous ce nom on comprenait d'anciens usages que l'on pratiquait dans la Médi-

(1) Pardessus, Collect. de lois marit., tome I, chap. III, p. 42.

(2) Voyez les prétendues lois rhodiennes, dans Schardius, Collect. leg. naval.; Bâle, 1561, in-8°,— et dans Pardessus, l. c.— Voyez aussi Schomberg, Treatise on the maritime laws of Rhodes; Londres, 1786, in-8°; — et Pastoret, Dissertation sur l'influence des lois maritimes de Rhodes.

(3) Elard. Mayer, De Historiâ legum maritimarum medii ævi celeberrimarum Dissert.; Goettingue, 1824, in-4°.

terranée, depuis un temps immémorial, à l'égard du commerce maritime. Cette opinion paraît aller trop loin, et puisque les Romains, dans leurs transactions, citaient des textes de lois de Rhodes, il faut croire que cette île avait possédé réellement un code digne d'être suivi par les maîtres du monde [1]. Quoique le temps ne l'ait pas respecté, ses principales dispositions vivent probablement encore dans la législation qui sert de guide aux consulats et aux tribunaux du commerce maritime.

L'empire grec eut ses *basiliques* pour régler, d'après Rhodes et Rome, les transactions commerciales de ses sujets. Les peuples barbares qui avaient envahi l'empire romain avaient foulé aux pieds les droits sacrés du malheur, dans la personne et les effets des naufragés; l'empereur Andronic leur rendit l'inviolabilité que leur avaient accordée les lois romaines [2]. Quand les Français, après la conquête de la Palestine, rédigèrent les *assises* qui devaient leur servir de code en Orient, ils y consignèrent des dispositions claires et positives sur les affaires maritimes des marchands, ainsi que sur l'organisation et la compétence de la cour de commerce ou *cour de fonde*, qu'ils établirent à Saint-Jean d'Acre [3]. Ces dispositions, qui

(1) Voyez Pardessus, Collect. de lois maritimes, tom. I, ch. I.

(2) Même recueil, tome I.

(3) Assises de la basse-cour de Jérusalem.

ensuite devinrent obligatoires aussi pour le royaume de Chypre, s'appuyaient vraisemblablement sur des usages pratiqués dans la Méditerranée, et particulièrement sur la côte de Provence et de Languedoc, ainsi que sur ceux qui étaient en vigueur dans la Syrie.

Il existe un vieux livre de droits et coutumes de mer, en catalan, connu sous le nom du *Consulat de mer :* les lois et réglemens de ce recueil ont été adoptés au moyen âge par tous les peuples de la Méditerranée, et on a continué de s'y conformer jusqu'aux temps modernes. Quelle ville, quel législateur a la gloire d'avoir rédigé ce code de la navigation dans la Méditerranée ? L'Italie, l'Espagne, la France, y prétendent. D'abord les Pisans produisent en témoignage les statuts de leur ville qui datent de l'an 1160, à ce qu'ils supposent; or, ces statuts allèguent d'anciennes lois ou coutumes nautiques, qui, par conséquent, doivent remonter à une haute antiquité; mais ces coutumes, ces usages étaient-ils écrits et ressemblaient-ils au *livre du consulat?* voilà la question. Amalfi, dans la courte époque de sa splendeur maritime, avait ses lois de mer; mais comme elles n'existent plus, on ne saurait décider si le *livre du consulat* en est une copie. L'antique Marseille a sans doute suivi dans sa jurisprudence maritime de vieilles traditions, des réglemens sanctionnés par le temps;

quelques-uns des plus anciens manuscrits du *livre du Consulat* sont en provençal : ce livre était peut-être son ancien guide; on retrouve du moins des dispositions semblables dans les vieux statuts de Marseille [1].

Les Espagnols revendiquent pour la ville de Barcelone l'origine du code nautique ou *livre du Consulat de mer*, dont beaucoup d'anciens exemplaires sont écrits en langue catalane [2]: ils soutiennent que ce fut au treizième siècle que ce recueil fut compilé à Barcelone, par de vieux prud'hommes de mer qui réunirent à cet effet et coordonnèrent les coutumes de la Méditerranée et du Levant; voilà ce qui expliquerait pourquoi d'autres peuples maritimes y trouvent de l'analogie avec leurs propres institutions: en effet, ce n'étaient pas des lois particulières à Barcelone, c'étaient celles qui régnaient dans la Méditerranée, en partie depuis un temps immémorial. Il faut d'ailleurs distinguer dans ce livre plusieurs parties qui ne sont pas toutes de la même époque [3]. Les

(1) Voyez les Statuta civitatis Massiliæ, liv. I à V. — Conf. Pardessus, Cours de droit commercial, tom. I, Disc. prélim.

(2) Codigo de las costumbres maritimas, Discours préliminaire de Capmany. — Voyez aussi les Memor. hist. sobre la marina &c. du même auteur, tom. I, partie II, liv. II.

(3) André Lange, Brevis introductio ad notitiam legum nauticarum, chap. IV. — Comparez l'édition hollandaise du Consulat de mer, par Abr. Westermann; Leyde, 1704, cité dans la Thémis, février 1825. — Meyer, De histor. legum maritimarum Dissertatio.

quarante premiers articles concernent la charge, les fonctions des consuls et la procédure de leur tribunal. Ce réglement paraît avoir été composé sous le règne de Jacques, roi d'Aragon, postérieurement à l'année 1238, puisqu'il y est question des consuls de la ville de Valence, qui ne fut arrachée aux Maures que cette année. Les trente-sept derniers articles ou chapitres paraissent encore plus modernes; on les nomme les chapitres de Barcelone, parce qu'ils se rapportent au commerce de cette ville. Les lois ou coutumes nautiques anciennes ne sont donc contenues que dans le reste du livre, et cette partie doit avoir un fond très-ancien.

C'est cette même partie qui paraît avoir été adoptée par les Vénitiens à Constantinople, dans une assemblée solennelle tenue dans l'église de Sainte-Sophie, en 1255, comme ils adoptèrent pour le droit civil et féodal, dans leurs possessions en Grèce, les *Assises de Jérusalem,* promulguées au nom de Godefroi de Bouillon[1]. Dès le commencement de ses expéditions maritimes, Venise paraît avoir eu un recueil de réglemens nautiques. Dans la suite, les Vénitiens, en Orient, préférèrent peut-être le *livre du Consulat,* comme étant meilleur, et adopté généralement dans la Méditerranée.

(1) Voyez l'avis à la tête du Liber consuetudinum imper. Romaniæ; dans le tome III de P. Canciani, Barbarorum Leges antiq. — Comp. Marin, Storia del commercio de' Veneziani.

Tout semble donc prouver que le livre du Consulat n'était pas un nouveau code, mais un recueil de coutumes observées dans l'Orient avant que les Barcelonais songeassent à les réunir ou à les rédiger. Comment, en effet, les marchands vénitiens qui habitaient l'empire grec auraient-ils adopté avec tant de facilité un code étranger, si ce recueil n'avait pas été en vigueur dans tout l'Orient, ainsi que le disent leurs historiens? Ce ne furent pourtant que les Vénitiens de la Romanie qui adoptèrent la loi nautique de Barcelone; on ne voit point que la république de Venise ait reconnu comme loi nationale ce livre étranger qui néanmoins pouvait être respecté comme une autorité par les marchands vénitiens, dans leurs transactions avec d'autres peuples de la Méditerranée.

Les Génois et les Pisans se conformèrent aussi, à ce que l'on assure, aux dispositions du livre du Consulat; ainsi, il fut vraisemblablement le guide de tous les navigateurs dans cette mer, et la régle à laquelle on se soumettait dans tous les ports habités ou fréquentés par les chrétiens.

L'Océan eut ses lois à l'instar de la Méditerranée; les règles ou rôles d'Oléron étaient pour l'Atlantique ce que le livre du Consulat était pour la mer intérieure[1]; l'origine en est pareillement incertaine : ap-

(1) Clarac, Us et Coutumes de la mer, contenant les jugemens d'Oléron, &c.; Bordeaux, 1671, in-4°.

paremment on les rédigea vers la fin du onzième siècle, d'après d'anciennes coutumes[1] de la navigation de l'Océan, qui avaient reçu force de loi, en sorte que ce qu'on appelle improprement rôles d'Oléron était le droit commun de cette mer.

D'un autre côté, les peuples du nord observèrent les statuts de Lubeck et de Hambourg, ainsi que ceux de Wisby, auxquels les règles de l'Océan, telles qu'elles avaient été arrangées en Hollande, ont pu servir de modèles[2].

Jusqu'ici nous ne nous sommes occupés de l'institution consulaire que dans ses rapports avec l'intérieur des pays où elle était établie. Les besoins du commerce forcèrent les nations du moyen âge d'en étendre l'influence sur l'étranger. Les marchands des peuples maritimes, qui fréquentaient les ports et les villes du Levant, qui y séjournaient, trafiquaient et exerçaient des droits ou des priviléges, donnaient lieu par leurs transactions, soit avec les indigènes, soit

(1) Pardessus, Collection des lois maritimes &c.; t. I, chap. VIII, page 301.

(2) Voyez, sur le Code de Wisby, Élard. Meyer, De historiâ legum maritim. Dissert. — Pardessus, loc. cit., tome I, — et Lappenberg, article sur cet ouvrage, dans les Jahrbüch. für wissenschaftl. Kritik; février 1829.

entre eux, à des contestations qui ne pouvaient être jugées par les lois des Sarrasins, qui leur étaient inconnues, ni par des juges musulmans dont ils ne comprenaient pas le langage. Le bon sens voulait que leurs affaires contentieuses fussent réglées par des hommes de leur nation, et d'après les coutumes de la législation européenne. Ces mêmes marchands avaient d'ailleurs besoin d'un protecteur, d'un agent, d'un représentant de leur nation dans les ports et dans les contrées où ils trafiquaient; il leur fallait une autorité publique accréditée auprès du gouvernement musulman, à laquelle ils pussent s'adresser pour faire valoir des réclamations, pour faire redresser des griefs, pour obtenir justice. Toutes ces considérations suggérèrent l'idée si naturelle de transférer à l'étranger l'institution des consuls dont on se trouvait si bien chez soi. En nommant un consul dans le port sarrasin où l'on trafiquait, on y instituait un protecteur, un agent national, un juge de tous les marchands et de tous les marins de la même nation qui s'y trouvaient réunis. Aussi voyons-nous dans le moyen âge Venise, Barcelone, Gênes, Pise, Florence, Marseille, &c., avoir des consuls dans les ports de l'Égypte, de la Syrie, et des autres pays maritimes du Levant, comme ils en avaient dans leurs propres ports. Il serait difficile de décider quel peuple a eu le premier des consuls dans les ports orientaux, et dans quelles années ces consulats du Levant ont été fondés. A vrai dire, je crois qu'il n'en a été fondé aucun, et que pendant plusieurs siècles il n'y a eu rien de stable et de fixe à cet égard On stipulait pour un certain temps avec le seigneur du port; on renouvelait ensuite la capitulation, qui passait quelquefois en coutume. Une guerre, une invasion, même des querelles, détruisaient le consulat : en reprenant de l'influence, on cherchait à le rétablir. Ce serait, à mon avis, peine perdue de chercher la date précise de l'établissement des consulats européens dans les échelles du Levant; mais il y a de l'intérêt à rechercher et à examiner les plus anciens actes qui parlent de ces consulats, c'est à quoi le reste du chapitre sera destiné : si ces actes ne font pas connaître le plus ancien consulat ni la date précise de son institution, au moins verrons-nous de quelle époque datent les preuves écrites de l'existence des plus anciens consuls aux Levant, et à quels peuples ils appartiennent. Je dois avertir qu'il n'est question ici que des consuls chrétiens, car si nous voulions comprendre dans nos recherches les autres peuples, la question deviendrait probablement d'une solution plus difficile. Les Orientaux ont vraisemblablement eu des consuls de marchands étrangers avant les Européens. Vers l'an 720 de notre ère, il y avait une amirauté au port de Canfou en Chine que fréquentaient les navires arabes, et du temps des Yuan, ou Mongols de la Chine, on y établit, suivant les livres chinois[1] « un tribunal de commerce chargé de juger les différends qui pouvaient s'élever entre les négocians arrivés par mer, pour y vendre leurs cargaisons. » Au neuvième siècle, un Mahométan y était institué juge entre ceux de sa religion, par l'empereur de la Chine; tous les Mahométans qui abordaient à Canfou étaient jugés par lui, dans leurs différends, selon les lois musulmanes[2]. Il est donc évident que dès le neuvième siècle les marchands arabes avaient en Chine un consul de leur nation, ou du moins de leur religion.

C'est pendant les croisades que nous voyons accorder par les princes Francs, aux villes et nations maritimes qui les aidaient dans leurs conquêtes en Syrie, la faculté de former dans les ports conquis des communautés marchandes, régies par des consuls de leur nation, aussi est-ce avec raison que plusieurs auteurs modernes regardent le consulat comme un fruit des croisades[3]. Les *assises de Jérusalem,* qui étaient le code des Français en Palestine, instituent une cour

(1) Cités par M. Klaproth, Renseignemens sur les ports de Gampou et de Zaïthoum, dans le tome V du Journal asiatique.

(2) Relations de deux voyageurs arabes, parmi les anciennes relations des Indes et de la Chine; Paris, 1718.

(3) Steck, De consulum in emporiis Asiæ minoris origine. — F. Borel, De l'origine et des fonctions des consuls; Pétersbourg, 1807, chap. I.

de commerce dans la fonde de Saint-Jean-d'Acre, tant pour les marchands chrétiens que pour les indigènes de la Syrie, les Juifs, les Sarrasins, les Arméniens. Cette cour devait se composer d'un bailli, homme de bonne renommée et ami de la justice, et de six jurés d'un caractère loyal[1], savoir, deux chrétiens et quatre Syriens, sans doute parce que les transactions entre les gens du pays, ou entre chrétiens et les Syriens, étaient plus fréquentes que celles qui avaient lieu entre les chrétiens eux-mêmes; d'ailleurs, les Syriens connaissant les us et coutumes du pays pouvaient mieux juger que les étrangers. Devant cette cour commerciale devaient être portées toutes les contestations civiles et mercantiles; elles ne pouvaient même être jugées que là; mais quand les marchands avaient à se plaindre de vols, de violences, de meurtres, la fonde ne pouvait en décider : l'affaire devait être portée devant la *cour des bourgeois*, qui exerçait la justice criminelle, et se composait du vicomte et des jurés.

Dans cette cour de la fonde, instituée par les assises de Jérusalem, nous voyons le premier type des consulats qui furent fondés en Syrie, et ailleurs, de-

(1) « Bien devez savoir qu'en la fonde doit avoir un bailli, loyal homme et de bonne renommée, et qui aime toutes manières de gens à droit maintenir &c. » Assises de la basse-cour de Jérusalem, chap. CCXXVII; manuscr. de la Bibliothèque du Roi.

puis l'époque des croisades. Aussi les assises de Chypre, calquées sur celles de Jérusalem, accordent aux Vénitiens, aux Génois et aux Pisans, séjournant dans cette île, des justices particulières pour les contestations mercantiles et les affaires de police entre nationaux ; quant à la poursuite des crimes et aux procès civils, la cour royale s'en réserve expressément la connaissance : toutes les actions contraires à cette règle sont d'avance déclarées nulles [1]. Les statuts de la ville de Marseille prescrivent les nominations de consuls dans les navires prêts à faire le voyage d'outremer [2] : le consulat d'Acre est mentionné plusieurs fois dans ces statuts. En effet, Marseille, qui transportait, par le moyen de ses flottes, les seigneurs français en Orient, qui leur prêtait de l'argent et leur fournissait des guerriers et des vivres, Marseille eut de bonne heure ce privilége en Syrie. Le premier acte où je trouve mentionnée la magistrature consulaire française, ce sont les lettres-patentes du marquis de Montferrat, qui, étant seigneur de Tyr, permit en 1187 aux marchands marseillais, dans cette ville, d'avoir un consul pour maintenir la justice [3]. Peut-être les Français avaient-ils déjà

(1) Assisiæ seu consuetudines regni Hierosolym., chap. CXXXI ; dans le tome II de P. Canciani, Barbarorum leges antiquæ ; Venise, 1783, in-folio.

(2) Statuta civitatis Massiliæ, liv. I, chap. XVII.

(3) Pièces des archives de la ville citées par Ruffi, Histoire de Marseille.

des consuls dans quelque autre ville de la Syrie ; cependant les premiers consuls ne doivent pas être de beaucoup antérieurs à ce document.

Trois ans après, Guy de Lusignan, en promettant aux Marseillais qui le secouraient au siége de la ville d'Acre un établissement de commerce dans cette place, leur permit, dans ses lettres-patentes, d'y avoir des consuls ou vicomtes qui devaient prêter serment entre les mains du roi de Jérusalem, et avoir la juridiction sur tous les procès civils et criminels, le meurtre et la trahison exceptés [1]. Ces priviléges leur furent confirmés par les successeurs de Guy de Lusignan. En 1212 les consuls marseillais de la ville d'Acre réclamèrent la possession d'une rue qui leur avait été cédée auparavant [2]. Plusieurs années après, les Ordres du Temple et de l'Hôpital Saint-Jean voulurent faire saisir par le connétable de Jérusalem les navires marseillais, pour s'indemniser des

(1) « Damus etiam vobis curiam in Accon, et ut vicecomites et consules de hominibus vestræ gentis habeatis; ità quod si aliquis extraneus contrà quemlibet de vestris querelam moverit, antè vicecomitem vestrum debeat devenire, et ibidem judicium recipere, excepto furto, homicidio, tradimento, et falsamento monetæ, et violatione mulierum..... quæ omnia curiæ nostræ reservamus. » Charte de Guy de Lusignan insérée parmi les preuves, nº 25, du tome II de l'Histoire générale de Provence, de Papon.

(2) Archives de Marseille citées par Ruffi, Histoire de cette ville.

sommes injustement prélevées dans le port de Marseille sur leur marine, exempte en vertu d'anciens priviléges. Le consul des Marseillais d'Acre était alors Jean de Saint-Hilaire; cité devant le connétable, il répondit que, ses fonctions étant purement mercantiles, il n'avait aucune mission pour traiter cette affaire[1]; en conséquence, elle fut portée à Marseille même.

Il paraît que dans la suite les priviléges tombèrent dans l'oubli; que, vers le milieu du treizième siècle, Marseille sacrifia une somme d'argent pour les faire renouveler, et qu'à cette occasion, le vicomte d'Andrade installa dans la ville d'Acre Isarne de Saint-Jacques, en qualité de consul de Marseille[2].

Le seigneur de Bérithe, Jean d'Ibelin, accorda, en 1223, aux Marseillais la faculté d'avoir à leur loge, dans cette ville de Syrie, des consuls pour la décision de toutes les affaires litigieuses, et pour le jugement de tous les délits, à l'exception de l'homicide, dont

(1) « Respondebat ex adverso Joan. de Sancto-Hylario, consul Massiliensium in Accon, quod suprà hoc nullum habebat mandatum nec potestatem à dom. R., comite tolosano et domino Massiliæ, neque comuni Massiliæ, nec volebat respondere prædictis domibus super prædictis petitionibus, cùm Massilienses qui erant apud Accon, essent mercatores, nec ipse nec ipsi essent ad hoc destinati, nec super hoc ullum haberent mandatum. » Charte 116e, de l'an 1234; dans le Codice diplomatico del S. milit. ord. Gerosolim., du P. Pauli.

(2) Pouqueville, Voyage de la Grèce.

le jugement demeurait réservé au seigneur du lieu[1]. Probablement Marseille obtint la même faculté dans toutes les places de Syrie qui furent occupées par des seigneurs français. Mais aussi de pareils avantages durent tomber avec les seigneuries : du moins, après la chute de ces seigneuries, on ne trouve plus d'actes expédiés en faveur des consulats marseillais, quoique, en se donnant au duc d'Anjou, Marseille se fût fait promettre qu'il emploierait ses bons offices pour obtenir le rétablissement des consulats en Syrie.

D'autres villes du midi de la France eurent soin d'instituer des consulats; c'est ainsi que, un peu avant le milieu du quatorzième siècle, il y eut un consul de Narbonne à Constantinople. Andronic Paléologue, en le reconnaissant par un acte dont il sera parlé plus bas, lui alloue la faculté de juger les contestations civiles, ne réservant aux autorités de la ville que les affaires criminelles[2]. Narbonne obtint vers le même temps un consulat dans l'île de Rhodes, ainsi que Montpellier[3]. En 1381, les consuls de la ville de Montpellier désignèrent un Languedocien pour exercer les fonctions de consul « ès parties de Chypre,

(1) Pièces des archives de Marseille, citées par Ruffi.

(2) Voyez le diplôme d'Andronic, dans Ducange, Familiæ byzantinæ; Paris, 1680, p. 237.

(3) D. Vaissette, Histoire générale du Languedoc, tome IV, page 517.

» et ès parties cismarines et ultramarines de Rhodes » et de Damas[1]. »

Pise obtint, en 1170, de Boémond, prince d'Antioche, et de Raymond, comte de Tripoli, le droit d'avoir un consulat dans chacune de ces deux villes de Syrie. Par les deux privilèges, il fut stipulé expressément que le consul connaîtrait des causes pendantes entre les Pisans seulement, et à l'exception du meurtre et de la trahison. Le prince d'Antioche excepte aussi le vol manifeste[2]. Treize ans auparavant, ainsi en 1157, ils avaient obtenu du roi Baudoin un consulat ou vicomté à Tyr, toujours avec les mêmes prérogatives et sous les mêmes restrictions. Le roi de Jérusalem déclara que les Pisans ne pourraient être justiciables d'aucune autre cour dans tout le royaume, et dans la suite on leur donna le droit d'instituer à Tyr des fonctionnaires qui veillassent à la sûreté du quartier pisan, et à ce qu'aucun homme du roi ne s'immisçât dans leurs affaires[3]. Lorsque, en 1216, Rupin, prince d'Antioche, confirma les privilèges

(1) Baluze, Portefeuille de Montpellier, cité par D. Vaissettte.

(2) « Et si inter se querelam habuerint, in curiâ suâ juxtà statutum eorum tractetur et emendetur. Si verò querela talis fuerit quæ ab iisdem difiniri non possit, vel de probato furto, vel proditione, vel homicidio, vel de suis et meis hominibus fuerit, in meâ curiâ audietur et diffinietur. » Privilegium Boemundi III, apud Muratori, Antiq. ital., tome II, dissert. 30.

(3) Instrument. Balduini, dans le tome I de Lünig, Codex ital. diplom. — « Et concedimus eis vicecomitatum sive consulatum, pro regendâ curiâ in Tyro. Et concedimus eis, ut pro communi

accordés par son prédécesseur Boémond, il déclara pareillement que les Pisans, dans les procès ordinaires, ne seraient justiciables d'aucune cour du pays[1].

Venise, qui faisait le plus de commerce, avait aussi le mieux organisé ses consulats. Marin dit qu'elle en avait en Syrie depuis un temps *immémorial*[2]. Ce temps ne remonte pourtant pas sans doute au-delà du douzième siècle : du moins les preuves manquent pour une époque plus ancienne. En promettant au royaume de Jérusalem des secours pour le siége de Tyr, en 1123, les Vénitiens avaient eu soin de stipuler qu'ils auraient le tiers de la ville en toute propriété, et que les contestations entre Vénitiens y seraient jugées par des magistrats nationaux[3]. Aussi eurent-ils un bayle à Tyr dès que cette ville fut soumise au pouvoir des Latins. On nous a conservé la formule du serment que le consul était obligé de prêter en entrant en fonctions ; elle n'est pas sans intérêt : « Je jure sur les » saints Évangiles, était-il obligé de dire, que je ren- » drai bonne justice à tous ceux qui sont sous la juri- » diction vénitienne dans la ville de Tyr, et à tous

ponantur homines pro suo velle ad cathenam et fondam et portas civitatis Tyri qui habeant curam de omnibus Pisanis &c. » Charte de l'an 1189 ; Muratori, loc. cit.

(1) Charte de Rupin, de l'an 1216 ; Muratori, loc. cit.

(2) Storia del commercio de' Venet., vol. IV, pag. 87.

(3) Voyez le traité entre Venise et les barons du royaume de Jérusalem, rapporté par Guillaume de Tyr, liv. XII.

» ceux qui comparaîtront devant moi, selon les us et » coutumes de la ville; et s'ils n'en avaient pas con- » naissance, je me réglerai sur ce qui me paraîtra juste » et sur ce qui me sera présenté et allégué par les » parties[1]. » Ce n'était donc pas le droit vénitien ou latin qui servait ici de règle au juge, comme pour les autres consulats : il promettait de juger d'après les us et coutumes de Tyr, qui remontaient peut-être au temps des Phéniciens. Pourquoi cette différence ? C'est que, Tyr étant un pays conquis, le bayle vénitien était le juge de tous les bourgeois du quartier, et non pas seulement le consul des marchands vénitiens. Au reste, ceux-ci agirent si bien en maîtres dans ce port, qu'en 1243 leur consul expulsa de Tyr et d'Acre celui qui s'y était établi de la part de l'empereur Frédéric. Ils furent chassés à leur tour par Jean de Montfort, seigneur de Tyr, et ami des Génois; mais en 1272, ils firent leur paix avec lui, sous la tente des Templiers, au camp d'Acre; et à cette occasion il fut dressé un long acte de réconciliation, par lequel Jean de Montfort promit de rendre au bayle et à la commune de Venise le tiers de la ville de Tyr, avec tous les droits et toutes les prérogatives que Venise y avait possédés auparavant. Il fut expressément convenu que le bayle y exercerait la juridiction civile et criminelle sur tous

(1) André Morosini, Imprese e expeditione di Terra santa; Venise, 1627, in-4°.

les habitans, à l'exception des hommes liges du seigneur[1].

Baudoin, roi de Jérusalem, accorda une juridiction ou un consulat aux Vénitiens de Syrie, en l'an 1130. Le roi consent à ce que les contestations entre des Vénitiens et les plaintes des indigènes contre eux soient portées devant la cour de justice vénitienne; mais il veut que les procès de Vénitiens contre des indigènes soient jugés en cour royale[2].

Quand Venise fut maîtresse d'un quartier de Constantinople et d'une partie de l'empire, le podestat devint le protecteur d'office du commerce du Levant; il était comme le consul général; et lorsque les Grecs rentrèrent dans la possession de leur capitale, Venise se hâta de stipuler qu'elle aurait un bayle, tant à Constantinople qu'à Salonique, et qu'outre un logement pour lui et ses conseillers, les Grecs lui rendraient ou céderaient deux églises à Constantinople et une à Salonique, vingt-cinq maisons dans l'un et l'autre ports, pour les marchands de sa nation, et un emplacement pour leurs magasins[3]. A mesure que les affaires

(1) Charta conventionis inter Jac. Contarenum, Venet. ducem, et Joann. de Monteforti, Tyri dominum; dans le tome XII de Muratori, Script. rer. italic., col. 381.

(2) « Si vero aliquod placitum vel litigationem Veneticus contrà Veneticum habuerit, in curiâ venet. determinetur &c.; charte de Baudoin; Muratori, Antiq. ital., tome II, dissert. 30.

(3) « Βενετικοῖς δὲ καὶ Πισαίοις τὰ ὅμοια προσφιλοτιμεῖτο, τοῖς

s'étendirent davantage dans le Levant, on nomma de nouveaux bayles dans tous les ports importans. En 1217, un traité fut conclu avec le seigneur de Byblos, par Théophile Zéno, qui prend le titre de bayle de Syrie[1]. On trouve pourtant aussi des bayles vénitiens à Antioche, à Damas, à Alep, comme il y en avait en Arménie, à Trébizonde, en Chypre, à Tana sur la mer d'Azof. Ce dernier est désigné dans les actes, tantôt sous le nom de bayle, tantôt sous celui de consul[2]. Deux nobles assistaient le bayle en qualité de conseillers : dans les cas importans, il était obligé de les consulter. Les consuls du premier rang, comme par exemple celui de Tana, au quatorzième siècle, avaient en outre un chapelain, quatre serviteurs, quatre chevaux, un drogman et deux trompettes. Il leur était accordé deux cent cinquante sequins par mois pour les frais de représentation. Cet argent devait être pris sur les revenus des maisons louées, ou sur les amendes, et en cas de besoin il devait être

μὲν ὑπὸ παιούλῳ, ὃν Ἕλλην ἂν εἴποι ἐπίτροπον, τοῖς δὲ Πισαίοις κονσούλῳ, ἔφορῳ νόμοις τοῖς αὑτῶν χρωμένοις, πράττειν τε τὰ αὑτῶν ἀπολούθως ἐλευθερῶς διαβιοῦντας. » Pachymère, Histor., livre II, chap. XXXII. — Comparez le traité conclu avec Michel Paléologue, et rapporté par Navagero, Storia venet., à l'annee 1265.

(1) Marin, Storia del commercio, &c. vol. IV.

(2) Ibid., tome IV, pag. 87, et tome VI, pag. 259.

fourni par la caisse de l'état[1]. Il est évident que les consuls de cette espèce n'étaient pas seulement de simples juges de commerce, mais qu'ils étaient les gouverneurs des petites colonies vénitiennes dans les ports étrangers. De plus, ils étaient censés représenter la république de Venise auprès des gouvernemens de l'Asie[2].

Gênes eut au Levant des consulats presque à la même époque que Venise; car ces deux peuples se sont toujours suivis de près, et à plusieurs intervalles de temps l'existence de leurs consulats a été signalée dans l'histoire par leur rivalité et par leurs querelles. Boémond III, prince d'Antioche, avait accordé aux Génois, en 1189, une juridiction à Antioche, à Laodicée et à Gabala[3]. Par un état dressé au milieu du treizième siècle, et conservé aux archives de Gênes, on voit que, à cette époque, plusieurs consuls génois exerçaient leurs fonctions en Syrie. Gênes avait des propriétés urbaines et rustiques à Saint-Jean-d'Acre, à Tyr, à Sidon. En 1267, la république rangea ses agens d'outremer sous deux consulats généraux : l'un, établi à Ceuta, devait comprendre les consulats de

(1) Marin, Storia del commercio, l. c.

(2) Daru, Histoire de Venise, 3e édit., tome III, liv. XIX.

(3) Charte de Boémond, insérée dans le tome I du Corps diplomatique de Dumont, partie I, pag. 105. — Comparez Silv. de Sacy, Rapport sur les archives de Gênes, pièces de l'an 1189.

l'Andalousie, et sans doute ceux de la Barbarie; l'autre, siégeant à Tyr, devait surveiller les consuls en Syrie[1]. Ce dernier fut, peu d'années après, en guerre contre les Vénitiens, dans cette contrée; mais, voyant les Génois trop solidement établis à Tyr, les Vénititens firent la paix, en donnant une caution de vingt-cinq mille livres tournois[2].

Par l'événement qui arriva en Chypre lors du couronnement de Pierre de Lusignan, on peut voir avec quelle jalousie les consulats vénitiens et génois, dans le Levant, veillaient sur la conservation de leurs priviléges. Au banquet royal, le nouveau souverain donna au consul vénitien la préséance sur le consul de Gênes. Tous les sujets de cette nation, se regardant comme outragés dans la personne de leur consul, prirent fait et cause pour lui; une rixe sanglante interrompit le banquet, des Génois furent massacrés; mais bientôt après, une flotte envoyée de Gênes vint demander compte de ces outrages. Famagouste fut livrée au pillage; les Vénitiens furent chassés ou arrêtés; et le roi se vit réduit à chercher un refuge dans un lieu reculé de l'île, et à se rendre tributaire de Gênes[3].

(1) Foglieta, Annal. genuens., liv. V.

(2) Pièces diplom. des archives de Gênes, par M. Silv. de Sacy, dans le t. XI des Notices et Extraits des manuscrits &c.

(3) Jauna, Histoire générale des royaumes de Chypre, de Jérusalem, &c., tome II, liv. XVII, chap. VI.

En Égypte, le consulat génois commença probablement au treizième siècle. Dans le traité de 1290, il fut stipulé que tous les Génois en Égypte seraient sous la juridiction du consul de leur nation à Alexandrie, qui prononcerait sur les griefs allégués par les Sarrasins ou par des chrétiens contre des Génois. Les plaintes des Génois contre les Sarrasins devaient être portées devant l'émir de la douane. En cas de désobéissance de la part d'un Génois, l'émir devait prêter main forte au consul. Toutes les fois que celui-ci aurait des réclamations à adresser au soudan, l'émir devait faire parvenir le message à son maître[1].

Le quartier de Péra à Constantinople exigeait évidemment un magistrat génois; aussi tant que Gênes posséda un quartier dans cette capitale, elle y eut son podestat, tandis que Venise y avait son bayle, et Pise son consul. Pachymère[2] nous dit que l'empereur Michel Paléologue laissa instituer ces trois fonctionnaires, lorsque, à l'aide des Génois, il eut repris Constantinople; mais les consulats italiens y avaient certainement existé auparavant. Le podestat de Gênes à Péra était regardé comme feudataire ou vassal de

(1) « Quod omnes Januenses sint sub consulatu Januæ in Alexandriâ, ad faciendam rationem &c. » Voyez ce traité parmi les pièces diplomatiques extraites des archives de Gênes par M. de Sacy, Notices et Extraits &c., tome XI.

(2) Histor. Mich. Palæolog., liv. II, chap. XXXII.

l'empire; en cette qualité il assistait aux cérémonies de la cour de Constantinople.

Gênes avait aussi des consulats à Salonique et au port de Cassandre, en Macédoine, à Smyrne, dans les îles de Scio et Métélin. Par un acte de l'an 1261, on voit que ses consuls dans l'empire grec expédiaient déjà des lettres de connaissement pour les cargaisons venant de Gênes sur bâtimens génois, afin de les faire exempter des impôts de douane que d'autres nations payaient dans cet empire [1].

En Arménie, ou plutôt en Cilicie, ce fut l'an 1201 que Nicolas Doria, commandant d'une croisière génoise, obtint, au nom de sa république, du roi Hayton, la faculté d'avoir une juridiction ou un consulat dans les principales villes d'Arménie; savoir : à Mopsueste et à Tarse[2]. Quatorze ans après, les Génois se firent confirmer le droit de n'être jugé en Arménie que par des magistrats de leur nation.

A l'égard de la mer Noire, c'est encore une question de savoir laquelle des deux républiques, Gênes ou Venise, a eu la première des consuls dans les ports de cette mer. L'abbé Oderico cite des actes de l'an 1289 faisant mention de consuls génois dans la

(1) Voyez, au chapitre VIII, le traité entre Gênes et Michel Paléologue.

(2) Voyez le Mémoire de M. Saint-Martin sur le privilége de Léon III, roi d'Arménie.

Crimée[1]; mais Marin lui oppose un acte des archives de Venise, qui constate que cette république avait un consul en Crimée trois ans auparavant[2] : peut-être aucun de ces consuls n'était-il le premier établi. Toutefois les consulats de la mer Noire ont dû être postérieurs au moins d'un siècle à ceux de la Syrie. Déjà au quatorzième siècle on ignorait à Gênes la date des premiers établissemens de cette république en Crimée[3].

Pendant les deux cents ans que Gênes a possédé Caffa, elle y a constamment entretenu un consulat, auquel étaient attachés deux conseillers et un chancelier[4]. A Soldaïa, elle avait un consul, un capitaine et un châtelain : le consul était désigné par le gouvernement de Gênes. S'il mourait dans l'exercice de ses fonctions, son conseil et la commune marchande pouvaient élire un consul provisoire, jusqu'à ce que la république en envoyât un autre. Par une loi de 1413, il était défendu au podestat de Péra et de Chypre, et au consul de Caffa, de quitter sous aucun prétexte leur poste avant l'arrivée de leur successeur de Gênes. Cette défense existait aussi pour les chan-

(1) Lettere ligustiche, lettre 15e.

(2) Storia del commercio de' Veneziani, tome IV.

(3) Stella, Annal. genuens., dans le tome XVII de Muratori, Script. rer. italic. — Comparez la note de M. Hase, dans le t. XI des Notices et Extraits de la Biblioth., pag. 336.

(4) Oderico, Lettere ligustiche, lettre 15e.

celiers des consulats[1]. Le podestat de Péra concluait quelquefois des traités avec les princes voisins. C'est ainsi qu'en 1387, il stipula, de la part de la république, que le prince bulgare Juanchus recevrait dans ses états un ou plusieurs consuls génois; qu'il serait toujours disposé à les entendre; qu'il rendrait promptement les décisions sollicitées par eux, et qu'il maintiendrait au consul la juridiction civile et criminelle sur tous les Génois[2]. Dans un document de l'an 1343, Dondedeo de Giusti est nommé *consul de toute la Gazarie;* dans le siècle suivant, un autre consul génois signe une lettre au pape Eugène IV par ces mots: *Paul Impériali, consul de Caffa et de toute la mer Majeure*, c'est-à-dire la mer Noire[3]. Probablement les autres consuls des échelles de cette mer étaient subordonnés au consul général, qui, par conséquent, était le troisième chef consulaire. Nous

(1) Oderico, Lettere ligustiche, lettre 15e.

(2) M. Silv. de Sacy, Mémoire sur un traité &c., dans le t. VII des Mémoires de l'Institut, Académie des inscriptions. Le texte du traité porte entre autres ce qui suit: « In ipsisque terris consulem januensem recipere, qui reddat et ministret jus et justitiam Januensibus quibuscumque de et super omnibus causis et controversiis inter ipsos Januenses emergendis, vel oriendis, seu inter dictos Januenses et subditos præfati domini Juanchi, civiliter et criminaliter, ità tamen quod actor sequi debeat forum rei.. »

(3) « Paulus Imperialis, consul Caffæ et totius maris majoris et imperii Gazæ (Gazariæ). » Acta conc. florent., part. III, p. 1215.

avons vu que les deux autres siégeaient à Ceuta et à Tyr, du moins au treizième siècle.

Venise et Gênes avaient l'usage de ne nommer leurs consuls au Levant que pour un an. Gênes étant plus éloignée des ports orientaux que Venise, surtout de la mer Noire, y envoyait deux et même trois consuls à la fois, qui, à ce qu'il paraît, exerçaient chacun un an, et attendaient par conséquent leur tour[1].

Il s'en faut beaucoup que chez les autres peuples maritimes, les consulats au Levant aient été organisés d'abord avec la même régularité. Nous avons vu ceux de Marseille en Syrie. Son consulat en Égypte nous est peu connu. La ville avait en outre, dès le commencement du treizième siècle, trois à quatre consulats chez les peuples Barbaresques[2]; mais ces établissemens jetaient peu d'éclat, quoiqu'ils fussent probablement importans pour les Provençaux.

Florence ne s'occupa de consulats au Levant que lorsque, devenue maîtresse des ports de Pise et de Livourne, cette république aspira au rang de puissance maritime. Alors, c'est-à-dire après 1421, Florence établit en Égypte, en Syrie et en Grèce, des consulats avec toutes les prérogatives attachées à cette institution dans les états de l'Orient[3].

(1) Marin, Storia del commercio de' Veneziani, vol. IV.

(2) Voyez les Statuts de Marseille, de l'an 1228.

(3) Ammirati, Storia di Firenze.

Le pays de l'Europe dont les consulats d'outremer ont été le mieux constatés par des documens est le royaume d'Aragon. Une ordonnance royale de l'an 1258 prescrit aux navires qui font le voyage d'outremer d'avoir à bord deux prud'hommes pour juger les contestations entre marins [1]. Huit ans après, le roi Jacques I accorda aux magistrats municipaux de Barcelone, par un diplôme respectueusement conservé aux archives d'Aragon, la faculté d'élire et d'envoyer tous les ans des consuls en Égypte et en Syrie. Ces consuls partaient avec les convois, et revenaient de même; mais ils pouvaient désigner, avant leur retour, d'autres individus pour les remplacer dans les comptoirs d'outremer [2]. Ce privilége, accordé à la ville de Barcelone, fut maintenu scrupuleusement pendant plusieurs siècles; ce fut toujours la ville qui désigna les consuls de Catalogne dans les échelles du Levant. Dans la suite, les consuls, au lieu de revenir au bout de la saison ou de l'année, demeurèrent à leur poste plus ou moins long-temps. Ordinairement le roi d'A-

(1) Ordenanz. para la policia de la marina, dans Capmany; Memor. histor. sobre la marina &c. de Barcelona, t. II, charte 10e.

(2) « Damus et concedimus plenam licentiam et potestatem consiliariis et probis hominibus Barchinonæ præsentibus et futuris, quod ipsi auctoritate nostrâ ponant et eligant singulis annis consules secundùm voluntatem dictorum consiliariorum et proccrum, in navibus et lignis ad partes ultra-marinas navigantibus. » Ibid., chartes XIIIe et XIVe.

ragon confirmait leur nomination, et quelquefois il recommandait des sujets pour le consulat. Il arriva que des hommes plus accrédités à la cour qu'à la ville se fissent désigner par le roi, et allassent occuper la place de consuls. Dans ce cas, Barcelone, jalouse du maintien de son privilége, réclamait contre la violation de sa prérogative, et le roi ne faisait jamais difficulté d'en reconnaître la validité. D'autres fois elle laissait nommer le consul par le roi. Barcelone révoquait les consuls qui, par leur conduite, compromettaient les intérêts du commerce et l'honneur du nom catalan[1].

Un an après l'expédition du privilége, c'est-à-dire en 1267, deux bourgeois de Montpellier, qui allaient pour leur commerce en Égypte, furent chargés d'y instituer un ou plusieurs consuls. Ils reçurent cinq mille sous pour les frais de leur mission[2]. Cinq ans après, les magistrats municipaux écrivirent aux Catalans établis ou séjournant en Égypte, pour leur enjoindre d'obéir au consul qu'on venait de nommer, et de lui payer le droit qui lui était alloué sur les marchandises. Ce consul avait reçu également de pleins pouvoirs pour en nommer un autre à sa place, lors de son départ[3]. Par une lettre patente de l'an 1379, le roi d'Aragon D. Pedre IV confirme la nomination,

(1) Capmany, loc. cit., tome I, partie II; liv. II, chap. III.

(2) Ibid., tome IV, chartes 3e et 4e.

(3) Ibid., tome II, charte 247e.

faite par le conseil municipal de Barcelone, d'un consul des Catalans pour les états du soudan de Babylone, c'est-à-dire pour l'Égypte, la Syrie et l'Arménie[1]. Dans ces temps, où peu d'institutions pouvaient maintenir leur simplicité originaire, il se glissa beaucoup d'abus dans les consulats du Levant. Aussi crut-on devoir faire un réglement pour le consulat d'Alexandrie. A l'avenir, le consul devait être nommé pour trois ans; s'il était homme de bien, et s'il avait l'assentiment des marchands, il pouvait être réélu. Il lui était défendu de tenir une taverne, de débiter du vin, de louer à des étrangers des boutiques de la fonde qui devaient être réservées pour les Catalans, enfin d'y admettre des juifs et des femmes de mauvaise vie; il devait être présent toute la journée à la douane, pour assister à la vérification des marchandises; en sortant, il devait se faire précéder par deux estafiers[2], &c.

Dans le siècle suivant, une guerre de l'Aragon contre l'Égypte interrompit les communications entre les deux pays. En 1453, le consulat et la bourse de Barcelone, profitant de l'occasion d'un prêt de 3,000 ducats qu'ils firent au roi, demandèrent entre autres choses que le roi fît la paix avec le soudan,

(1) Carta real de Don Pedro IV &c., pièce justificative n° 25 du Mémoire de M. de Navarrete sur les croisades.

(2) Capmany, Memor. hist., tome II, charte 94e, de l'an 1381.

afin que le commerce pût être renoué avec l'Égypte, et qu'on envoyât un consul à Alexandrie [1]. La paix fut en effet conclue quelque temps après; cependant, on n'envoya pas aussitôt un consul. Les Catalans demeurant à Alexandrie choisirent un marchand florentin nommé Scarxalupi; mais comme cet étranger le accabla de vexations et leur extorqua de l'argent, ils firent parvenir au roi leurs plaintes par le consulat de mer de Barcelone; en conséquence, le roi, envoyant un bâtiment à Alexandrie en 1459, écrivit au consul provisoire de cesser ses fonctions; il enjoignit aux Catalans demeurant dans ce port de se joindre au patron du navire, Melchior Mathes, et aux marchands qui y seraient embarqués, et de nommer un consul sujet du roi. Il écrivit aussi à l'émir et aux autres grands officiers du soudan, pour qu'ils eussent à reconnaître le consul qui serait élu [2]. Ici les circonstances avaient forcé le roi de s'écarter de la marche ordinaire.

(1) Privilegio del rey de Aragon D. Alonzo V &c., de l'an 1453; Capmany, loc. cit., tome IV, charte 124ᵉ.

(2) Provision del rey de Aragon D. Juan II, dirigada à los commerciantes catalanes de Egypto &c., de l'an 1459; ibid., chartes 126ᵉ et 127ᵉ. « Decrevimus dictum Mariotum à regimine dicti consulatûs officii ammoveri.... et aliquem ex mercatoribus subditis et vassalis nostris, donec aliter provisum fuerit, regentem ipsum consulatûs officium per fidelem nostrum Melchiorem Mathes, unius onerariæ navis ductorem, seu patronum, unà cum mercatoribus in ipsâ navi transfretantibus, et aliis qui in memoratâ civitate et ejus districtu reperiantur et degant, diligi et deputari. »

Le consul catalan à Damas, en Syrie, avait dans sa juridiction le port de Barut, et les places commerçantes de l'Arménie, c'est-à-dire de la Cilicie; il était élu pour trois ans, comme celui d'Alexandrie, mais il pouvait être réélu sur la demande des marchands de sa nation. Avant son départ pour son poste, il jurait, entre les mains du bayle de Barcelone, qu'il ne tolérerait pas le débit du vin dans la maison consulaire, qu'il assisterait toujours à la vérification des marchandises à la douane, et qu'il réclamerait auprès de l'émir du soudan contre toute saisie. Il devait faire dire par son chapelain la messe pour les Catalans, et se faire précéder en public par deux estafiers; enfin, dans les cas de contestations entre le consul et un marchand, un autre marchand devait être appelé comme arbitre[1]. Voilà ce qui fut prescrit au quatorzième siècle par un réglement fait à Barcelone. On n'a de renseignemens sur l'existence de ce consulat que depuis l'an 1382; mais longtemps auparavant, en 1340, il y avait un consul catalan dans le port de Barut.

A Constantinople, les Catalans eurent un consul en 1290, peut-être même plus tôt. Celui de cette année est nommé dans le diplôme que l'empereur Andronic accorda aux commerçans de Catalogne dans

(1) Capmany, Memor. hist., tome II, charte 109e, de l'an 1386.

son empire. Environ un siècle plus tard, on trouve le consulat établi au faubourg de Péra, chez les Génois[1]; au quinzième siècle, il y eut aussi un consul catalan au port de Modon, en Morée, ainsi qu'à Raguse et même à Sign[2].

Dans la Barbarie, les consulats catalans eurent cela de particulier, qu'ils furent institués en partie par droit de victoire. C'est lorsque la flotte du roi d'Aragon, commandée par l'amiral Lanza, eut rétabli le roi détrôné de Tunis, que, dans le traité de paix conclu en 1281, Don Pedro stipula le droit de tenir des consuls à Tunis et à Bugie[3]. Ce consulat se maintint jusqu'au seizième siècle.

En Europe, les Catalans avaient des consuls chez tous les peuples de la Méditerranée, à Séville, à Marseille, à Gênes, à Pise, à Naples, à Venise, en Sardaigne, et surtout en Sicile : dans cette île, Barcelone nommait trois consuls qui résidaient à Palerme, Messine et Trapani, et qui, à leur tour, nommaient une quinzaine de vice-consuls dans les autres ports : l'historien Capmany[4] compte cinquante-cinq emplois consulaires dont la ville de Barcelone disposait dans

(1) Capmany, Memor. histor. sobre la marina &c., tome II, charte 249e.

(2) Ibid., tome I, partie II, liv. II, chap. III.

(3) Montaner, Histor. del reys de Aragon, chap. XXXI.

(4) Memor. histor., tom. I, partie II, liv. II, chap. III.

le temps de sa splendeur, et dont il ne restait plus que six dans le seizième siècle.

Il ne paraît pas que les rois de Castille aient jamais eu des consuls chez les Sarrasins, lors même qu'ils eurent conquis une partie de l'Andalousie sur les Maures; mais ils eurent dans leur propre ville des consuls étrangers Dans l'acte de privilége que D. Ferdinand accorda en 1251 aux Génois, à Séville, il est stipulé expressément que les Génois auront dans cette ville des consuls de leur nation, avec le droit de juger, sans appel, les contestations qui s'élèveront entre les gens de leur nation; si la contestation concerne un bourgeois de Séville et un Génois domicilié, les consuls la jugeront également, mais le bourgeois pourra appeler de la sentence aux alcades; les consuls ne pourront juger aucune affaire criminelle[1]. On voit que le gouvernement castillan accordait aux consuls étrangers à peu près les mêmes prérogatives dont ceux-ci jouissaient chez les Sarrasins du Levant.

Ce qui constituait un consulat au Levant, était un enclos fermé, où résidaient le consul d'une nation étrangère, et les marchands ses compatriotes; outre leurs habitations, cet enclos, appelé *Fonde* ou

(1) Privilegio del rey S. Fernando al concejo y comun de la ciudad de Genova &c, de l'an 1251, dans le tome II de Navarrete, Coleccion de los viages y descubrimientos que hicieron por mar los Españoles &c.; pièc. justific., nº 1.

Fondaque, d'après un mot arabe qui a la même signification[1], renfermait ordinairement des magasins et boutiques, une chapelle ou même une église, un four, un bain, une taverne, une boucherie et une halle aux poissons; la fondè était le marché où la nation étrangère avait le privilége d'étaler et de vendre ses marchandises, et de se pourvoir de vivres[2].

En Égypte, ces établissemens n'étaient pas nouveaux : dans l'antiquité, les Tyriens en avaient eu à Memphis, et les Grecs au port de Naucratis; des temples particuliers y recevaient les hommages des marchands, suivant leur culte national[3]. Au moyen âge, Alexandrie avait des fondes grandes et belles pour

(1) « Est fonticus domus grandis, in quâ et negociatores et merces eorum conservantur, ubi et forum venalium habent. » Breydenbach, Peregrinat. Hierosolym. — Comparez les Glossaires de Ducange et autres, aux mots Fonda, Fundicus. — « Les fondics sont magasins où se serrent les marchandises qui sont apportées des Indes, de Perse, par la voie d'Alep. Les marchands y logent aussi. » De Breves, Voyage en Turquie.

(2) Les Vénitiens, en traitant avec Louis IX, roi de France, se réservèrent, pour leurs comptoirs en Orient, « locum bonum et idoneum pro habitatione suâ, scilicet ecclesiam Venetiorum... mensuras, stateras, balneum, furnum et tabernam, plateam, bocheriam et piscariam. Insuperque unus, vel plures, sint pro D. duce, qui inter gentem suam et de ipsis intentionem faciat et justitiam, sive vindictam, tàm de honore quàm de personis. » Charte nº 16, de l'an 1268; dans Leibnitz, Codex gentium diplomat.

(3) Hérodote, livre II, chap. CXII. — Voyez Heeren, Ideen über den Verkehr der Völker &c., vol. II, sect. II, chap. IV.

les diverses nations commerçantes. Quand de Lannoy fit son voyage en Orient, c'est-à-dire en 1422, les principales fondes européennes étaient celles des Vénitiens, des Génois et des Catalans. Il y en avait de moins considérables pour les marchands d'Ancone, de Naples, de Marseille et de Constantinople; mais elles étaient vides à l'époque où Lannoy séjourna au port d'Alexandrie[1]. Un siècle auparavant, en 1320, la reine Sance, femme de Robert, roi de Sicile, avait envoyé, avec l'assentiment de Marseille, au *khan* ou caravanserai marseillais à Alexandrie, quatre religieux de l'ordre des Frères-Mineurs, pour donner des secours spirituels aux chrétiens qui faisaient le voyage d'outremer[2]. . .

(1) « Item, y a plusieurs marchands christiens dedans la ville que là demeurent, en especial Vénitiens, Gevois et Catalans, qui y ont leurs fontegues, comme maysons grandes et belles, et les enferme on là dedans, et tous les christiens chascune nuyt de haulte heure, et le matin les laissent les Sarazins de boen heure; et pareillement sont enfermez, tous les vendredis de l'an, deux ou trois heures de jor: c'est assavoir à midi, quant ils font leur grant orison. Et y a d'autres conchers d'Ancône, de Naples, de Marseille, et de pélerins et de Constantinople; mais d'iceulx n'y avait nul marchant. » Voyage en Egypte et en Syrie, dans le tome XXI de l'Archæologia or miscellaneous tracts &c. — Voyez aussi Itiner. Symonis Simeonis ad Terram sanctam (de l'an 1322); Cantorbéry, 1778.

(2) Pièces des archives citées par Ruffi, Histoire de Marseille, liv. V, chap. VI.

Breydenbach[1], qui visita Alexandrie soixante et un ans après Lannoy, ne donne pas les mêmes détails. La fonde catalane, qui avait été une des plus considérables d'Alexandrie, et où les étrangers avaient logé en grand nombre, était presque déserte. Les Vénitiens, au contraire, n'ayant pas assez d'une fonde, en occupaient deux. Celle des Génois était vaste et remplie de marchandises précieuses. Breydenbach ne dit rien de la fonde marseillaise, qui avait peut-être cessé d'exister au déclin du commerce de la Provence; mais il nomme les fondes des Turcs, des Maures, des Éthiopiens et des Tartares. Indépendamment des marchandises, on y vendait des esclaves des deux sexes; les marchandises, surtout les épices, se transportaient à dos de chameaux des fondes aux navires du port. Des préposés turcs y vidaient tous les sacs, pour s'assurer qu'on ne transportât pas d'effets précieux parmi les épices[2]. Le soir, les Sarrasins fermaient toutes les fondes, et les chrétiens restaient emprisonnés jusqu'au lendemain. Selon de Lannoy, on les enfermait aussi tous les vendredis pendant le temps que les prières se faisaient dans les mosquées. A Damas, on enfermait de même les marchands, le soir, dans leur fonde, qui ne se rouvrait que

(1) Peregrinatio hierosolymitana; 1486, in-folio avec fig.

(2) Ibid., p. 210.

selon le bon plaisir de la police musulmane[1]. En général les chrétiens étaient traités avec mépris, et essuyaient autant d'avanies qu'ils en essuient encore aujourd'hui dans plusieurs contrées du Levant. L'orgueil des despotes orientaux, qui ne voit dans les ambassades d'Europe que des hommages dus à leur puissance, ne regardait les consuls que comme des otages, responsables de la conduite des chrétiens qui vivaient dans leurs états[2].

Une chose digne de remarque, c'est la similitude de prérogatives et de droits qui furent accordés pendant plusieurs siècles aux chrétiens en Asie et en Afrique. Dans toutes les chartes relatives aux consulats, on voit établies à peu près les mêmes conditions : ce sont toujours la juridiction civile et la police que les Sarrasins et les Grecs accordent aux consuls latins, en se réservant à eux-mêmes la justice criminelle et la connaissance des poursuites intentées aux chrétiens par des

(1) Bert. de la Brocquière, Voyage d'outremer; Mémoires de l'Institut nat., tome V, Scienc. moral. et polit.

(2) « Dans cette ville (Alexandrie), dit Makrisi, sont des consuls, c'est-à-dire de grands seigneurs d'entre les Francs de diverses nations; ils y sont comme otages. Toutes les fois que la nation de l'un d'eux fait quelque chose de nuisible à l'islamisme, on en demande compte à son consul. » Khalyl, écrivain arabe du quinzième siècle, dit la même chose. Voyez l'extrait du manuscrit de Makrisi sur l'Égypte, par Venture, dans le tome I des Voyages de Volney en Égypte et en Syrie.

indigènes; c'est que depuis une haute antiquité on avait, dans tous les états situés sur les bords de la Méditerranée, des cours de commerce où l'on suivait à peu près les mêmes règles. Les consulats ne furent autre chose que des cours de ce genre transportées en pays étranger.

A Marseille, le recteur de la commune et son conseil désignaient les consuls qui devaient partir et revenir avec les convois; et lorsque la ville se soumit au comte d'Anjou, ce fut au vicomte ou lieutenant de ce prince que fut conféré le droit de nommer les consuls, à la demande et sur l'avis du conseil communal[1]. Dans le cas où dix à vingt Marseillais réunis dans un port de mer où il n'y avait pas de consul éprouveraient le besoin d'un consulat, ils pouvaient élire entre eux un consul provisoire, à la charge de le faire approuver par la commune de Marseille. Un refus sans excuse suffisante était puni d'une amende. Le consul ne pouvait juger qu'en prenant l'avis de deux conseillers, ou au moins de l'un d'eux; il ne pouvait révoquer les amendes ou le bannissement décernés dans ce conseil; s'il condamnait un conseiller, l'affaire pouvait être

(1) Statuta civitatis Massiliæ, liv. I, chap. XVII et XVIII: De consul. extraneis; ibid., Traité avec le comte d'Anjou, de l'an 1257. « Quod vicarius domini comitis cum consilio illorum sex qui eligent alios officiales, poterit facere et constituere... ad requisitionem consilii Massil., consules in viagiis extrà Massiliam sicut fieri consuevit. »

appelée devant la commune. Un patron de navire, un pilote ne pouvaient être consuls; un courtier ne pouvait l'être qu'à défaut d'autres personnes; encore ne pouvait-il être réélu. Le consul ne devait point souffrir de femmes publiques dans la fonde marseillaise, ni laisser occuper par des étrangers les boutiques de cette fonde. Le débit du vin était abandonné au gardien de la fonde, dans les consulats de Ceuta, Bugie, Tunis et Oran; il était même permis à tous les citoyens de Marseille d'y vendre du vin exporté de la ville, mais aux chrétiens seulement. Les gardes ou consuls étaient autorisés à laisser s'établir dans les fondes de ces ports d'Afrique un tailleur, un cordonnier et deux pelletiers[1]. Il était défendu d'y tenir des porcs, probablement pour ne pas inspirer d'aversion aux Musulmans. Tous les actes dressés par les consuls pour les marins étaient aussi légaux que s'ils avaient été expédiés par les notaires de Marseille. Les consulats que les statuts de cette ville citent nommément sont ceux de Syrie, d'Alexandrie, de Ceuta et de Bugie[2].

Les droits pécuniaires ou les émolumens des consuls varièrent selon les temps, les nations et les lieux. A Constantinople, où la douane percevait deux pour

(1) Statuts de l'an 1228, manuscrit des archives de Marseille.

(2) Statuta civitatis Massiliæ, liv. I, chap. XVII. « Aliqui consules fiant vel constituentur in viagiis Suriæ aut Alexandriæ, vel Ceptæ, Bugiæ, vel alicub alibi extra Massiliam, &c. »

cent sur les marchandises des Aragonais, leur consul en recevait la moitié. A Alexandrie, il n'était alloué au consul que quatre deniers pour livre, dont deux à l'entrée et deux à la sortie. Ce droit revenait à deux tiers pour cent[1] : c'était le double de ce que le consul des marchands de Narbonne à Pise touchait, suivant une convention de l'an 1278[2]. Aussi la ville de Barcelone crut devoir réduire le droit consulaire, et elle n'alloua qu'un demi pour cent au consul qui fut nommé en 1379[3]. Cependant, vers la fin du quinzième siècle, le consul catalan touchait sur la valeur des marchandises des sujets aragonais un pour cent, à l'exception de l'or et de l'argent, sur lesquels il n'avait droit qu'à un demi pour cent. Pour le consulat de Damas, le réglement fait à Barcelone allouait trente deniers sur trois cents livres de la valeur des cargaisons, et vingt deniers pour cent ducats de quinze sous sur les marchandises et l'argent importés à Barut, des provenances de Sicile, Rhodes, Chypre et Romanie[4]. Dans l'île de Rhodes, le consul catalan n'avait droit qu'à un quart pour cent.

Venise et Gênes soldaient leurs principaux consuls

(1) Voyez Capmany, Memor. histor., tome I, part. II, livre II chap. III.

(2) Histoire générale du Languedoc, tome II, liv. XVII.

(3) Charte de D. Pedro citée plus haut.

(4) Capmany, Memor. histor., tome I, part. II, liv. II, chap. III.

au Levant comme fonctionnaires de l'État; les autres subsistaient probablement d'un droit sur les importations et exportations, comme les consuls espagnols. Les statuts de Marseille ne parlent d'autre droit consulaire qu'une remise sur les sommes au sujet desquelles on plaidait devant le consul, et les amendes auxquelles il condamnait, et qu'il devait partager avec la commune [1]. Dans les traités entre l'Égypte et la république de Florence, il est question de provisions consulaires dues par la douane sarrasine. Probablement, en percevant les droits d'entrée, la douane touchait aussi les droits consulaires, pour en tenir compte au consulat de chaque nation respective. A Constantinople et à Péra, le consul florentin levait sur une pièce de drap de première qualité, qui était le drap écarlate, quarante aspres; et sur les draps de deuxième et troisième qualités, il avait droit à dix et à huit aspres. Sur d'autres marchandises il lui était alloué un pour cent de la valeur; sur les bijoux, il n'avait qu'un demi pour cent. Il soldait à ses frais un chancelier, à raison de quatre florins par mois, et un drogman ayant un salaire annuel de quatre mille aspres, et il entretenait trois chevaux. Il lui était défendu de se livrer au commerce, et d'être consul d'une autre nation [2]. Dans d'autres ports, les droits

(1) Statuta civitatis Massiliæ, liv. I, chap. XVIII.

(2) Della Decima e delle altre gravezze, t. II, sect. II, chap. VI.

des consuls de Florence étaient réglés différemment. A Venise, il avait un quart pour cent sur les contrats et ventes, et un quart pour mille sur les échanges. A Raguse, il avait cinq gros pour chaque caisse de soieries, un gros sur une caisse de draperie, un ducat sur un navire à un mât, et le double sur un navire à deux mâts.

Les consulats d'outremer furent occupés par les hommes des premières familles des républiques italiennes, telles que les Morosini, les Justiniani, les Dandolo, les Doria. Cependant il y eut des circonstances qui ne rendirent pas cet emploi fort desirable; aussi trouve-t-on beaucoup de lacunes dans les listes consulaires. C'étaient quelquefois des postes dangereux[1], et presque toujours ils étaient pénibles. Voilà pourquoi, si dans un temps on les recherchait, dans d'autres on les fuyait; et le commerce s'estimait heureux alors que quelqu'un avait assez de courage et de dévouement pour se charger du consulat chez des nations barbares, qui avaient en horreur tous les chrétiens, et qui se vengeaient quelquefois sur tous les commerçans des injures reçues par quelque écumeur de mer venant d'Europe.

(1) Une clause d'un traité entre Pise et Tunis porte que les consuls seront punis pour les méfaits des corsaires pisans. Voyez Pacta inter Muley Bufferium &c., de l'an 1398; dans le tome I de Lünig, Codex ital. diplom.

CHAPITRE VIII.

TRAITÉS DE COMMERCE.

Traités de Venise, de Gênes et de Pise avec les empereurs grecs. —Priviléges des Marseillais en Syrie ; leurs conventions avec les rois de Jérusalem.—Traités de Venise, de Gênes et de Pise avec les princes chrétiens. — Traités avec le sultan d'Icone, les Sarrasins d'Alep et de Jaffa. — Conventions entre Chypre et Marseille, entre Venise et Trébizonde. — Traités entre les rois d'Arménie, Venise et Gênes. — Pactes conclus par les Vénitiens et les Génois avec les khans tartares et bulgares.

Les consulats dont il vient d'être parlé dans le chapitre précédent furent pour la plupart établis, ou du moins confirmés et consolidés, par des traités qui réglaient les conditions des relations commerciales entre chrétiens et Sarrasins, entre l'Occident et l'Orient. Ces conventions furent souvent renouvelées ; des hostilités ou des actes d'injustice en détruisaient ou suspendaient les stipulations; mais dès que l'on s'était réconcilié, on se hâtait de dresser de nouveaux contrats. J'ai déjà fait mention de quelques-uns de ces traités, mais il est essentiel pour l'histoire du commerce de la Méditerranée d'en connaître les dates, le nombre, et les diverses stipulations. Je vais donc disposer chronologiquement, et par ordre de pays, tous les actes de ce genre que nous connaissons, et analyser ceux qui présentent le plus d'intérêt; si, dans la suite, on en découvre de nouveaux dans quelques archives, il sera facile de les intercaler à leur place parmi les actes de cette série diplomatique.

C'est avec l'empire grec que nous trouvons Venise alliée le plus anciennement, sous le rapport du commerce; à la fin du dixième siècle, les marchands vénitiens jouissaient déjà de priviléges considérables dans la capitale de cet empire [1]. Les empereurs avaient des troubles à étouffer, des intrigues de palais à déjouer, des factions ennemies à contenir : leur fisc n'avait pas moins d'intérêt que celui des Vénitiens à favoriser les échanges de productions et de marchandises. Dans plusieurs conjonctures critiques, les flottes de Venise secondèrent les despotes grecs, qui payèrent ces secours par des concessions mercantiles. Quand Alexis Comnène, vers 1060, eut à combattre Robert Guiscard, fils de Tancrède et duc de la Pouille, il s'estima heureux d'être secouru par la marine vénitienne, qui fit d'heureuses diversions en sa faveur, et l'aida à vaincre cet ennemi redoutable. Après une

(1) Andr. Dandolo, Chron. venet., ad ann. 992.

victoire signalée sur Robert, l'empereur ne crut pouvoir marquer assez sa reconnaissance à ses alliés : il ordonna qu'il serait fait des présens considérables annuels aux églises de la ville de Venise; que tous les Amalfitains qui tenaient des magasins ou boutiques à Constantinople seraient tributaires envers l'église de Saint-Marc; il céda aux Vénitiens toutes les boutiques et tavernes de sa capitale comprises entre l'ancienne échelle juive, et un endroit appelé Bigla, avec les échelles marines situées dans cet espace; il leur accorda d'autres propriétés, tant à Constantinople qu'à Dyrrhachium, et en d'autres lieux de l'empire grec; enfin, ce qui était le plus important, dit Anne Comnène, dans la vie de son père, Alexis exempta le commerce de Venise dans la Romanie du paiement de tous les impôts quelconques; ils ne devaient jamais payer *une seule obole* [1], et, de plus, être entièrement soustraits à la juridiction des magistrats grecs.

Après avoir obtenu des priviléges aussi étendus, les Vénitiens donnèrent une grande activité à leur marine, et transportèrent en Occident les cargaisons de denrées orientales chargées dans le port de l'ancienne Byzance. Cependant, la mort d'Alexis amena

(1) Μήτε μὲν ὑπὲρ κουμερκίου ἢ ἑτέρας τινὸς εἰς πράξεως τῷ δημοσίῳ εἰσκομιζομένης παρέχειν ἄχρι καὶ ὀβόλου ἑνός. Alexiad., livre VI.

des conjonctures qui privèrent Venise des avantages obtenus sous cet empereur. N'ayant pas voulu prendre fait et cause pour l'empereur Manuel, dans sa guerre contre le roi de Sicile, ils perdirent les places qu'ils occupaient en Dalmatie, et ils furent obligés de se retirer de Constantinople, où pourtant beaucoup de Vénitiens, sur la foi des traités, s'étaient mariés avec des femmes grecques. Toutes les expéditions mercantiles pour la Romanie ou la Grèce furent prohibées par le gouvernement vénitien. Après quelque temps d'interruption, Manuel renoua les négociations avec la république, et, pour sceller la réconciliation, il accorda aux Vénitiens, par un traité qui a été conservé, la liberté du commerce dans tous les ports de l'empire grec, à l'exception de deux, et l'exemption de tous les impôts[1].

Les Vénitiens revinrent à Constantinople; ils eurent bientôt lieu de s'en repentir : sous quelque prétexte, le despote, en 1172, fit jeter dans les fers tous les sujets de la république, et s'empara de leurs navires et magasins[2]; les captifs ne furent délivrés qu'à la mort de Manuel, mais ni Andronic, ni Isaac l'Ange, qui s'emparèrent successivement du trône, ne leur restituèrent les biens dont ils avaient été injus-

(1) Marin, Storia del commercio de' Veneziani, tome III.

(2) Dandolo, Chronica veneziana, chap. XV. — Justiniani, Hist. venet., liv. II.

tement dépouillés. Alexis III, enfin, dont l'usurpation avait besoin de s'appuyer sur les étrangers, consentit, vers l'an 1200, à les indemniser, et leur fit de grandes concessions, en gémissant, dans son traité, de l'obligation de souscrire à leur exigence[1]. Une dynastie aussi perfide, aussi peu stable, fit penser à Venise aux moyens de la renverser, ce qui arriva peu d'années après.

Les Génois avaient su se rendre utiles aux Comnènes, en même temps que les Vénitiens. En 1155, l'empereur Manuel, à qui Gênes avait probablement fourni des secours dans ses guerres, avait solennellement promis de payer tous les ans cinq cents pièces d'or à la république, et soixante pièces d'or, avec quelques tapis brodés, à l'archevêque de Gênes[2]; mais les Comnènes promettaient beaucoup et tenaient peu. Au bout de quinze ans, Gênes réclama une somme de cinquante-six mille pièces d'or arriérées. Manuel négocia; en 1180, il fit avec cette république un traité qui reconnaissait l'obligation de l'empereur de faire des présens annuels à la commune et à l'archevêque de Gènes, et qui accordait aux Gênois[3] un ter-

(1) Dandolo, Chronica veneziana.

(2) Foglieta, Hist. genuens., liv. I; dans le tome I de Gronov., Thesaur. antiq. ital.

(3) Pièce du Liber jurium des archives secrètes de Gênes citée par M. Silv. de Sacy, Rapport sur les recherches faites dans les ar-

rain à Constantinople, et la liberté d'y faire le commerce; douze ans après, Isaac l'Ange confirma cet acte.

A leur tour les Pisans s'étaient fait assurer des priviléges à Constantinople, par Alexis Comnène, qu'ils avaient secondé dans sa guerre contre Boémond, prince d'Antioche. Un diplôme du monarque grec[1] leur accorda la liberté du commerce dans ses états, le droit d'y vivre selon leurs propres lois, et celui d'avoir leurs magistrats nationaux : tant de concessions excitèrent la jalousie des Vénitiens. Cependant les Pisans crurent prudent de suivre la politique de Gênes; ils furent traités par Manuel comme les Génois, c'est-à-dire qu'il s'engagea à leur payer tous les ans cinq cents pièces d'or, deux manteaux de luxe, et quarante pièces et un manteau pour l'évêque de Pise. Cette promesse ne fut pas mieux remplie que celle qui avait été faite aux Génois; on renouvela pourtant l'engagement, quand l'empereur se fut brouillé avec Venise, et eut fait arrêter les marchands de cette république.

Venise fut au comble de ses vœux le jour où elle installa une dynastie latine à Constantinople; elle fit du commerce de cette capitale ce qu'elle voulut, car

chives &c., tome III des Nouveaux Mémoires de l'Académie des Inscriptions.

(1) Voyez ce diplôme chez Fanucci, Storia de' tre popoli marittimi d'Italia.

les autres Francs ne s'y entendaient et ne s'en mêlaient guère; cependant la politique de Gênes ne cessa de chercher un moyen d'ôter aux Vénitiens leur monopole. Ce moyen, elle sut le trouver dans la révolution qu'elle opéra soixante ans après, en ramenant en triomphe la dynastie grecque, et renversant le pouvoir des Latins. L'empereur installé par les Génois paya cher le service de ses alliés, étant obligé de souscrire d'avance à un traité par lequel il livrait tout le commerce de la mer Noire à leur république.

Par ce traité, qui se trouve au trésor des chartes à Paris[1], il promit de la manière la plus solennelle d'avoir toujours les Génois pour amis, et les Vénitiens pour ennemis; de laisser les sujets de la république de Gênes commercer librement dans l'empire, sans les assujettir à aucun impôt; de leur accorder loge, palais, église, bain, four, maisons et boutiques, et de plus une juridiction consulaire, tant à Constantinople qu'à Salonique, Cassandre, Smyrne, dans les îles de Métélin et de Chio, et, *avec la grâce de Dieu*, dans les îles de Négrepont et de Candie, que Gênes espérait enlever bientôt aux Vénitiens. Toutes les autres nations devaient être soumises aux tarifs de douane,

(1) Imprimé dans le Recueil de diverses chartes pour l'histoire de Constantinople, à la fin de la deuxième partie de l'Histoire de l'empire de Constantinople sous les empereurs français; Paris, 1657, in-folio.

et à toutes les coutumes du fisc de l'empire. L'empereur jura qu'il ne permettrait qu'aux Génois et aux Pisans d'entrer dans la mer Noire, pour y commercer à volonté[1]. Dans le cas où il aurait besoin de navires équipés, les Génois mettraient à sa disposition de un à cinquante bâtimens, moyennant un taux fixe. Les marchands génois pourraient exporter librement de l'empire grec toute sorte de productions et de marchandises, excepté l'or et l'argent; mais ils pourraient exporter l'or monnayé. Ils auraient accès dans l'empire avec des flottes, des armes, &c. Enfin l'empereur rétablissait l'engagement de ses prédécesseurs, de payer chaque année à la république de Gênes cinq cents pièces d'or et deux tapis brochés d'or, et à l'archevêque de la ville cinquante pièces d'or et un tapis. De leur côté, les Génois accordaient la franchise de leurs ports aux marchands et autres sujets de l'empire grec, et promettaient de défendre cet empire contre ses ennemis, et de ne point faire la paix avec Venise sans l'assentiment de l'empereur. Ce traité, très-étendu et revêtu d'une foule de signatures, est accompagné, selon l'usage, des procès-verbaux des sermens qui furent prêtés pour rendre l'acte plus solennel.

(1) « Promisit iterùm et convenit quod non permittet de cætero negotiari inter majus mare aliquem Latinum, nisi Januensem et Pisanum. » Ibid.

Dès que Constantinople fut prise, les Génois se mirent en possession des droits qu'ils s'étaient réservés; mais l'Empereur sentit bientôt le fardeau que lui avaient imposé ses alliés. La politique lui conseilla de s'appuyer sur d'autres peuples latins; il négocia avec le pape, et, quoiqu'il eût promis et juré de ne pas traiter avec Venise, il rechercha son amitié. En 1265, il s'engagea, malgré le traité qui lui avait été arraché par les Génois, à rendre aux Vénitiens, dans Constantinople et dans Salonique, un terrain avec vingt-cinq maisons et une ou deux églises pour le bayle ou consul et pour les marchands[1]. Il fit aussi avec eux une trève de cinq ans; outre l'engagement de ne plus commettre aucune hostilité, et de ne secourir en aucune manière les ennemis des deux états respectifs, le traité porte les stipulations suivantes : l'empereur ne molestera point l'île de Candie, les territoires de Coron et de Modon (en Morée), l'île de Négrepont, ni les îles de l'Archipel tributaires de la république de Venise. Les Vénitiens, à leur tour, ne molesteront point les Génois dans leur quartier à Constantinople, et en général dans tout l'empire. S'il y avait quelque offense et dommage commis de la part de l'un des deux peuples dans la fonde de l'autre, l'empereur le ferait réparer par le parti agresseur. Les Vénitiens pourront

(1) Navagero, Storia venet.

entrer et aller librement dans l'empire, par terre et par mer, avec leurs marchandises et leurs effets, acheter et vendre sans être soumis à aucun impôt, péage, capitation, &c. Il faudra que les marchandises qu'ils apportent soient de Venise : si c'étaient des marchandises étrangères, ils en feraient la déclaration. En cas de décès d'un Vénitien, ses biens seront remis au bayle ou recteur institué par la république. Il y aura sûreté et secours pour les personnes et les effets naufragés. Les Vénitiens pourront acheter et exporter de l'empire des grains, tant que les cent mesures vaudront cinquante hyperperis; lorsqu'elles vaudront davantage, les Vénitiens ne pourront exporter du grain sans une licence. Si un Grec reçoit une offense de la part d'un Vénitien, le bayle fera rendre justice au premier : dans le cas où le coupable échapperait, on ferait rechercher ses biens, sur tout le territoire vénitien, et partout où les Vénitiens ont des possessions. Si un Vénitien commettait un meurtre sur la personne d'un Grec ou d'un autre Vénitien, il serait jugé par l'empire ; mais si le meurtre commis sur un Vénitien avait lieu hors de Constantinople, le coupable serait jugé par le bayle ou le recteur. Si les corsaires vénitiens font quelques dégâts sur les terres de l'empire, le bayle dressera une enquête, et fera restituer les objets enlevés ; à moins que les corsaires ne viennent des îles qui ne sont pas soumises à la république. Les marchands de l'empire qui iront à Venise pour le commerce, pourront y vendre leurs marchandises sans obstacle en payant les droits du tarif[1].

Les trèves quinquennales furent souvent renouvelées avec plus ou moins de modifications, mais le fond en restait toujours le même. Dans la trève de 1362, Venise se désista du droit de posséder à Constantinople, franches d'impôts, toutes sortes de propriétés, telles que maisons, jardins, champs, &c.; d'où il résultait beaucoup d'abus, ainsi que de l'exemption du droit sur le débit de vin en détail : ce qui avait fait multiplier outre mesure les tavernes vénitiennes à Constantinople. L'empereur les réduisit à quinze, mais il maintint la franchise pour le vin en tonneaux, ainsi que pour l'importation des grains. Les Vénitiens consentirent à ces restrictions, toutefois en faisant la réserve de leurs anciens priviléges pour le temps futur[2].

Le roi d'Aragon obtint, vers l'an 1290, de l'empereur de Constantinople une bulle d'or pour les Catalans et les Siciliens. On leur permit de négocier librement dans l'empire, en payant trois pour cent des mar-

(1) Tregua cum Michaele Palæologo imperatore, dans le t. IV de Marin, Storia del commercio de' Veneziani, pag. 336. — Voyez aussi Navagero, Storia de Venez.

(2) Tregua cum Dom. imperatore constantinopolitano; Marin, Storia del commercio, &c., tome VI, pag. 152.

chandises qu'ils importeraient en Grèce ou qu'ils en extrairaient. Cet impôt fut reduit d'un tiers dans le siècle suivant[1].

Florence, quand elle eut Pise et Livourne, prit soin de renouveler, en 1438, avec Jean Paléologue les anciennes immunités des Pisans. Une bulle d'or accorda à la république toscane un consulat avec une prison, trois maisons et une loge de commerce[2].

A la suite des grandes puissances maritimes, il est intéressant de voir arriver la ville de Narbonne, qui fit aussi ses conventions avec les empereurs grecs. Andronic III, par un traité que l'on conservait autrefois aux archives de la cathédrale de Narbonne[3], permit aux marchands narbonnais de venir trafiquer à Constantinople et dans les autres parties de l'empire grec, en payant selon la coutume quatre pour cent sur la valeur de leurs marchandises, soit à l'entrée, soit à la sortie; d'y avoir loge, consul et terrain. Ils ne devaient point être responsables des dégâts causés par des pirates de leur nation, pourvu qu'ils ne fussent pas de connivence. Ils ne devaient pas non plus im-

(1) Chartes des années 1290 et 1320, dans Capmany, Memor. hist., tome II : Colecc. diplom., nos 249, 301 et 302.

(2) Charte no 6, dans le tome II de Pagnini, della Decima e delle altre gravezze.

(3) Voyez cette bulle en latin, dans l'ouvrage de Ducange, Familiæ byzantinæ; Paris, 1680, in-folio, pag. 237.

porter sur leurs navires des marchandises étrangères imposées plus que celles des Narbonnais. En cas de naufrage, les Grecs leur devaient porter secours. Ce diplôme d'Andronic fut expédié vers l'an 1340; le fils et successeur de ce prince, Jean Paléologue, à la demande du consul et des marchands narbonnais résidant à Constantinople, confirma leurs priviléges et franchises, tels qu'ils avaient été établis dans la bulle d'or d'Andronic[1]. Malheureusement il nous manque des renseignemens sur la durée de cet établissement des marchands languedociens dans l'antique Bysance.

Les conquêtes des princes croisés en Syrie tournèrent d'abord presque entièrement au profit des villes maritimes d'Europe, qui avaient transporté les armées chrétiennes, et leur avaient fourni des vivres et des munitions. Ces villes se firent accorder des établissemens de commerce dans toutes les places conquises. Les marchands français furent ici en première ligne : ayant pris une part si active aux croisades, ayant contribué si puissamment à la conquête de la Syrie, et mis leurs compatriotes sur les trônes de ce pays, les Français ne pouvaient manquer d'être favorisés dans les ports des terres conquises. Les Provençaux, et les Marseillais en particulier, avaient été trop utiles aux chefs des croisades pour ne pas mériter des avantages

(1) Ducange, l. c., pag. 239, Bulle de Jean, en grec et en latin.

sous le rapport du commerce. Ils eurent en effet des priviléges et des prérogatives tant que dura la domination des Francs dans ces contrées de l'Orient, et les archives de l'hôtel de ville de Marseille contiennent une foule de titres qui attestent les services rendus par les Marseillais, la reconnaissance des princes francs établis dans l'Orient, et les bénéfices que Marseille sut tirer des croisades pour affermir et consolider son commerce avec l'Asie. Déjà Fouques, comte d'Anjou, successeur de Baudoin II sur le trône de Jérusalem, que les Marseillais avaient secouru dans ses guerres contre les Sarrasins, leur avait accordé, en récompense de leurs services, l'exemption de tous les impôts quelconques dans ses états[1]. Une bulle particulière d'Innocent IV confirma ce privilége, en menaçant de l'excommunication ceux qui troubleraient les Marseillais dans la jouissance de ce droit[2]. Ayant encore fourni des secours à Baudoin III, dans sa guerre contre les Sarrasins en Syrie, ils obtinrent de ce roi la faculté de tenir à Jérusalem, à Saint-Jean d'Acre, et dans toutes les villes maritimes qui seraient soumises à son empire, un établissement consistant en une rue avec

(1) « Donamus comuni Marcelie (*sic*) franchisiam per totam terram regni Jerusalem &c. » Charte de l'an 1136, parmi les preuves, nº 14, de l'Histoire générale de Provence, par Papon, tome II.

(2) Pièce des archives de l'hôtel-de-ville de Marseille, citée par Ruffi, tome II.

toutes ses maisons, une église et un four commun; ils auraient le droit d'en disposer, et ils seraient exempts de toutes impositions. Cette charte, expédiée à Jérusalem, en 1152, et souscrite par Amaury, frère du roi, par le chancelier du royaume et par plusieurs seigneurs, fut sanctionnée par Clément III, à Viterbe, et dans la suite par Innocent IV, à Lyon[1]. Malheureusement Saladin, profitant de la mésintelligence des chrétiens, s'empara, en 1187, de Jérusalem et d'autres villes de la Syrie. Ainsi Marseille ne put profiter beaucoup des avantages dus aux services qu'elle avait rendus à la dynastie chrétienne de Jérusalem; cependant elle sut en acquérir de nouveaux. Dans l'année même où Jérusalem fut enlevée aux chrétiens, les Marseillais aidèrent le marquis de Montferrat à défendre la ville de Tyr, son domaine, contre les attaques des Sarrasins; aussi, de l'avis du grand maître des Templiers, il expédia des lettres patentes qui accordaient aux Marseillais le droit de faire le commerce dans la ville de Tyr sans payer aucun impôt, et d'y vivre sous un magistrat de leur nation[2]. Ils firent confirmer ces priviléges dans la suite, par lettres patentes de Philippe de Montfort, seigneur de Tyr, en présence de l'archevêque de cette ville et du grand

(1) Pièce des archives de l'hôtel-de-ville de Marseille, citée par Ruffi, tome I.

(2) Ibidem.

commandeur de l'Hôpital de Saint-Jean de Jérusalem[1]. Trois ans après la perte de la capitale de la Palestine, une expédition partit de Marseille pour mettre le siége devant Saint-Jean d'Acre. Les Provençaux montrèrent encore beaucoup de zèle dans cette expédition, et dans le siége de la ville de Syrie. Guy de Lusignan, qui commandait l'armée des assiégeans, promet, par des lettres patentes, à tous les Marseillais qui viendraient habiter Acre et ses environs à une lieue de distance, le droit d'y faire le négoce, aussi bien que dans toutes les autres terres du royaume de Jérusalem, qui étaient ou qui seraient dans sa puissance. Il leur permit d'importer et d'exporter des marchandises, par terre et par mer, sans payer d'autres droits qu'un besan sarrasin pour cent besans de la valeur des marchandises apportées par navires, de construire et de radouber des bâtimens, et de les conduire où ils voudraient, sans rien payer; de se faire rendre justice dans Acre par leurs vicomtes, qui prêteraient serment entre les mains du roi[2]. Dans le cas où le prince accorderait aux marchands de Montpellier et de Saint-

(1) Pièce des archives de l'hôtel-de-ville de Marseille.

(2) « Et per hæc omnia loca liceat vobis liberè intrare et exire, commorari et negotiari cum magnis navibus et lignis parvis de riperiâ... sine ullâ dricturâ et terceriâ vel encoragio &c. » Charte de Guy, parmi les preuves, n° 25, du tome II de l'Histoire générale de Provence, de Papon.

Gilles des priviléges spéciaux, il s'engageait à en accorder de semblables aux Marseillais[1]. On voit, par cette dernière clause, que les Languedociens prenaient part au commerce de la Syrie. Après la prise de la ville d'Acre, les Marseillais purent jouir des avantages stipulés. Nous verrons tout-à-l'heure quels priviléges ils obtinrent sous les successeurs de Guy de Lusignan en Chypre.

En 1212, les consuls marseillais à Saint-Jean d'Acre se présentèrent devant Jean de Brienne, qui venait d'être couronné dans cette ville en qualité de roi nominal de Jérusalem; ils demandèrent à être remis en possession d'une rue que ses prédécesseurs avaient accordée aux Marseillais de Saint-Jean-d'Acre; mais les titres avaient disparu pendant les guerres de la Palestine : on fut obligé d'appeler en témoignage les anciens de la ville. D'après leur attestation, Jean de Brienne rendit aux Marseillais la jouissance de la rue, et leur en expedia des lettres patentes, du consentement de la reine Marie, sa femme[2].

Marseille avait rendu aussi des services aux seigneurs de Bérithe. L'un d'eux, Jean d'Ibelin, exempta,

(1) « Porrò si hominibus Montepessulani, vel Sancti-Ægidii, nos majorem libertatem dare contigerit, concedimus ut eadem libertate gaudeatis. » Papon, l. c.

(2) Pièce des archives de l'hôtel-de-ville de Marseille, citée par Ruffi, Histoire de Marseille, tome I, liv. III.

en 1223, les marchands marseillais du paiement de tous droits d'entrée ou de sortie; il leur permit de faire juger leurs contestations par des consuls de leur nation. Ces priviléges furent sanctionnés par le pape Grégoire IX, dans la troisième année de son pontificat[1]. On voit que rien ne pouvait être plus solennel et plus légal que toutes les concessions faites aux Marseillais dans la Syrie.

Quand les rois de Jérusalem furent réduits à l'île de Chypre, ils n'eurent pas moins besoin qu'auparavant des secours pécuniaires des villes riches de l'Europe; et ils ne firent guère de difficulté de donner, contre des sommes d'argent, des franchises et des prérogatives de commerce. J'en parlerai plus bas.

Les autres villes commerçantes de la Méditerranée avaient fait, à l'exemple de Marseille, des conventions avec les princes croisés, en aidant à la conquête de la Palestine. Venise s'était assuré, par un traité de l'an 1111, le droit d'avoir une factorerie à Saint-Jean d'Acre[2]. Douze ans plus tard, elle avait fourni aux croisés ses secours, à la condition d'exercer librement le commerce dans les places qui tomberaient au pouvoir de l'armée chrétienne : ce qui fut exécuté. Aussi eut-elle bientôt des factoreries dans tous les ports de Syrie qui dépendaient des rois de Jérusalem et

(1) Pièce des arch. de l'hôtel-de-ville de Marseille ; Ruffi, l. IV.

(2) Marin, Storia del commercio de' Veneziani, t. III, pag. 32.

des princes d'Antioche[1]. En 1139, Baudoin II, qu'elle avait aidé à sortir de captivité, lui accorda, dans toutes les villes du royaume de Jérusalem, le droit d'avoir église, cour de commerce, four et bain, ainsi que cour de justice. Les Vénitiens devaient y être aussi libres qu'à Venise même; seulement pour les pélerins transportés par leurs vaisseaux, ils devaient payer le tiers du nolis[2]. Le seigneur de Byblos réduisit, par un traité conclu, en 1217, avec Zeno, bayle vénitien en Syrie, les droits d'entrée sur les marchandises des Vénitiens, de quatre à deux pour cent de la valeur[3]; et Jean d'Ibelin, seigneur de Barut, les exempta même dans ce port de toute coutume onéreuse, y compris le droit sur l'ancrage, et leur accorda une juridiction nationale[4].

Les Génois obtinrent de Tancrède, de Boémond I et II, et du roi Baudoin, des priviléges qui leur assuraient des biens, des revenus et des droits civils et commerciaux à Antioche, à Laodicée, à Tortose, à Séleucie[5], &c. Boémond III leur accorda un autre diplôme,

(1) Marin, Storia del commercio, tome III, pag. 48 et 146.

(2) Charte de 1130, dans Muratori, Antiquit. italicæ, tome II, dissert. 30e; — et Scriptor. rerum italic., tome XII, col. 275.

(3) Marin, Storia del commercio de' Veneziani, t. IV, p. 254.

(4) Privilegium quod fecit comuni Venet. Joann. de Beylino, dominus de Beritho &c., Marin, l. c., pag. 253.

(5) Chart. col. 2079, 2081 et 2087, dans le t. I de Lünig, Codex ital. diplom. — Silv. de Sacy, Rapport sur les recherches faites dans les archives de Gênes.

en l'an 1169; et, vingt ans après, en 1189 et 1190, le même prince leur confirma leurs franchises à Antioche, à Laodicée et Gabala, par de nouvelles chartes[1]. Trois de ces actes se conservent encore aux archives de la ville de Gênes[2].

Une série de chartes atteste le soin qu'avaient pris les Pisans de se faire assurer également des priviléges et des franchises. Muratori en rapporte un grand nombre. D'abord, Tancrède, prince d'Antioche, qu'ils avaient aidé à chasser les Grecs de Laodicée, leur accorda, en 1108, dans cette ville et à Antioche, liberté entière de commerce, et exemption de toutes les taxes[3]. D'autres princes d'Antioche, Boémond III entre autres, leur accordèrent des franchises semblables, avec une juridiction particulière[4]. Dans le siècle suivant, en 1216, ils obtinrent de Rupin la confirmation de ces droits. Amaury, roi de Jérusalem,

(1) « Dono et concedo consulatui Januensium et toti terræ Januensis communitatis hanc libertatem per totam terram meam in Antiochiâ, Laodiciâ, Gabulo et in aliâ terrâ... ut de omnibus illis rebus, sive mercimoniis quæ veniunt ad commune, nullam omnino in eundo et redeundo, in vendendo et emendo reddatur curiæ principali consuetudine. » Privilége de Boémond, de l'an 1190, dans Ughelli, Italia sacra, tom. IV. — Lünig, Codex ital. diplom., t. II. — Dumont, Corps diplomatique, tome I, partie I.

(2) Silv. de Sacy, Rapport sur les archives de Gênes.

(3) Voyez les deux chartes de Tancrède, dans Muratori, Antiq. italicæ, tome II, dissert. 30e.

(4) Privilegium Boemundi III, de l'an 1170; ibid.

menaçait les Sarrasins d'envahir l'Égypte. Les Pisans, par prudence, se firent promettre d'avance, par un acte de ce prince, des établissemens commerciaux à Alexandrie et au Caire[1]; mais Amaury ne fut jamais dans le cas de remplir cette promesse. Un de ses successeurs, Baudoin IV, leur céda, en 1182, un terrain dans la ville d'Acre, pour leurs magasins et habitations[2]. Raymond, comte de Tripoli, leur permit, cinq ans après, par une charte très-détaillée, d'introduire dans ses terres, et d'en exporter toute sorte d'objets et de marchandises, sans être sujets à aucun impôt; d'avoir leur propre cour de justice dans la ville de Tripoli, et d'y plaider toutes leurs causes, le meurtre et la trahison exceptés[3]. A Tyr, Conrad, fils du marquis de Montferrat, seigneur de ce port, céda, en 1188, à la confrérie des marchands pisans appelés les *humbles*, plusieurs maisons, avec la liberté du commerce; dans le cas où la société ou confrérie

(1) « Dono, concedo et confirmo communitati Pisanorum libertatem de omni jure negotiationis per totam terram quam mihi Deus dederit in Ægypto, et curiam in Babyloniâ et ecclesiam &c. » Charte d'Amaury, de l'an 1169; Muratori, l. c.

(2) Diploma Balduini IV, ibid.

(3) « Potestatem intromittendi et extrahendi in ipsam Tripolim et in totam terram meam omnes res suas et sua cuncta mercimonia, terrâ et mare, liberè et quietè, sic quod nullum jus inquam, nullam prorsùs indè donent consuetudinem &c. » Charte de Raymond, de l'an 1187; ibid.

se dissoudrait, chaque membre devait conserver la faculté d'acheter, de vendre, d'aliéner, comme bon lui semblerait[1]. L'année suivante, Guy, roi de Jérusalem, confirma les priviléges des Pisans à Tyr. Dans la charte qui fut expédiée à cet effet, il n'est plus question de la société des *humbles ;* l'acte spécifie seulement les propriétés de la commune des Pisans dans la ville de Tyr : ce sont diverses maisons, des terrains, une fonde, un bain, un four, des moulins. Les Pisans, outre leur cour de justice, devaient conserver la faculté de nommer des préposés pour veiller à la sureté de leur établissement[2]. En 1191, ainsi deux ans après l'expédition de l'acte précédent, ils en obtinrent un autre de Conrad, prince de Tyr, pour le confirmer.

Les souverains musulmans de la Syrie furent également amenés, par les agens de Venise, à traiter avec la république. En 1229, les Vénitiens firent confirmer, par le sultan d'Icone, les anciennes conventions qui leur donnaient le droit de trafiquer dans la Turcomanie, où dominait alors, comme nous l'avons vu au chapitre II, la tribu turque de Rum. Par ce traité, les Turcomans accordaient aux Vénitiens, représentés par le podestat Tiepolo à Constantinople,

(1) Voyez les deux chartes de Conrad, l'une dans Tronci, Annal. pisan., et l'autre dans Muratori, l. c.

(2) Muratori, Antiquit. ital., t. II, dissert. 30e

pleine liberté de commercer et de trafiquer dans les états du sultan, moyennant un impôt de dix pour cent sur les marchandises, établi par un chrysobole ou acte précédent. De cet impôt étaient exempts les plumes, les perles fines, l'or brut et façonné. Pour les cas de naufrage, les deux peuples se promettaient aide et protection; et, pour les cas d'attaque de la part d'un ennemi dans les parages des états du sultan, les Vénitiens devaient trouver sûreté et défense de la part de ses sujets. S'il s'élève des contestations entre des Vénitiens et des gens d'autres nations latines, telles que les Pisans, &c, elles doivent être jugées par les plus probes d'entre les Vénitiens, excepté les cas de blessures et de meurtres, et en général les délits criminels, dont la connaissanee est réservée au soudan. Les Vénitiens, de leur côté, s'engagent à user de réciprocité dans leurs états, à l'égard des musulmans d'Icone[1].

Ils firent des stipulations plus précises à l'égard d'une place importante, celle d'Alep, où arrivaient, comme je l'ai dit, les marchandises de l'intérieur et de l'ouest de l'Asie, surtout celles de l'Inde qui y étaient apportées par la voie du golfe Persique, puis par celle de Bagdad et de Séleucie, à l'aide des caravanes. Marin donne ce traité presque en entier; en voici les

(1) Marin, Storia del commercio de' Veneziani, t. IV, pag. 250.

principales stipulations : les marchands vénitiens jouiront; dans tous les états du soudan, d'une sûreté entière, et de la liberté de vendre et d'acheter toute espèce de denrées et de marchandises; ils paieront six pour cent de la valeur de toutes les marchandises apportées, vendues ou achetées, excepté le coton. Quant à la draperie, ils donneront quatre pour cent, et de plus un carlin aux gardes magasins, et quatre carlins pour chaque mesurage. Remise leur sera faite d'un denier sur les achats de poivre, par charge de chameau, et d'un denier pareillement dû au pont, pour toute charge d'âne. On réduira à la moitié ce qu'ils avaient coutume de payer par charge de chameau pour le coton : ils ne paieront donc plus que quatre deniers. Il leur est permis d'avoir dans Alep une fonde, une cour et un bayle, qui seul pourra prononcer en cas de contestation, de rixe et d'homicide. Le lundi de chaque semaine, l'émir siégera pour faire droit aux réclamations des Vénitiens contre chacun (probablement des indigènes). Si des Vénitiens commettaient quelque piraterie ou brigandage, les marchands de cette nation n'en éprouveraient aucun dommage de la part du soudan[1].

On voit dans ce traité un changement de tarif, ce qui suppose encore des arrangemens plus anciens. Il

(1) Pactum soldani de Adalappo; Marin, Storia del commercio, tome IV, pag. 246.

paraît en effet que dix ans auparavant Venise avait fait avec Alep un traité qui peut-être n'était pas le premier.

Enfin, une convention avec l'émir de Jaffa ou Joppé leur assurait aussi dans ce port la liberté du commerce, et de plus un lieu de débarquement pour ceux qui par piété visitaient la Palestine[1], et dont le passage rapportait beaucoup à la marine vénitienne et à la douane musulmane, qui, à cet égard, ne faisait que suivre l'usage établi par les chrétiens. En effet, dans le pacte conclu en 1130 entre Baudoin, roi de Jérusalem, et le doge de Venise, comme je l'ai dit plus haut, il est stipulé que les Vénitiens jouiront de toute franchise d'impôts, excepté pour les pélerins que leurs navires amèneront, et pour lesquels ils devront payer au roi le tiers de ce que leur aura valu le transport[2]; mais on verra, par un autre traité, que les Musulmans taxaient en outre les pélerins à chaque station dans la terre sainte.

La commune d'Ancône en Italie avait aussi son établissement de commerce dans la Syrie. En 1257, Jean d'Ibelin, connétable du royaume de Jérusalem, lui accorda, du consentement des autres seigneurs français, vassaux de ce royaume, la franchise du com-

(1) Marin, Storia del commercio &c., tome V, liv. I, chap. VII.

(2) A Marseille, on prélevait aussi le tiers du nolis sur les navires qui transportaient les pélerins. Voyez plus haut, chap. VI.

merce en Palestine, sous les conditions suivantes, qui sont stipulées dans un acte rédigé en français[1]. La douane française de Saint-Jean-d'Acre percevra un besan par quintal sur les marchandises que les Anconitains importeront ou exporteront par mer; à l'égard des marchandises qu'ils auront importées des pays des fidèles, ils paieront les droits accoutumés; s'ils réexportent tout ou partie des marchandises introduites, la douane leur remboursera les droits payés pour les objets non vendus. Les marchands anconitains qui prêteront leurs noms à des marchands de nations non favorisées perdront leur franchise : si des Anconitains se sont servis jusqu'à présent du nom des Génois, Pisans ou Vénitiens, ils seront tenus à l'avenir de rentrer dans la commune anconitaine. Tous les différends qui naîtront à l'égard des marchands d'Ancone seront jugés par un consul de leur nation, qui sera responsable des gens qu'il emploiera. Il leur sera cédé un terrain pour bâtir une église et des maisons, et une place sur le bord de la mer, afin qu'ils puissent y déposer leurs marchandises. Pour toutes ces franchises, les Anconitains fourniront au service du royaume de Jérusalem, en cas de guerre, cinquante hommes armés de fer; s'ils ne les fournissaient pas, on les lèverait à leurs frais. En outre, les An-

(1) Istrumento e concessione di franchizia &c., charte nº 132, dans le Codice diplomat. del S. milit. ord. Gerosolim., du P. Pauli.

conitains d'Acre seront tenus à défendre le royaume, comme le royaume s'engage réciproquement à les protéger contre tout ennemi.

Voilà le premier traité où le service militaire et féodal est stipulé comme le prix des franchises mercantiles. Aucune des grandes puissances maritimes ne fut assujettie à cette redevance, mais Ancone ne pouvait rendre aux croisés les services qu'ils recevaient de Venise, de Gênes, ou de Marseille. Ce que l'on accordait à la commune d'Ancone était une faveur : on y attacha une condition dont l'accomplissement, au fait, était dans l'intérêt des marchands, car mieux les Latins étaient défendus dans l'Orient, plus leur commerce devait prospérer.

L'île de Chypre, appartenant à des princes chrétiens, et voisine de la Syrie, était une contrée trop importante, pour n'être pas comprise dans les spéculations du commerce européen. Une charte d'Amaury, roi de Jérusalem et de Chypre, accorde aux Marseillais la faculté de trafiquer dans son royaume, sans payer aucun impôt; le roi leur cède une maison avec ses dépendances, le tout pour reconnaître les services que la marine de Marseille lui avait rendus pendant la croisade[1]. Une bulle du pape Clément IX confirma, dit-on, ces priviléges. Les autres peuples d'Europe

(1) Pouqueville, Voyage dans la Grèce, 2e édition; tome VI, liv. XX, chap. IV: — et Mémoire du même sur le commerce du

n'en ont pas à produire d'aussi anciens : au siècle suivant, ce furent des concessions semblables qu'obtinrent les peuples maritimes. Henri I expédia en 1236 des lettres-patentes en français, par lesquelles il accordait des exemptions mercantiles aux Marseillais, aux Provençaux en général, et aux marchands de Montpellier[1]. L'historien Ruffi cite cette charte des archives de Marseille, sans faire connaître les concessions qu'elle contient. Montpellier fit encore un traité avec le roi de Chypre, en 1365, au sujet du commerce et du consulat de cette île; traité qui n'a pas non plus été publié[2].

Henri II de Lusignan octroya aux Catalans le privilége de ne payer que deux besans pour cent de la valeur de toutes les marchandises qu'ils apporteraient en Chypre, et la moitié pour celles qu'ils tireraient de cette île; le cinquième du nolis que les patrons des navires auraient été obligés de payer[3] fut

Levant, lu à l'Institut (Revue encyclopédique, tome XXX). La charte du roi de Chypre se trouve aux archives des affaires étrangères. Ruffi cite une charte presque identique des archives de l'hôtel-de-ville de Marseille. Le bien donné par le roi de Chypre y est nommé *Flacci*.

(1) Ruffi, Histoire de Marseille, tome I, liv. III.

(2) Cartulaire de Montpellier, parmi les manuscrits d'Aubays cité par D. Vaissette, Histoire gén. du Languedoc, t. IV, p. 517.

(3) Charte de l'an 1291, dans le tome II de Capmany, Memor. hist. sobre la marina &c., Colecc. dipl., nº 31.

réduit au dixième ; cependant ils demandèrent bientôt après une fonde ou une rue où ils seraient surs et francs, une diminution des droits d'entrée, et l'exemption de l'impôt sur les marchandises réexportées sans être vendues [1].

Les Vénitiens et les Génois s'étaient installés en Chypre, comme alliés du roi; il fallut bien les favoriser pour conserver leur amitié. On accorda, en 1306, aux Vénitiens le droit d'avoir à Nicosie, Famagouste et Limisso, une église, une loge ou factorerie, une maison pour le bayle, et d'autres maisons à l'usage des fonctionnaires vénitiens : le tout sur un terrain soumis à leur juridiction, mais qui devait rester ouvert. Les Vénitiens pouvaient acheter des maisons, qui alors devenaient exemptes de tous cens et de toute autre charge; mais elles ne devaient pas être fortifiées. Dans tout le royaume de Chypre, les Vénitiens étaient francs de péage, de taxe sur les marchandises vendues ou achetées à l'entrée, à la sortie, et pendant le séjour dans les ports. Leurs autorités avaient accès à la cour, et portaient des cannes ou baguettes comme marque de leur emploi [2].

(1) Instruction donnée en 1293 à un ambassadeur au Levant, par Jacques II, roi d'Aragon, pièces justific., nº 17, du Mémoire de M. de Navarrete sur les croisades; tome V des Mémoires de l'Académie d'histoire de Madrid.

(2) Pactum cum rege Cypri, cité par Marin, Storia del commercio &c., tome V.

Ces priviléges furent confirmés, en 1328, par le roi Hugues, et en 1360, par Pierre. Dans ce dernier traité se trouvent quelques stipulations concernant la navigation et le bayle vénitien qui, en Chypre, était en quelque sorte un second roi, comme l'observe l'historien Marin. Ce bayle devait inspecter les navires vénitiens, pour qu'on n'y chargeât pas de denrées dont l'exportation était prohibée à Venise. Les patrons ne devaient prendre personne à bord sans un billet ou passeport du bayle, excepté les marins et sujets de Venise. Le bayle devait rendre justice aux sujets du roi de Chypre (sans doute dans le cas où ils seraient lésés par des Vénitiens); et s'il ne le faisait pas, il leur était permis d'avoir recours au roi. Les Vénitiens, de leur côté, consentirent à ce que le roi tirât à volonté de Venise les chevaux et les armes dont il pouvait avoir besoin pour son île[1]. Ce peuple obtint encore la faculté d'expédier régulièrement, pour l'île de Chypre, une escadre composée de galères de commerce et de galères armées, afin d'y transporter les marchandises de Venise, et de prendre en retour les vins délicieux que fournit le riche sol cypriote.

Quand les Latins se furent emparés de Constantinople, les Grecs de Nicée proclamèrent empereur Théodore Lascaris, qui avait épousé la fille d'Alexis,

(1) Confirmatio pactorum &c., Marin, Storia del commercio &c., tom. V, pag. 301.

tristement surnommé le Fratricide. Quoique Venise eût contribué à la chute de l'empire Grec, et qu'elle en eût profité, elle sut encore gagner la bienveillance de ce fantôme d'empereur, et obtint de lui des avantages commerciaux. Lascaris leur permit, par un traité solennellement juré[1], de venir librement faire le commerce par terre et par mer; d'introduire et d'extraire toute sorte de marchandises, sans être assujettis à aucun des impôts que payaient les marchands pour leurs cargaisons, et auxquels les Latins assujettissaient vraisemblablement, à Constantinople, les marchandises même des sujets de Lascaris. Celui-ci promit de ne point envoyer de vaisseaux à la capitale de l'empire grec, ni dans les possessions assignées aux Vénitiens, qu'avec l'autorisation du doge de Venise. En cas de naufrage, les objets sauvés sur les côtes de l'Anatolie devaient être restitués à leurs familles ou à leurs compatriotes; à défaut d'amis et de parens, ils devaient rester en dépôt chez les autorités du lieu. Lascaris ne devait point battre la même monnaie que celle dont on se servait en Romanie; ni Venise frapper la même que celle de Lascaris.

Ce fut le célèbre Tiépolo, podestat vénitien à Constantinople, qui arracha cet humiliant traité au faible empereur. En le signant, ce malheureux prince

(1) Voyez l'extrait de ce traité, inséré par Ramusio dans son Exposition, mise à la tête des Voyages de Marco-Polo.

sanctionnait le détrônement de la dynastie grecque à Constantinople. Loin d'avoir la force de venger sa famille, il fut heureux de vivre en paix avec les Latins.

Après que la dynastie grecque fut remontée sur le trône de Byzance, une branche de la famille des Comnène continua de résider à Trébizonde, sur la mer Noire : elle commandait, comme je l'ai dit, un littoral et un pays fertiles et assez étendus, à travers lequel passaient des routes de commerce. Ce pays important fut fréquenté par les vaisseaux de Venise et de Gênes.

Nous possédons divers traités que la première de ces deux républiques conclut avec cette ville, au commencement du quatorzième siècle; les établissemens génois et vénitiens sont sans doute antérieurs aux deux traités; mais nous n'avons pas d'actes constatant l'époque de leur fondation. Les Génois avaient obtenu de l'empereur Alexis une bulle d'or qui spécifiait leurs franchises : le texte n'en a pas été publié. Dans ses querelles avec Venise, la république de Gênes allégua cette bulle, en vertu de laquelle elle était maîtresse d'un terrain ou d'un quartier à Trébizonde [1]. Les traités vénitiens qui restent sont très-détaillés, et importanspour l'histoire du commerce du Levant.

(1) Voyez Marin, Storia del commercio &c., tome VI, livre I, chap. VI.

Voici les principales stipulations du premier, daté de l'an 1303. Le doge pourra avoir, comme les Génois, une échelle à Trébizonde; dans cette ville, ainsi que dans toutes les autres, dans les châteaux et terres soumis à la domination impériale, les Vénitiens trouveront sûreté et bon accueil. Ils pourront y exercer librement toute sorte de négoce, en payant le droit usité, comme les Génois, ni plus ni moins : ce droit n'excédera pas vingt aspres de l'empire pour chaque cargaison de marchandises. De toutes les marchandises importées, vendues à d'autres qu'à des Vénitiens, et soumises aux droits, les marchands paieront trois pour cent, et un et demi pour le pèsement; il en sera de même des acheteurs. Si les marchandises ne sont pas susceptibles d'être pesées, les vendeurs seuls paieront trois pour cent. Si acheteurs et vendeurs sont Vénitiens, et si les marchandises ont besoin d'être pesées, les uns et les autres paieront un et demi pour cent; enfin, si les marchandises ne sont pas sujettes à être pesées, et que vendeurs et acheteurs soient Vénitiens, ils seront dispensés de tout paiement. Les marchandises non déballées et non vendues seront également exemptes. L'or, l'argent, les perles, les ceintures, et autres choses semblables, pourront être introduites et vendues dans l'empire, ou en être tirées, sans payer d'autres droits que les vingt aspres ci-dessus désignés par charge. Les marchands qui arriveront par la voie de terre paieront douze aspres d'entrée par charge, et un pour cent de tout ce qu'ils vendront. Si un Vénitien achète d'un autre Vénitien des étoffes d'or ou de soie, ou autres objets de ce genre, il paiera un pour cent, ainsi que les Génois ont coutume de faire. Tous les étrangers qui viendront avec les Vénitiens seront regardés comme tels, mais ils paieront le droit que les étrangers ont coutume de payer : le montant de ce droit sera versé dans la caisse du vestiaire impérial, et ne sera appliqué à aucun autre usage, à moins que la cour ne s'accorde avec les Vénitiens pour cet article. Il est concédé aux Vénitiens un terrain de deux cent vingt-sept pas, pour y construire une église qu'ils pourront faire desservir par des prêtres ou des moines à volonté, une loge et des maisons. Ils désigneront l'un d'eux comme bayle pour rendre la justice à la nation; il aura dans sa maison des nobles et des domestiques, comme le bayle de Romanie, et il aura leur même autorité que celui-ci. Les Vénitiens devront avoir leurs balances et leurs mesures particulières, comme en ont les Génois[1].

Ces stipulations furent renouvelées ou altérées plusieurs fois. L'empereur grec donna aux Vénitiens un chrysobole ou diplôme, en 1319, de la même teneur

(1) Marin, Storia del commercio &c., tom. IV, liv. II, chap. v.

que le précédent; on en conserve une copie aux archives de Venise[1]. On a retrouvé, dans un manuscrit de la bibliothèque de Turin[2] le chrysobole impérial de l'an 1364, donné par Alexis Comnène, qui prend le titre d'*empereur de toute l'Anatolie, des Ibériens et du pays de l'Euphrate*. Dans cette charte, le prince grec avoue qu'il a vu avec peine les Vénitiens cesser de venir dans un port où ils avaient auparavant des priviléges, et qu'il a accédé volontiers aux propositions qui lui ont été faites par une ambassade venue de la part du doge de Venise et du bayle vénitien de Constantinople. A l'avenir, les Vénitiens pourront librement faire le commerce à Trébizonde; pour les marchandises exportées par mer, ils paieront vingt aspres par charge; et pour celles qui seront importées par terre, douze, et de plus un pour cent de la vente. A l'égard de toutes les affaires de commerce que feront les Vénitiens entre eux, le vendeur et l'acheteur paieront deux et demi pour cent, si toutefois ils sont soumis au tribut (l'acte n'explique pas la nature de ce tribut); l'or, l'argent, les pierres précieuses, les ceintures, ne paieront point d'impôt. Pour

(1) Fallmerayer, Geschichte des Kaiserthums von Trapezunt, liv. III, chap. II.

(2) Voyez ce diplôme grec dans le tome I des Codices manusc. biblioth. Taurin.; Turin, 1749, in-folio. Le texte et la traduction latine qui l'accompagne sont un peu obscurs.

les coquillages de l'Inde (peut-être les *cauris* et les *coudgas* employés dans l'Orient comme petite monnaie, peut-être aussi les *dalins* qu'on mange salés, comme assaisonnement[1]), ils paieront un pour cent. Ils auront un terrain pour y demeurer, une bourse, une église desservie par des Frères, un hospice pour leurs pauvres, et un bayle pour juger les contestations de leurs marchands, avec la suite accoutumée.

Le tarif de Trébizonde fut un peu modifié dans la suite par un autre acte du même siècle, portant que l'on paiera vingt aspres pour chaque charge qui sera débarquée; toutes les cargaisons venues par mer, qui ne se vendront pas au poids ou à deniers comptans, paieront dorénavant un aspre et un quart, au lieu de deux et demi. Tout achat fait par des Vénitiens, au comptant ou à crédit, sera grevé d'un droit de trois quarts pour cent payable par le vendeur; et, si l'acheteur et le vendeur sont Vénitiens, on paiera deux et demi pour cent, au lieu de cinq. Toute balle non déliée ou non vendue, et destinée pour le dehors, sera franche d'impôt; il en sera de même de l'or et de l'argent, des ceintures et autres objets semblables; à l'entrée, tant par mer que par terre, on paiera douze aspres la charge; et lors de la vente, au lieu d'un aspre, on en paiera un demi. Le Vénitien qui achètera

(1) Voyez, sur ces coquillages, Silv. de Sacy, Chrestomath. arabe, 2e édition, vol. I, pag. 251.

ou vendra des velours, des boucans et autres étoffes semblables, en détail, paiera un demi aspre pour cent au lieu d'un. L'étranger qui sera avec les Vénitiens paiera l'impôt, non comme eux, mais comme les étrangers. Si un étranger fraude le droit, le bayle devra le faire payer[1].

Il a été sans doute fait aussi des traités de commerce avec les princes latins qui avaient des fiefs dans la Grèce, mais nous ne les connaissons pas. Florence envoya, en 1422, un agent auprès du duc de Corinthe, qui était citoyen de cette république, pour demander que les Florentins fussent traités à l'égal des Vénitiens et des Génois[2] : nous n'avons point de renseignemens sur les résultats de cette mission.

Venise et Gênes n'oublièrent point d'assurer par des traités leurs relations avec les princes latins qui, sous le nom de rois d'Arménie, occupaient la côte de la Cilicie.

L'Arménie avait aussi son importance dans les relations commerciales des Européens avec l'Asie. Aux archives de Venise, il existe un traité de l'an 1201, fait entre le roi Léon et le doge Henri Dandolo; il fut renouvelé, en 1245, par le roi Haython I,

(1) Pactum cum Trapezunta; Marin, Storia del commercio &c., tome VI, liv. III, chap. III.

(2) Nota ed istruzione a Tom. Abderotti; charte 5e du tome II de Pagnini, Della Decima &c.

et la reine Élisabeth : j'en citerai les principaux articles. Les Vénitiens pourront librement acheter et vendre sans imposition ; pour l'or et l'argent qu'ils feront monnayer, ils paieront le même droit que dans la ville d'Acre ; l'or non monnayé ne sera sujet à aucun droit. Ils pourront transporter librement leurs marchandises par le royaume, dans les terres des Sarrasins ou des chrétiens avec lesquels le roi est en paix ou en trève. S'il y a contestation ou discorde entre deux Vénitiens, la cour choisira une personne honnête de leur nation, pour les mettre d'accord ; si la contestation est entre Vénitien et Arménien, et en cas d'homicide, les juges de la cour porteront la sentence ; et si, dans une querelle ou contestation, personne de leur nation ne voulait les juger et les réconcilier, l'archevêque sera juge et arbitre. Faculté est accordée aux Vénitiens d'avoir dans la ville de Malmistra (Mopsueste) église et maison pour le desservant, conformément à ce qui s'est pratiqué auparavant[1].

Ils obtinrent du roi Léon, en 1333, de nouvelles concessions, telles que la faculté de faire du vin et de le débiter en détail, par mesures royales, sans être assujetti au paiement d'un *tacolin*[2] par semaine, d'un dirème pour l'achat ou la vente en gros, de deux

(1) Marin, Storia del commercio &c., tom. IV, liv. II, chap. v.

(2) A la monnaie d'Ajazzo, le marc d'argent était taillé en quatre-

dirèmes pour l'expédition des vins hors de la cité; l'exemption des droits de coutumes pour chaque charge à l'entrée et à la sortie de la ville de Tarse, et pour l'entrée et la sortie de leurs navires dans le port; la liberté d'acheter cuirs, laines, camelots, et de les porter hors du royaume, ainsi que toute autre espèce de marchandises; puis la suppression du droit dû par balle de drap mesuré; enfin, l'affranchissement de l'obligation de prendre le blé, le sel ou autres denrées, des magasins royaux[1].

Cependant les Vénitiens se plaignirent dans la suite de ce que leurs privilèges n'étaient pas respectés, que l'on ne punissait pas les méfaits commis par des Arméniens sur des Vénitiens, et qu'on ne contraignait pas les débiteurs du pays à s'acquitter envers les Vénitiens, leurs créanciers; qu'on avait altéré le poids de l'argent; qu'on molestait les patrons des navires, qu'on haussait les impôts sur les marchandises, qu'on chargeait de taxes les Vénitiens fabricans de camelots, qu'on ôtait au bayle l'autorité nécessaire pour rendre raison aux gens de sa nation. Une ambassade fut envoyée en Arménie pour faire redresser ces griefs: on fit un nouveau traité, dans lequel on stipula le renouvellement de tous les anciens privilèges, la per-

vingt-onze *tacolins;* Bald. Pegoletti, Prattica della Mercatura, chap. XI.

(1) Marin, Storia del commercio &c., tom. IV, p. 158.

mission de vendre l'or et l'argent dans tout le royaume, sans obstacle, à la charge pour celui qui apporterait de l'argent d'en céder la moitié à la monnaie publique, vu la nécessité où se trouvait le roi de payer un tribut aux Sarrasins; la faculté de prendre leurs marchandises à crédit et de ne payer au comptant que la quantité stipulée dans leur privilége; l'exemption de tous droits de passage sur les fleuves, et de toutes impositions sur les achats de pelleterie, de cuir et de soie, à Sisium et dans d'autres villes du royaume, aussi conformément à leur privilége; enfin, la faculté de débiter leurs marchandises par tout le royaume, et de les porter librement à Tauris et à Insé, pourvu que le roi fût en paix avec les Sarrasins[1].

Les Génois se firent accorder, en 1201, comme Venise, les premiers priviléges en Arménie. Léon II, après des négociations avec Nicolas Doria, commandant la croisière génoise au Levant, leur céda un terrain pour bâtir une église, un quartier avec des magasins, et une juridiction consulaire dans les villes de Sis, résidence du roi, de Mopsueste et de Tarse[2]. Nous n'avons pas non plus le texte de ce traité; du moins il n'a pas été rendu public. Vers 1215, Gênes entama de nouvelles négociations; un autre traité fut conclu; le privilége de n'être jugé que par des

(1) Marin, Storia del commercio &c., tom. IV, pag. 161.

(2) Ub. Foglietta, Storia di Genova, liv. III.

Génois y fut expressément stipulé de la part de la république. Cependant les droits de transit, en Arménie, entravaient beaucoup le commerce des Génois; on demanda des réductions, et, en 1288, l'amiral génois Jacharia, qui venait de ravitailler avec sa flotte les places chrétiennes de Syrie, obtint des conditions plus avantageuses que celles sous lesquelles le commerce s'était fait jusqu'alors[1]. L'ordonnance qui fut promulguée à cette occasion par le roi Léon III, en arménien, se trouve aux archives de Gênes[2]. Cet acte porte entre autres articles ceux-ci : Dans toutes les villes qui nous sont soumises, les droits de douanes et de passage seront perçus comme à Aïas; pour les choses qui se vendent au marché par les mains d'un courtier, ou à la maison, on ne paiera que le droit de courtage, de même que pour le vin et l'huile en tonneau et en cruche. Pour les esclaves que l'on achèterait et tirerait de notre royaume, et qui seraient soumis à des droits, on n'en paiera plus aucun; mais si on achète des esclaves chrétiens,

(1) « Impetravit pro communi Januæ quemdam fundicum,.... et quod homines Januæ possent ascendere in Turciam cum suis ballis et mercibus pro satis minore pretio quam solvere solebant. » Caffar., Annal. genuens., liv. X, dans le tome VI de Muratori, Script. rer. italic.

(2) M. Saint-Martin, Mémoire sur le privilége accordé aux Génois par Léon III, roi d'Arménie; dans le tome XI des Notices et Extraits des manuscrits de la Bibliothèque du Roi, 1827.

on fera serment de ne pas les vendre aux Musulmans. Le blé et l'orge importés en Arménie ne paieront que le droit de courtage; à l'avenir, le droit d'ancrage sera supprimé : le fer paiera à la sortie un pour cent. Pour le transit, les impôts sont établis ainsi qu'il suit : soie, vingt-cinq *derams* par charge de chameau; drap de soie, idem; indigo, drogues, idem, excepté le poivre, le gingembre et le bois de Bresil, qui n'en paieront que vingt; tous les draps venant du pays des Francs, et les toiles, vingt; coton, sucre, vif-argent, corail, étain et cuivre, quinze; savon, dix.

A leur tour, les Catalans demandèrent au roi d'Arménie, en 1293, une réduction de droits, une fonde, et la faculté de réexporter sans impôts les marchandises catalanes non vendues en Arménie[1] : nous n'avons aucun acte qui nous apprenne si ces demandes furent accordées. Il paraît qu'ils furent assimilés aux Pisans, aux Provençaux et aux Florentins, qui payaient deux pour cent d'entrée, tandis que d'autres nations payaient le double[2].

L'île de Rhodes aussi paraissait aux Francs assez importante pour qu'ils traitassent avec les maîtres de cette

(1) Instruction donnée par Jacques II à un ambassadeur dans le Levant; pièce n° 17 du Mémoire de M. de Navarrete sur les croisades, dans le tome V des Mémoires de l'Académie d'histoire de Madrid.

(2) Bald. Pegoletti, Prattica della Mercatura, chap. XI.

échelle, voisine des côtes de l'Asie mineure. Les Français surtout se firent accorder, au quatorzième siècle, des priviléges de commerce par l'ordre de Saint-Jean de Jérusalem. On cite un traité que la ville de Montpellier fit, en 1356, avec le grand maître; et un autre acte que Narbonne se fit expédier pour avoir un établissement dans l'île, avec les prérogatives ordinaires[1]. Nous verrons, dans le chapitre suivant, que les grands maîtres de Rhodes, à leur tour, traitèrent avec les grandes puissances pour le commerce de l'Orient.

Dans la mer Noire, les Vénitiens et les Génois paraissent avoir établi solidement leur commerce à-peu-près à une même époque. Les traités qu'ils firent avec les Tartares de la Tauride et de la mer d'Azof ne sont pourtant que du quatorzième siècle; mais ils auront été précédés d'autres traités, conclus peut-être avec les Grecs, lorsque ce peuple occupait encore ses anciennes colonies sur le Pont-Euxin. Tana, sur l'Azof, était alors une des principales places de commerce: c'est aussi avec les chefs tartares de cette place que les Vénitiens et les Génois conclurent plusieurs traités. L'ambassadeur de Venise, André Zéno, en fit un, en l'an 1333, avec Usbek, empereur des Tartares Kipchaks.

(1) D. Vaissette, Histoire générale du Languedoc, tome IV, page 517.

Le prince s'engagea à céder aux marchands vénitiens un terrain derrière l'église de l'hôpital, jusqu'à la rive du Tana ou Azof, pour leurs demeures et leur chantier; ils devaient avoir un emplacement semblable dans les autres villes où ils voulaient faire le trafic. Ils obtenaient ce droit en s'engageant à payer trois pour cent de la valeur de leurs marchandises.

Les pierres fines, les perles, l'or et l'argent, devaient être francs de tout impôt. Les marchandises devaient être pesées par le douanier en présence d'une autre personne; celles qu'on ne vendait pas pouvaient être réexportées sans frais de douane. Dans le cas de contestation entre les Vénitiens et les habitans de Tana, le consul de Venise et le chef tartare devaient s'entendre pour le jugement. A l'égard du droit d'ancrage, on s'en rapportait à l'ancienne coutume[1].

Plusieurs années après, les Tartares, ayant eu une rixe avec les marchands vénitiens et génois à Tana, pillèrent leur fonde, et chassèrent tous ces marchands de la ville. Le commerce fut alors suspendu pour quelque temps; Venise et Gènes se promirent mutuellement secours et appui, et jurèrent de s'abstenir du commerce avec Tana jusqu'à ce que les Tartares

(1) Exemplum pacti firmati cum Husbecco, imperatore Tartarorum &c.; Marin, Storia del commercio &c., tome IV, livre II, chap. IV.

eussent indemnisé les deux peuples de leurs pertes. En attendant, ils s'engageaient à faire le commerce à Caffa, où devaient résider le consul génois et le bayle vénitien[1]; mais apparemment les Génois surent rentrer à Tana.

Peu contens de leur commerce à Caffa, les Vénitiens cherchèrent aussi à s'arranger avec les Tartares; ils firent la paix, en 1347; et, à cette occasion, Janibek, fils d'Usbek, renouvela le traité conclu par son père. Il fut convenu que les Vénitiens paieraient cinq pour cent de la valeur des marchandises; que pour les cuirs on donnerait cinquante aspres pour cent, grand droit, et quarante aspres, petit droit; que pour les poissons et pour les voitures on paierait comme d'usage, et que les Vénitiens recevraient un terrain séparément des Génois[2], selon la coutume ancienne.

Toujours empressés à partager avec les Génois les bénéfices du commerce de la mer Noire, les Vénitiens avaient cherché à s'établir à Soudak, ou Soldaïa, où Gênes avait son entrepôt. Il existe un ancien traité de Venise avec le khan de cette ville, en vieux dialecte vénitien, mais sans date; Marin présume qu'il est de l'an 1287, année où la république de Venise

(1) Voyez ce traité dans Marin, l. c., tome VI, livre I.

(2) Patti firmati con messer l'imperator Zanibech, cité par Marin, tome IV, page 139.

nomma un consul pour cette échelle. Le khan Cotelamur y fait la déclaration suivante : « Si les navires » vénitiens entrent dans un des trois ports de Provanto, Caliera, Saldadia (Soldaïa), ils me paieront » comme ils payaient à Romadin, c'est-à-dire trois » pour cent des marchandises qu'ils vendront; quant » à celles qui ne seront pas vendues, ils ne paieront » rien. Si quelqu'un voulait leur faire tort, nous l'abandonnerions aux étrangers. Nous devrons les protéger et veiller à ce qu'ils vivent en repos, et qu'ils » puissent faire leur commerce. Donné à Lordo, le » 15 du mois de simal[1]. »

Un autre traité, conclu par le khan Ramadam et André Venerio, ambassadeur de Venise, l'an 1383, porte une déclaration semblable, ainsi conçue : « Votre » port sera le lieu appelé *Cité neuve* : que ce lieu vous » soit prospère! Nous et les nôtres nous vous y érigerons des maisons et habitations à votre desir. Les » marchands paieront trois pour cent, et pas plus de » droit (*tamoga*) pour les marchandises qu'ils vendront. S'ils ne les vendent pas, ils ne paieront point. » Le vin d'Isaccon et d'Aïlico, qui se débite chez les » taverniers vénitiens, ne paiera rien. Si quelque Vénitien avait une contestation avec quelque Romain » (Grec), le seigneur de Solgat et le consul pronon-

(1) Marin, Storia del commercio &c., tome VI.

» ceraient là-dessus; et si les vôtres avaient quelque » chose à réclamer de quelqu'un de cet empire ou » de quelque Romain, le seigneur jugerait. Vous, » par amour de nous, priez vos marchands pour qu'ils » viennent vendre le plus qu'ils peuvent de leurs » marchandises; et je fais observer à la seigneurie de » Venise que, si quelque marchand fraudait la *tamoga* » (le droit), il perdrait la marchandise; car nous » leur avons fait la grâce de réduire la tamoga à trois » pour cent, pour qu'ils ne fraudent pas. L'an 757 » de l'hégire[1]. »

Voici maintenant ce que nous savons des traités conclus par les Génois avec les Tartares de la mer Noire. Il avait été fait un acte en 1365, mais nous ne le possédons pas; cependant un acte postérieur (1387) en confirme sommairement les priviléges[2]. En 1380, il y eut une convention entre le consul génois, à Caffa, et Élias Bey, envoyé du khan des Tartares. Les Génois de Caffa et les Tartares (de la Crimée, sans doute) s'y promettent amitié et fidelité. Les marchands de l'une et de l'autre nations trouveront réciproquement liberté, sûreté et justice dans les lieux respectifs.

Le khan se réserve le droit d'avoir un résident à Caffa, pour lever un tribut sur certaines mar-

(1) Marin, Storia del commercio &c., tome VI.

(2) Oderico, Lettere ligustiche &c.; lettre 16e.

chandises : c'étaient probablement celles qui venaient du pays des Tartares, ou qui se transportaient chez eux[1].

On conserve aux archives de Gênes la traduction, en dialecte génois, d'un traité qui fut rédigé en langue ugaresque, c'est-à-dire en tartare ouïgour, et conclu, en 1383, entre le consul de Caffa et les autres magistrats génois en Gazarie, d'une part, et le cheïk de Solcat, appelé Jhancasius, de l'autre, qui stipulait tant en son nom qu'en celui du khan des Tartares (vraisemblablement Tocktamisch, descendant de Gengis-khan). Dans cet acte, les officiers publics de Gênes en Gazarie promettent amitié au khan; ils protégeront ses sujets qui viendront sur les terres occupées par les Génois : ils leur rendront bonne justice. Le khan pourra tenir à Caffa un douanier, afin de percevoir les droits de douane, suivant les anciens usages.

Les Tartares, de leur côté, reconnaissent comme appartenant aux Génois dix-huit villages dépendant de Soldaïa, qui leur avaient été enlevés par Mamaï, un des chefs du Captchak. Tous les villages, avec leurs habitans chrétiens, depuis Sembara jusqu'à Soldaïa, seront à la commune de Gênes. Les colons pourront aller et venir sur les terres des Tartares, et y faire

(1) Oderico, Lettere ligustiche &c., lettre 16e.

paître leurs troupeaux. Les esclaves qui s'enfuiront de Solcat à Caffa, ou de Caffa à Solcat, seront rendus. L'acte a été conclu aux Trois-Puits, entre Caffa et la montagne de Jachim[1].

Quatre ans après, des ambassadeurs génois firent confirmer par Morath-Bey, fils d'Orkhan, les stipulations sur lesquelles ils étaient précédemment tombés d'accord avec ce chef et son père, au sujet des relations commerciales entre les Musulmans et les Génois de Péra. Dans cet acte, il fut encore fait mention de l'extradition des esclaves de l'un des partis, qui s'enfuiraient chez l'autre. Dans le cas où les esclaves échappés au pouvoir des Génois seraient musulmans, il fut convenu que les Tartares, au lieu des les livrer, en rembourseraient le prix[2].

Les mêmes ambassadeurs conclurent encore, dans le courant de cette année 1387, un traité avec les ambassadeurs du khan tartare Toctamisch. C'est dans ce traité que l'on se réfère à un précédent, conclu vers l'an 1365. Des hostilités avaient troublé dans cet intervalle la bonne union entre les chrétiens et les Tartares; par le traité, les deux partis renoncent à toutes réclamations au sujet des dommages essuyés pen-

(1) Pièces diplomatiques extraites des archives de Gênes, par M. Silv. de Sacy; dans le tome XI des Notices et Extraits des manuscrits &c.

(2) Ibidem.

dant les querelles, à l'exception des esclaves de l'un et de l'autre sexes, et des marchandises qui pourraient se trouver chez la partie adverse. Le khan tartare promet de faire frapper à Solcat, et dans d'autres lieux de sa domination, de la monnaie de bon aloi[1].

Venise et Gênes n'eurent garde de négliger les Bulgares, qui, étant voisins de l'empire grec, et contigus à la mer Noire, pouvaient servir au commerce général de cette mer. Venise fit, en 1352, un traité avec eux pour le passage des marchandises[2]. Gênes, qui avait plus d'intérêt encore à avoir les Bulgares pour amis, lorsque cette république eut fait de Péra son entrepôt du commerce de la mer Noire, Gênes fit conclure, en 1387, par le podestat et le conseil génois de Péra, un traité détaillé avec les ambassadeurs du prince Juanchus, qui paraît avoir régné sur le pays de Dobruze, ou la Bulgarie maritime[3]. Dans ce traité, expédié avec toutes les formalités, et affirmé par le serment des parties contractantes, il est stipulé que le prince accordera dans ses états, sur terre et sur mer, protection, sûreté et justice aux Génois; qu'il leur

(1) Pièces diplomatiques extraites des archives de Gênes par M. de Sacy.

(2) Marin, Storia del commercio &c., tome IV.

(3) Silv. de Sacy, Mémoire sur un traité fait entre les Génois de Péra et un prince des Bulgares; dans le tome VII des Mémoires de l'Institut, Académie des inscriptions et belles-lettres.

cédera un terrain pour établir une loge et une église; qu'il recevra un consul génois qui exercera son pouvoir dans toute sa plénitude; que, dans le cas de guerre entre les deux puissances, il sera accordé un délai aux Génois établis en Bulgarie pour partir avec leurs marchandises; que les Génois pourront tirer de ce pays toute espèce de denrées et de produits, à l'exception des vivres, en cas de famine; que les Génois ne paieront, pour le transport de leurs marchandises à travers les états du prince Juanchus, que deux pour cent, dont la moitié à l'entrée et l'autre moitié à la sortie; mais que les navires, l'or, l'argent, les perles et les bijoux seront francs de taxe. Celle des deux parties qui contreviendra aux stipulations du traité paiera une somme de cent mille *perperis;* les propriétés serviront de garantie réciproque[1].

(1) «Item promixerunt prædicti nuncii et ambasatores (*sic*) ut suprà quod dictus dom. Juanchus salvabit et custodiet omnes et singulas res et merces quorumcunque Januensium prædictorum, nec exigere, percipere vel colligere, exigi, colligi vel percipi facere à dictis Januensibus nostris, pro eorum rebus et mercibus ibidem portandis, vehendis vel transmittendis, et tàm per mare quàm per terras, nisi duo pro centenario tantùm valoris et existimationis dictarum rerum &c.

CHAPITRE IX.

SUITE DES TRAITÉS DE COMMERCE.

Négociations des Catalans avec les soudans d'Égypte. — Stipulations du commerce des Vénitiens dans ce pays. — Article concernant leur commerce de marchandises prohibées. — Traité fait en 1290 par les Génois avec les soudans. — Traités des Pisans et des Florentins avec l'Égypte. — Traités conclus avec les États barbaresques par Pise, Gênes, Venise et l'Aragon. — Stipulations contenues dans ces traités. — Tarifs de douanes établis par les Sarrasins de l'Orient.

C'EST surtout avec l'Égypte que les puissances maritimes de l'Europe méridionale s'efforcèrent d'établir des relations d'amitié et de commerce, malgré la haine que la chrétienté portait aux Sarrasins, et que ceux-ci justifiaient sous quelques rapports. Je n'ai pas trouvé de traités antérieurs au treizième siècle; mais dans ce siècle même, ainsi que dans les deux suivans, les rapports diplomatiques entre l'Europe et l'Égypte furent fréquens. Des auteurs modernes assurent que saint Louis, en quittant l'Égypte, après sa captivité, conclut avec le soudan un traité dans lequel furent stipulés des avantages de commerce pour la France; mais nous n'avons point de texte d'une convention de cette espèce.

Le plus ancien traité de l'Aragon avec l'Égypte que nous possédions est celui que le roi Alfonse conclut en 1289 avec le sultan Kelaoun : ce traité, qui existe en arabe à la Bibliothèque du Roi, à Paris[1], fait mention d'un autre plus ancien, que l'Aragon avait fait avec le père de Kelaoun, et dont le second est la confirmation. Kelaoun prend, dans cet acte, les titres pompeux de sultan de toute l'Égypte, de la Syrie et d'Alep, de souverain de tout l'Orient, de sultan de la Nubie, de Jérusalem, de l'Hedjaz, de l'Yemen, de tous les Arabes, &c. Alfonse, roi d'Aragon, stipula pour lui et pour son frère, le roi de Sicile. Les souverains contractans se promettent mutuellement de renoncer à toute hostilité, de ne point donner asile à des pirates ou corsaires, de laisser passer librement les marchands qui viendront d'outremer commercer dans leurs états respectifs. Le sultan étend cette faculté depuis Tripoli, en Barbarie, le long des côtes de l'Égypte et de la Syrie, jusqu'au détroit de Constantinople. Le roi d'Aragon accorde une semblable

(1) Trad. par M. Silv. de Sacy, dans son Extrait de la vie du sultan Almélic-Almansour-Kelaoun, manuscrit arabe; Magasin encyclopédique, 1801, tome II, p. 145.

permission aux musulmans, non-seulement pour l'Aragon et la Sicile, mais aussi pour la Pouille, et pour les îles de Malte, de Corse, de Minorque et d'Yvique.

Le même prince s'engage à ne point soutenir les entreprises du pape, des princes francs et des Templiers contre les états des musulmans. Les effets naufragés, dans les états respectifs, seront restitués aux marchands. Pour les marchandises introduites de part et d'autre, on paiera les droits spécifiés dans le tarif des douanes. Les Francs, munis de lettres du roi d'Aragon, pourront visiter librement les lieux saints en Palestine. Ce prince donnera toute facilité aux Aragonais et à d'autres Francs pour importer dans les états du sultan du fer, du papier et d'autres marchandises que recherchent les Sarrasins. Dans les transactions entre marchands aragonais et musulmans, on respectera les lois du livre sacré de l'islamisme, &c.

Les sermens prêtés par les souverains suivent le traité, où tout est minutieusement consigné.

Malgré tant de promesses solennelles, ce pacte souffrit bientôt quelque atteinte, si l'on en juge par la démarche que Jacques II fit trois ans après, en envoyant en Égypte deux bourgeois de Barcelone, Romieux de Marimon et Raymond Alemany, pour solliciter la paix, l'amitié et l'alliance du soudan, tant pour son royaume que pour la Castille et le Portugal, ses alliés [1].

Les archives d'Aragon contiennent des témoignages d'autres ambassades envoyées pendant le quatorzième siècle au soudan d'Égypte par les rois de ce pays [2]. Les lettres et instructions relatives à ces missions ne parlent que d'amitié et de bon accord, et sont plutôt des lettres de créance que des négociations; cependant on voit par d'autres pièces des mêmes archives que le commerce espagnol en Égypte, pendant le quatorzième siècle, était réglé par des capitulations, comme celui des autres nations. C'est ainsi que nous apprenons par une charte du roi d'Aragon D. Pedro IV, de l'an 1353, que les marchands de Barcelone venaient d'obtenir du soudan d'Égypte un diplôme réduisant, pour tous les sujets du roi d'Aragon qui avaient l'habitude de trafiquer à Alexandrie, les droits d'entrée sur les marchandises de quinze à dix pour cent, ce qui les mettait à l'égal des Vénitiens et des Génois. Pour négocier cette capitulation, la ville de Barcelone avait dépensé plus de huit cent besans d'or; elle avait demandé en conséquence d'être autorisée par le roi à faire lever par le consul catalan à Alexandrie un et demi pour cent sur toutes les marchandises et

(1) Capmany, Memor. histor. sobre la marina &c., tome IV, charte 8e, publie les instructions qui furent données à ces agens.

(2) Ibid., chartes des années 1314 et 1322.

denrées que les marchands sujets du roi d'Aragon importeraient en Égypte, ou exporteraient de ce pays[1]. Au commencement du quinzième siècle, on se permit en Égypte diverses exactions contre les marchands catalans ; leur consul fit valoir les anciens traités : en conséquence, Cheïk-Mahmoud, soudan d'Égypte, déclara par une lettre (de 1414), dont l'original arabe se conserve aux archives municipales de Barcelone, qu'il observerait à l'avenir les coutumes et pratiques anciennes, telles qu'elles étaient stipulées dans les traités, et qu'il ne permettrait plus de nouvelles exactions; il chargea la ville de Barcelone de faire connaître cette résolution à toute la chrétienté, tant aux marchands qu'aux nations[2]. Malgré ces promesses solennelles, les Catalans, ayant éprouvé de nouvelles avanies, se plaignirent, en 1436, au sultan El-Thaer, et obtinrent de ce prince un écrit dont l'original arabe est également conservé aux archives de Barcelone, et qui s'adresse aux *vénérables, nobles et magnifiques conseillers de la nation catalane, adorateurs de la croix, et fermes colonnes des baptisés.* Cet écrit est de la teneur suivante : « L'envoyé du roi de la domi-
» nation de Catalogne a présenté, avec ses compagnons,
» une pétition à notre illustre divan pour solliciter

(1) Privilegio del rey D. Pedro IV; Capmany, Memor. histor., tome IV, charte 56e.

(2) Capmany, l. c., tome II, charte 125e.

» notre sublime amitié, afin que les marchands cata-» lans, en fréquentant librement les états moslémites, » puissent acheter et vendre, selon l'ancienne cou-» tume, et que, par une ampliation de justice, ils » soient déchargés de tout ce qui leur est onéreux, » et affranchis des impôts exigés violemment, lors-» qu'ils viennent avec leurs denrées et marchandises, » sous la foi moslémite, et qu'ils aient sûreté suffisante » pour les mêmes denrées et marchandises. Faisant » droit à leur demande, et les regardant avec des yeux » de pitié et de clémence, nous leur faisons savoir que » nous persistons dans ce qui a été stipulé par les » traités antérieurs. Depuis le moment que, à la » louange de Dieu, nous avons occupé le trône su-» blime, et déployé l'étendard de la justice, nous » avons toujours été bien éloignés de vouloir exercer » aucune tyrannie, ou d'innover quelque chose de » contraire à ce qui s'est observé dans les premiers » temps. Voilà ce que nous avons mandé au roi des » Catalans, afin qu'il le tienne pour entendu, et qu'il le » fasse savoir à la nation catalane, à ses commerçans » et à ses vassaux, d'après les stipulations contenues » dans les capitulations qui existent entre nous et » sa personne, et conformément à l'ancienne pratique, » loin de toute injustice et inimitié, de manière que » ces commerçans pourront fréquenter les états mos-» lémites où ils seront traités comme nos fidèles

» amis, avec équité et justice, sans tyrannie et vio-
» lence[1]. »

Ce sont les archives de Venise qui nous fourniront les traités de commerce les plus remarquables. Le premier est de l'an 1262, et a été conclu avec Melek-el-Adel : il fut suivi à quelque temps de là d'un second. Voici les principaux articles demandés par les Vénitiens, et accordés ou refusés par le soudan d'Égypte : Sureté pour tout Vénitien, sa personne, son avoir et ses navires, en allant et en venant et pendant son séjour; abolition de la coutume de prélever le quart sur les marchandises achetées ou vendues; maintien au magasin des marchandises hypothéquées à des Vénitiens, et faculté de s'en remettre au juge de la terre en cas de contestation; faculté pour l'acheteur de laisser les marchandises en dépôt à la douane, ou de les emporter pour les vendre en ville; aucun Vénitien ne pourra être retenu ou pâtir pour le mal qu'un corsaire aura fait à un Sarrasin; le consul remettra les biens des décédés à qui de droit; quand un Vénitien aura une contestation avec un chrétien, le consul décidera; si sa querelle est avec un Sarrasin, ce sera au juge du lieu de prononcer; les deux fondes de Venise seront sous la surveillance de deux inspecteurs (*fonticaï*) qui

(1) Carta del soldan de Egypto al ayuntamiento de Barcelona. Capmany, Memor. histor., tom. IV, charte 119e.

auront la faculté de les fermer et ouvrir à volonté. A cette demande, le soudan répondit : Qu'il en soit fait selon l'usage et la coutume en tout temps; ce qui semble indiquer que la demande fut rejetée. L'église ne sera qu'à l'usage des Vénitiens, et le bain sera disposé de manière qu'il ne puisse y entrer d'autres chrétiens qu'eux; les naufragés seront saufs quant à leur personne et à leurs biens; s'il est fait quelque tort à un Vénitien, il pourra réclamer auprès du soudan; pour les perles et pierres précieuses de toute espèce, pour le poivre, pour les vairs, gris-gris et toute autre pelleterie, on ne pourra exiger d'autre droit que celui du tarif de la douane (à cet article le soudan ne paraît pas avoir répondu); les navires qui ne vendront pas leur cargaison pourront se rendre où bon leur semblera. Venise demande encore le droit d'entretenir à la douane un écrivain qui veille sur les marchandises vénitiennes; qu'il ne soit fait aucune violence à tout Vénitien tenu à prêter serment au sujet d'un fait; que les employés de la douane, après avoir reçu le paiement des droits, ne puissent pas retarder le départ des navires sous prétexte de recherches à faire; la faculté de pouvoir importer l'or pour le faire monnayer en payant le droit; l'abolition de l'abus de payer aux douaniers plus que le droit pour l'extraction d'objets de divers genres, ainsi que pour les enchères; la faculté d'acheter partout où bon leur semblerait; enfin, celle de ne payer pour leurs effets que ce qu'ils avaient coutume de payer du temps de Melek-Alchem[1].

Cet acte est le plus détaillé que nous possédions sur le commerce des Vénitiens avec l'Égypte. On voit que les Vénitiens ont prévu à-peu-près tous les griefs et tous les obstacles, et ont réglé toutes les transactions qui pouvaient se passer entre eux et le gouvernement du soudan. Les abus dont ils se plaignent, et les us et coutumes qu'ils invoquent, prouvent que, lorsque cet acte fut dressé, leur commerce en Égypte était depuis long-temps sur un pied régulier. Dans le siècle suivant, en 1303, après une guerre contre l'Égypte, Venise, en faisant la paix avec le soudan Mahomet-Melek-Naser, eut soin de faire renouveler les priviléges accordés par les soudans Melek-Alchem et Melek-el-Adel, et elle y fit ajouter les stipulations suivantes : Quand un Vénitien aura vendu de l'or ou de l'argent, l'acheteur sera tenu de le payer sur-le-champ; il ne sera pas perçu de droits sur les vivres destinés à l'usage des Vénitiens; si un Vénitien a vendu quelque marchandise prohibée par les chrétiens, il pourra, avec l'argent tiré de cette vente, acheter des marchandises d'Égypte, et les exporter

(1) Marin, Storia del commercio &c., t. IV, liv. III, chap. III, et t. VI, document 6e, pag. 337.

sans payer aucun droit; les Vénitiens ne paieront point les droits dits *caffum, arsum* et *zilia*, lorsque leur départ d'Alexandrie et d'autres terres sujettes du soudan se trouvera retardé; tout navire Vénitien arrivé dans un port pourra s'approvisionner et partir à volonté; dans le cas d'un tort fait à un Vénitien, si le consul juge à propos d'adresser ses réclamations au trône, le cadi sera tenu de lui donner une lettre de créance pour le soudan [1].

L'article le plus curieux de ce nouvel acte est celui qui concerne la faveur réclamée par les Vénitiens d'échanger contre les marchandises d'Égypte les effets dont la vente était prohibée par les papes, c'est-à-dire les armes, le bois de construction pour les navires, &c., prohibition qui avait pour but d'empêcher les chrétiens de fournir aux Sarrasins les moyens de faire la guerre à l'Europe. Je m'étendrai dans le chapitre suivant sur cette prohibition, qui eut certainement une grande influence sur le commerce du Levant. Selon l'historien vénitien Marin, ce fut le soudan qui, pour séduire les Vénitiens, leur promit de laisser exporter, sans aucune imposition de droit, les marchandises ou denrées qu'ils recevraient en échange des objets prohibés. Cependant on voit clairement que les stipulations transcrites ci-dessus furent proposées par les Vénitiens;

(1) Marin, Storia del commercio, liv. III, chap. III.

ainsi ce furent eux-mêmes qui s'engagèrent à fournir aux Sarrasins les objets prohibés, à condition qu'ils auraient en échange les marchandises du pays affranchies de taxes; ceci s'accorde d'ailleurs avec la résistance que les Vénitiens firent aux ordres des papes, comme nous le verrons plus bas.

Cependant les événemens politiques vinrent traverser les efforts faits par le commerce pour entretenir des relations suivies avec l'Égypte. La mer Noire, où les Génois étaient parvenus à dominer, attira presque toute l'attention des Vénitiens. A l'egard de l'Égypte ils n'eurent que des intentions hostiles : Marin Sanuto insista sur la conquête de ce pays; Venise, malgré sa prudence accoutumée, se laissa entraîner dans l'expédition du roi de Chypre contre Alexandrie; les Mamelouks se vengèrent en détruisant les comptoirs vénitiens. Il y eut une assez longue interruption dans le commerce des marchands de Venise en Égypte; ils finirent par sentir tout ce que cet état de choses avait de fâcheux pour eux.

Afin de renouer avec un pays qui lui-même devait regretter les riches revenus procurés autrefois à ses douanes par les Francs, Venise envoya en 1388 une ambassade solennelle en Égypte, chargée de beaux présens pour le soudan, et munie de pleins pouvoirs pour conclure un traité. Le soudan montra la plus grande bienveillance envers la république. Un nouveau traité fut conclu, et un tarif pour l'importation de toutes les marchandises vénitiennes fut dressé[1]. Je regrette de n'en avoir trouvé le texte nulle part. Il fut convenu qu'à l'avenir Venise aurait le droit d'avoir un ambassadeur au Caire, et des consuls dans tous les ports d'Égypte, avec le privilége de faire flotter le pavillon vénitien sur les factoreries.

Gênes avait fait en 1290 un traité de paix et de commerce avec Almalic-Almansor, soudan d'Égypte et de Syrie. Il existe une copie en arabe de cet acte parmi les manuscrits de la Bibliothèque du Roi, à Paris, et une traduction latine est conservée dans les archives de Gênes. Quoique semblables par le fond, les deux expéditions publiées par M. Silvestre de Sacy[2] présentent quelques différences dans les conditions qui y sont énoncées; ces conditions ressemblent au reste à celles qu'avaient stipulées les Vénitiens, et tendent pour la plupart à empêcher les avanies dont les gouvernemens despotiques des Musulmans ont coutume d'accabler les chrétiens isolés. Nous ne possédons guère de traités plus détaillés que celui-là, dont voici l'extrait[3]. La personne et les biens des Génois seront

(1) Formaleoni, Storia filosofica e politica della navigazione, del commercio &c.; tom. II, chap. XXI.

(2) Dans le tome XI des Notices et Extraits des manuscrits de la Bibliothèque, parmi les pièces diplomat. des archives de Gênes.

(3) Le texte est obscur en quelques endroits; j'ai profité des notes savantes de M. Silv. de Sacy.

respectés dans les états du soudan, les marchands de cette nation pourront venir et aller partout; tous les Génois seront sous la juridiction de leur consul à Alexandrie; si un Sarrasin ou un chrétien étranger a une contestation avec un Génois, ce sera le consul qui décidera; mais si un Génois a une réclamation à faire valoir contre un Sarrasin, l'affaire sera portée devant l'émir de la douane. Tout Génois qui voudrait se soustraire à la juridiction de son consul et lui résister serait saisi par l'émir, et remis entre les mains du consul, qui agirait alors comme de droit. Tous les Génois paieront, pour l'entrée des marchandises, six besans et seize millarais[1] par cent besans, selon la coutume, et pour l'entrée de l'argent, quatre besans, douze mill. par cent besans; pour l'or et l'argent monnayés ils paieront quatre besans douze mill. pour cent. Les Génois ne seront pas tenus de payer des droits spéciaux sur les pelleteries, telles que vairs, hermines, loutres, ni sur les pierres précieuses; ils auront à la douane un écrivain, lequel pourra répondre des dettes des marchands qui voudront partir

(1) Le besan était la monnaie d'argent la plus commune dans le commerce du Levant, comme la piastre des temps modernes. Le millarais, en espagnol et en italien *millaresa* ou *miglioraso*, était aussi une monnaie d'argent; elle avait cours sur la côte d'Afrique; au commencement du quatorzième siècle vingt millarais valaient une once d'argent. Voyez Capmany, Codigo de las costumbres maritimas: Madrid, 1791, pag. 350.

avant d'avoir soldé leurs comptes; dans ce cas, on ne pourra pas empêcher le départ des marchands ou des navires; mais quand l'écrivain n'en voudra pas répondre, le marchand sera retenu jusqu'à ce qu'il ait satisfait aux réclamations. Aucun Génois ne sera responsable des méfaits commis par quelqu'un de sa nation, soit par terre, soit par mer, à moins qu'il ne se soit constitué son garant. Dans le cas où quelque acte de brigandage ou quelque spoliation serait commis par des Génois sur des sujets du soudan, la commune de Gênes en serait avertie par lettre. Tout marché conclu par des Génois, en présence de témoins ou devant le drogman de la douane, sera réputé valable. Pour le droit de douane, les Génois paieront de toutes les marchandises importées à Alexandrie, et qui seront pesées dans la balance commune, douze besans pour cent, mais seulement quand la marchandise aura été vendue; pour les camelots, étoffes de soie, la soie, les draps de laine de toutes couleurs, les toiles de Reims et autres toiles, l'or filé et le bois, ils donneront dix pour cent. Les marchandises qu'ils auront vendues à l'enchère devront être inscrites à la douane au prix de la vente, sans aucune surcharge; et c'est du montant de ce prix seulement que sera acquitté le droit de douane après le paiement reçu. Les marchandises que les Génois voudront réexporter sans les vendre ne seront sujettes à aucun impôt;

l'or et l'argent vendus par un Génois à des Sarrasins seront payés sur-le-champ et sans crédit. Dans le cas d'une vente faite devant témoins et devant les inspecteurs de douane, la douane sert de garantie pour le paiement; si la vente a eu lieu sans témoins et si on la nie, l'affaire sera portée devant le cadi. Dans le cas où un Génois créancier d'un Sarrasin et redevable des droits de douane voudrait s'en aller, la douane devra s'en tenir au débiteur du Génois pour le montant des droits arriérés. Il ne sera rien dû pour l'importation des vivres à la fonde; les Génois auront de bons magasins, avec un ou plusieurs gardiens; ils pourront charger et décharger leurs vaisseaux, à l'aide de leurs propres barques : on ne pourra retenir aucun navire génois qui ne sera entré dans le port du soudan que pour prendre des rafraîchissemens; après la rupture de la paix même, les hommes et les navires seront respectés. Les Génois auront une église à Alexandrie : Dans le cas où il serait fait quelque injure à un Génois, le consul aurait la faculté d'envoyer un message à la cour du soudan; l'émir enverrait alors le message aux dépens de la cour. Les Génois pourront librement entrer à Alexandrie, et en sortir par les portes accoutumées; ils ne seront point forcés de prendre et d'acheter des marchandises de la douane et de l'arsenal; pour ce qu'ils auront vendus à la douane, ils seront payés en or ou en argent. Ils pourront librement faire des escomptes et avoir un *cerraf*, ou banquier, à Alexandrie : s'ils achètent des marchandises pour lesquelles les droits ont été acquittés, et s'ils les revendent, ils ne seront point tenus à payer de nouveau les droits. En cas de décès sans testament, les biens du défunt seront consignés entre les mains du consul, ou à son défaut à d'autres Génois ; de leur côté, les Génois respecteront et protégeront les personnes et les biens des Sarrasins dans leurs états, et les laisseront librement aller, venir et trafiquer.

Plusieurs années après, un capitaine ou pirate génois, nommé Zaccaria, probablement le même qui en 1289 était venu défendre le port de Tripoli contre les Musulmans qui l'assiégeaient, commit beaucoup de déprédations sur les propriétés des Sarrasins[1]. Le soudan pouvait se venger; aussi Gênes se hâta de l'apaiser par une députation suivie d'un acte solennel, par lequel la république déclarait vouloir vivre en paix et en bonne intelligence avec les Sarrasins, qui seraient respectés et protégés partout où les Génois se trouveraient en relation avec eux[2].

(1) Caffari, Annal. genuens., dans le tome VI de Muratori, Scriptor. rerum italic.

(2) Traité fait entre le sultan Kelaoun, et son fils, et les Génois &c., parmi les pieces diplomatiques tirées des archives de Gênes, par M. Silv. de Sacy. — Voyez aussi sa Chrestomathie arabe, tome II.

En 1431, Gênes envoya encore des ambassadeurs à Famagouste, pour y traiter de la paix et des affaires commerciales avec les ambassadeurs du soudan d'Égypte. Dans les instructions qui furent données à l'ambassade génoise, il lui est recommandé d'exiger la promesse que le soudan ne contraindra pas les marchands génois à prendre malgré eux des épices et autres marchandises; elle devra demander qu'il n'y ait d'autre consulat à Jérusalem que celui de Gênes; l'ambassade pourra consentir à l'exportation des esclaves du port de Caffa, si le soudan insiste sur ce point. Enfin le gouvernement génois recommande à ses agens de prendre un bon interprète à Caffa, et de faire traduire en langue égyptienne le document qu'ils rédigeront [1]. Ce document, si toutefois il a été fait, n'est pas parvenu jusqu'à nous, ou du moins n'a pas été rendu public.

Les Pisans avaient aussi des priviléges en Égypte. On a deux de leurs traités dont les originaux étaient rédigés, dit-on, en versets arabes. Le soudan y permet à ce peuple de venir librement au Caire et à Alexandrie, de se rendre de Syrie en Égypte, et de là dans la Barbarie; de trafiquer avec les Maures, d'avoir une église, avec un prêtre, à Alexandrie, un bain, &c. Ils doivent payer seize pour cent de leurs marchan-

(1) Silv. de Sacy, Pièces diplomatiques extraites des archives de Gênes.

dises, et dix pour cent de l'or et de l'argent qu'ils vendront; ils ne pourront être contraints à louer leurs bâtimens, ni à acheter des épiceries; ils auront un écrivain à la douane; ils pourront réexporter ce qu'ils n'auront pas vendu[1], &c.

Lorsque les Florentins furent maîtres de tout le commerce de Pise, voyant leur république dans la prospérité, ils voulurent avoir aussi leurs relations avec l'Égypte bien assurées. Ils envoyèrent donc, en 1422, une ambassade au soudan pour obtenir de lui une capitulation commerciale. Dans l'instruction donnée aux députés, le gouvernement florentin leur enjoint de représenter au soudan que jusqu'alors les Florentins n'avaient pas eu de marine, mais qu'ayant conquis Pise, ils se trouvent être les successeurs des Pisans sur mer; qu'ils demandent en conséquence de jouir pour leur marine marchande des mêmes avantages dont jouissaient les Pisans, et dont jouissent encore les Vénitiens et les Génois, et de pouvoir faire circuler leur florin d'or pour la même valeur que celui de Venise[2].

Les envoyés, dans leur rapport au gouvernement,

(1) Une traduction italienne de ces deux traités, singulièrement rédigés, datés l'un de l'an 622, et l'autre de l'an 825 de l'hégire, a été insérée dans le tome II, à la suite de la charte n° 3, de l'ouvrage: Della Decima e delle altre gravezze.

(2) Instruttione delli ambasciatori di Firenza al sultano, fatta

après leur retour d'Égypte, annoncent qu'ils ont obtenu plus qu'ils n'avaient ordre de demander; ils ajoutent qu'ils apportent le traité conclu avec le soudan, tant l'original arabe que la traduction écrite de la main de leur notaire. Avant de s'embarquer à Alexandrie, ils ont présenté le firman du soudan à l'amiral et au cadi de la douane, pour être mis en possession des avantages qui y sont stipulés, et ils ont exigé que le cours du florin d'or fût sur le champ reconnu comme légal, ce qui a été fait. La capitulation du soudan, expédiée par un notaire sarrasin d'Alexandrie, et traduite par un juif, existe encore; elle accorde aux Florentins les mêmes droits qu'aux Vénitiens et aux Génois, c'est-à-dire ceux d'avoir un consulat, une fonde, une église, de ne pouvoir être contraints ni à vendre ni à acheter, de ne payer la gabelle des marchandises qu'en proportion du débit; enfin de donner un cours légal à leur florin d'or [1].

Quoique nous n'ayons pas les originaux des traités que la France a dû conclure avec l'Égypte, on peut pourtant prouver qu'il en a existé. Il suffit de citer la

nel 1422 per un trattato di comercio, et la Relazione loro del 17 febr. seguente; dans Leibnitz, Mantissa cod. juris gentium diplom. ex manuscr. codic.

(1) Patti e capitoli tra il commune de Firenze c'l soldano di Babillonia, dans le t. IV de Pagnini, della Decima &c. Une autre expédition du même traité, de l'an 1423, est insérée dans le t. II du même ouvrage.

réponse que fit Jacques Cœur au sujet d'un des principaux griefs contenus dans son acte d'accusation. Deux anciens facteurs et patrons de ce riche négociant déposèrent qu'il les avait forcés de renvoyer à Alexandrie un esclave chrétien qui s'était enfui de chez son maître musulman, et était venu en France sur un des bâtimens de Jacques Cœur. En le renvoyant, celui-ci avait été, disaient-ils, la cause de l'apostasie de l'esclave. A cette accusation, le négociant répondit qu'il avait ignoré que cet esclave était chrétien; il accusa à son tour son ancien facteur d'avoir violé, en favorisant la fuite de l'esclave, les conventions faites avec le soudan, puisqu'il était stipulé expressément dans ces conventions que les sujets de l'une et l'autre nations ne s'enlèveraient pas leurs serviteurs. Jacques Cœur ajouta que cette affaire avait en effet alarmé le commerce, attendu que les Sarrasins pouvaient se venger sur les propriétés des marchands français à Alexandrie. Il avait donc cru devoir assembler les négocians à Montpellier, et là ils avaient décidé de renvoyer en Égypte l'esclave fugitif[1]. On voit par ce fait que le commerce français en Égypte, pendant le quinzième siècle, reposait sur des bases solides, c'est-à-dire sur

(1) Bonamy, Mémoire sur les dernières années de la vie de Jacques Cœur, tom. XX des Mémoires de l'Académie des inscriptions et belles-lettres.

des traités précis et clairs, que l'on avait grand intérêt à ne pas enfreindre.

L'ordre hospitalier de Saint-Jean de Jérusalem, depuis qu'il possédait l'île de Rhodes et qu'il avait créé une marine assez respectable, fut une puissance dans la Méditerranée; il vécut tantôt en guerre, tantôt en paix avec le soudan d'Égypte. Celui-ci envoya en 1403 un ambassadeur, Hago (probablement Hadji) Mahomet à Rhodes, pour négocier un traité avec le grand-maître de l'ordre. Ce traité, rédigé en français [1], contient des stipulations remarquables, et régle les relations des chevaliers, non-seulement avec l'Égypte, mais aussi avec la Syrie, qui alors obéissait en grande partie au soudan. Il fut convenu que le grand-maître ou l'ordre pourrait avoir à Jérusalem et à Rhama un consul ou un hospitalier; qu'il pourrait y tenir un hôpital avec six religieux ou chapelains et plus pour loger les pélerins; que tous les frères et leurs parens pourraient librement aller et venir dans les états du soudan sans payer aucun impôt; que les pélerins en allant à Sainte-Catherine du mont Sinaï ne paieraient que selon l'ancienne coutume, c'est-à-dire dans le port de Jaffa, aux gardiens de ce port, un drachme : à Rhama, pour le consulat, un drachme; aux gardiens de Rhama jusqu'à Betha-Nobe

(1) Bosio, Istoria della sacra religione di S. Giovani Gierosolim., Rome, 1621, tom. II, liv. IV.

(probablement pour l'escorte), un drachme ; au casef (kâchef) de Rhama, trois drachmes ; à Jérusalem, pour le droit du soudan à la porte du Saint-Sépulcre, soixante-trois drachmes ; pour les gardiens de l'église Saint-Samuel, un demi drachme ; pour le consulat, huit drachmes ; pour l'interprète, quatre drachmes ; pour le patriarche des Grecs, deux drachmes et demi ; pour les gardiens à Bethléem, un drachme ; pour le châtelain du château de David, deux drachmes ; au fleuve Jourdain, deux drachmes ; pour aller en Béthanie et à Saint-Lazare, un demi drachme On convint en outre que l'on pourrait faire dans l'hôpital, ainsi qu'au Saint-Sépulcre, à Bethléem, au mont Sinaï, à Nazareth, et à toutes les églises de l'ordre, les travaux et constructions jugées nécessaires, surtout pour loger les pélerins ; que le grand-maître pourrait avoir à Damiette un consul uniquement pour les sujets et vassaux de l'ordre, jouissant de tous les droits et prérogatives des autres consuls ; que ce consul pourrait racheter les esclaves chrétiens, en remboursant au maître le prix d'achat, ou en donnant en échange des Sarrasins captifs, à l'exception de ceux qui auraient changé de religion ; que l'ordre hospitalier pourrait tirer, pour son argent, de Damiette, d'Alexandrie et d'autres ports du soudan, des grains, huiles, légumes, et toute sorte de vivres, sans payer aucune taxe ; que les navires de l'ordre ne paieraient d'autre droit de douane ou de gabelle que dix pour cent à Alexandrie, trois pour cent à Damiette, le droit accoutumé à Barut et a Damas, et deux pour cent à Tripoli; que les marchands chrétiens n'apporteraient point dans les états du soudan des marchandises défendues par les lois et constitutions papales; enfin, que dans le cas où le pape ou un autre prince chrétien voudrait faire une croisade pour reconquérir la terre sainte, l'ordre pourrait renoncer à la présente alliance, et faire retirer dans l'espace de six mois les marchands et leurs effets.

Raymond de Lectoure, prieur de Toulouse, partit avec l'ambassadeur mahométan pour l'Égypte, afin de faire signer ce traité par le soudan; il fut accompagné, selon les historiens de Chypre, par deux barons, ambassadeurs du roi de l'île, qui se fit comprendre dans le traité qu'on venait de conclure[1].

Les traités avec la Barbarie sont aussi anciens que ceux que l'on conclut avec l'Égypte. En 1270, lorsque Philippe-le-Hardi fit la paix avec le roi de Tunis, Abou-Abdallah Mohammed, qui régnait aussi en Espagne, et dont la capitale était assiégée par l'armée des croisés français, il fut stipulé entre autres conditions, dans l'acte arabe conservé aux archives du

(1) Jauna, Histoire générale des royaumes de Chypre, de Jérusalem, &c, tom. II, liv. XIX, chap. II.

royaume[1], qu'à l'avenir les sujets du roi de Tunis qui se trouveraient dans les états des rois chrétiens auraient sûreté et protection entière sur terre et sur mer; qu'il en serait de même des chrétiens qui résideraient ou trafiqueraient dans les états du roi de Tunis; que les marchands des royaumes susdits observeraient dans toutes leurs transactions leurs usages accoutumés; qu'on leur restituerait tout ce qui leur avait été pris, et tout ce que les habitans avaient en dépôt de leur part, ainsi que le montant des créances qu'ils avaient à exercer.

Ces stipulations prouvent que la croisade avait interrompu des relations très-actives, et qu'avant le débarquement de Saint-Louis, il avait existé des établissemens de marchands chrétiens à Tunis. En effet, déjà en 1230 les Pisans avaient conclu un traité régulier et très-détaillé avec le roi de Tunis. Les stipulations en méritent d'être transcrites : 1.° Il est accordé aux marchands pisans sûreté et protection dans toute l'Afrique, dans la terre de Bugie, et autres terres de la domination du roi, pendant trente ans; 2.° fonde, église, cimetière et bain pour les Pisans dans toute ville quelconque sujette au roi; 3.° ils paieront dix pour cent des marchandises, et cinq pour cent de

(1) Silv. de Sacy, Mémoire sur le traité fait entre Philippe-le-Hardi et le roi de Tunis, en 1270; dans le tom. VII du Journal asiatique, 1825.

l'or et de l'argent; 4.° en cas de naufrage, ils devront obtenir aide et protection pour le recouvrement des personnes et des effets, sans aucune charge, sauf les frais de transport; 5.° ils pourront se pourvoir de vivres, acheter et vendre des marchandises en payant les taxes usitées; même faculté est accordée à tout étranger qui sera avec eux; 6.° aucun empêchement ne sera mis au départ des marchands qui voudront s'en aller; 7.° il n'est point défendu aux Pisans de vendre en dehors de la douane; 8.° leur fonde sera séparée de celle des Génois par un mur, en sorte qu'il n'y ait pas communication entre les deux nations; 9.° si les Pisans veulent vendre des navires, ils ne paieront pas de droit, pourvu qu'ils ne les vendent pas aux ennemis du roi; 10.° après avoir acquitté le droit, les Pisans pourront porter les marchandises, et les vendre, dans tout lieu quelconque du royaume; 11.° si le roi veut pour ses transports avoir à son usage un de leurs navires, il paiera le tiers du navire même; cette somme sera consignée entre les mains du consul de la nation; 12.° si quelque Pisan veut céder à un indigène ses droits sur des propriétés déposées à la douane, il pourra le faire selon l'estimation qui sera faite desdites propriétés; 13.° le consul des Pisans pourra voir la face du Roi une fois par mois, dans quelque lieu qu'il se trouve, et il pourra voir également tous ceux qui gouvernent quelque terre au nom du roi; 14.° si un Pisan va en course au détriment des sujets du Roi, le consul devra le punir et confisquer tous ses effets; 15.° aucun Pisan ne pourra acheter des effets dérobés aux Sarrasins, et réciproquement; 16.° le consul des Pisans s'entremettra seul dans les débats qu'ils auront entre eux; 17.° il ne leur est pas défendu d'acheter en tout lieu, même aux Génois, et ils seront protégés, selon la bonne coutume pratiquée parmi les chrétiens de ce pays[1].

Ce pacte règle parfaitement les rapports entre les marchands pisans et les indigènes, et c'est sans contredit un des mieux faits que nous ayons de ces temps. On voit encore par ce traité qu'il existait déjà une fonde pisane et une fonde génoise à Tunis, et que par conséquent il y a eu précédemment des stipulations mercantiles dont les actes n'existent plus.

Le plus ancien traité connu fait par les Génois avec Tunis n'est que de l'an 1250; le roi régnant était alors Mir Boabdil (Abou-Abdallah Mostanser Billah). L'acte fut rédigé en présence du consul génois à Tunis et de son greffier, et confirmé en 1272 par un nouveau traité[2], conservé avec le précédent aux ar-

(1) Pactum inter Pisanos et regem africanum Saracenorum, rapporté par Marin, Storia del commercio &c., tom. IV, livr. III, chap. IV.

(2) Silv. de Sacy, Rapport sur les recherches faites dans les archives de Gênes, et Notices et Extraits des manuscrits, t. XI.

chives de Gênes. Un autre acte, signé en 1287, en présence du consul catalan à Tunis et d'autres personnes, réglait les créances des Génois sur les Tunisiens, et fixait le tarif des droits que leurs marchands avaient à acquitter à la douane de Tunis[1].

En 1265, les Pisans conclurent un nouveau traité avec Tunis; il diffère peu de celui qu'ils avaient fait trente-cinq ans auparavant[2]. A la fin du siècle suivant, en 1398, un agent pisan, Michel de Campo, renouvela les anciennes conventions avec le roi de Tunis. L'acte qui fut dressé à cette occasion, et que le drogman des Pisans à Tunis, Pierre Paganucci, traduisit de l'arabe en latin[3], contient quelques clauses que l'on ne remarque point dans les traités précédens. Après avoir stipulé la sûreté du commerce des Pisans dans les états du roi de Tunis, le droit d'y avoir des fondes où personne ne pourra s'établir sans leur autorisation, celui d'avoir un ou plusieurs consuls, avec une juridiction particulière: après avoir fixé au dixième de la valeur l'impôt sur les marchandises qui seront importées ou exportées par les Pisans, et

(1) Silv. de Sacy, Rapport sur les recherches faites dans les archives de Gênes, et Notices et Extraits des manuscrits, tom. XI.

(2) Voyez cette pièce dans le Supplément au Corps diplomatique de Dumont, par Rousset, tome I, part. I, pag. 115.

(3) Pactum inter Muley-Bufferium, regem Tunet., et comune pisanum &c.; dans le tome I de Lünig, Codex Italiæ diplomat., coll. 1117.

au vingtième celui qu'ils doivent payer pour l'or, l'argent, les pelleteries, les pierres précieuses et la joaillerie, le traité porte que tous les achats se feront par l'entremise des drogmans, qui auront cinq millarais d'or pour chaque cent de besans, à titre de droit de courtage; que la douane sera obligée de faire rentrer tous les fonds dus aux Pisans par les marchands du pays; que les Pisans auront le droit d'acheter des grains, farines et autres vivres, pour l'approvisionnement de leurs bâtimens de commerce, et que, dans le cas où un Pisan oserait attaquer quelqu'un dans les ports de Tunis, les consuls en seraient punis[1]. Cette dernière clause ne se rencontre, autant que je sache, dans aucun autre traité. Elle ôtait aux agens consulaires cette inviolabilité que l'on respectait toujours, à ce qu'il semble, si non de fait, au moins en droit. Peut-être le drogman a-t-il, en cet endroit, mal traduit le texte arabe, qui ne parlait que d'une responsabilité morale, sans faire mention de punitions corporelles.

Le plus ancien concordat qu'il reste aux Vénitiens est celui qu'ils conclurent en 1251 avec le roi Mir Boabdil, et dont voici les articles : 1.° Personne

(1) « Item quod nullus Pisanus in portubus terrarum dicti regis audeat alicui damnum inferre, quoniam tunc pro omnibus consul sive consules Pisanorum puniretur, sive punirentur. » Lünig, Codex Ital. diplom., tom. I.

ne pourra entrer dans les fondes destinées à la demeure des Vénitiens, si ce n'est avec leur permission; 2.° le doge de Venise devra envoyer à ces fondes des consuls pour rendre la justice à leur nation et pour la gouverner; à la douane il devra y avoir un écrivain chrétien pour garder et enregistrer les effets de ladite nation; 3.° les Vénitiens auront un bain et un four à leur disposition particulière; 4.° ils ne paieront aucune taxe, ni à la cour ni à la douane, de l'or et de l'argent qu'ils achèteront ou qu'ils vendront à la monnaie; 5.° ils ne paieront non plus aucune taxe des perles, pierres précieuses et autres joyaux qu'ils auront vendus au soudan; 6.° en cas de disette bien prouvée chez les Vénitiens, ils pourront se pourvoir de toute céréales de grains dans le royaume, tant qu'elle durera, pourvu que le froment et les autres céréales n'atteignent pas le prix de trois besans et demi par muid de Tunis : dans ce dernier cas, l'exportation sera suspendue et prohibée; toutes les fois qu'elle sera permise, elle sera exempte de taxe; 7.° le plomb qui sera acheté par eux ne paiera pas de gabelle; ils pourront librement en faire l'acquisition en tout lieu du royaume[1].

Vingt ans après, Venise fit un nouveau pacte avec Tunis; dans le préambule, le roi s'en réfère aux traités

(1) Pax sive concordia facta inter D. Marinum Maurocenum et Mirum Boabdilem, soldanum Barbariæ; Marin, Storia &c., l. c.

anciens, et accorde les concessions suivantes : Les Vénitiens pourront fréquenter tout bain quelconque, suivant l'ancienne coutume; ils paieront de chaque marchandise, comme ils ont coutume d'exiger dans leur propre pays, dix pour cent, excepté pour l'or et l'argent portés à la monnaie, et pour les pierres précieuses vendues au roi; aucun Vénitien ne sera contraint à vendre ou à faire des achats, et il ne pourra être responsable de la fraude commise par un autre, lorsqu'il ne se sera pas rendu garant pour lui; les marchands qui vendent hors de la douane, ou au marché, ou par la main des courtiers, devront toucher le paiement de la vente dans l'espace de quinze jours; les patrons d'un bâtiment pourront engager pour le paiement de l'impôt sur le noli l'équivalent en marchandises, mais pas plus; lesdites marchandises seront exemptes de la dîme ou taxe; la vente d'un bâtiment sera exempte de taxe, pourvu qu'il ne soit pas vendu à un ennemi du roi; il ne sera mis aucun empêchement au départ des navires; si des corsaires vénitiens causaient des torts, soit à des Sarrasins, soit à quelque chrétien en paix avec le roi, le gouvernement vénitien devrait informer contre eux, et faire indemniser ceux à qui il aurait été fait tort; aucun Vénitien, sous quelque prétexte que ce soit, ne pourra être mis à la question; dans le débarquement des marchandises, les Vénitiens seront secourus par les barques du pays, selon la coutume ; en quelque lieu de la juridiction tunisienne qu'arrive le marchand vénitien, s'il exhibe les pièces constatant qu'il a payé la dîme, il ne sera plus assujetti à aucune charge ; si on découvrait quelque nouvelle mine de plomb, ils auraient la liberté d'en acheter ; enfin, le doge promet la même sûreté aux Sarrasins qui viendront à Venise ; ils y seront traités comme les sujets de toute autre puissance amie[1].

Au commencement du quatorzième siècle, Venise fit encore un traité avec Mostanser-Billah, fils du souverain ou calife de Tunis. Dans ce traité, de l'an 1305 se trouvent quelques stipulations qu'on ne lit pas dans les précédens traités : les Vénitiens auront fonde, église et oratoire dans chaque terre du royaume ; le consul prononcera non-seulement sur les différens entre les nationaux, mais aussi sur ceux qui s'élèveront entre Vénitiens et Sarrasins ou d'autres nations, et si le consul ne veut pas prononcer, la douane le fera ; outre la dîme qu'on paie des marchandises, les Vénitiens ne paieront plus désormais, ainsi qu'il l'ont demandé, les taxes sur les mesures d'huile et les sacs de lin, sur les marchandises non déclarées et sur le plomb qu'on pourra découvrir ; on accorde au consul la faculté de pouvoir baiser une fois par mois le grand tapis du roi ; les affaires civiles de la

(1) Pactum regis Tunixi &c. ; Marin, Storia &c., , t. IV, p. 282.

douane devront s'expédier dans le terme de huit jours; chaque fois que l'on permettra à une nation chrétienne d'entrer au Goulet avec ses propres barques, la même permission sera également accordée aux Vénitiens [1].

Douze ans après, en 1317, Venise renouvela les anciens traités, et stipula par un nouvel acte la plupart des concessions qui lui avaient déjà été faites, telles que sûreté pour les marchands et marchandises dans tous les états du roi de Tunis; le droit d'avoir fonde, église et four, celui d'avoir des consuls pour rendre la justice, et des écrivains à la douane; de ne payer que dix pour cent; de vendre des navires aux chrétiens sans payer de taxe; de pouvoir extraire, en cas de disette à Venise, douze navires chargés de grains des états de Tunis, pourvu que le prix du muid n'excède pas trois besans et demi; le sauvetage en cas de naufrage [2], &c. Le traité mentionne qu'il a été mis en turc par le drogman de la douane, et qu'outre les plénipotentiaires sarrasins, ont été présens à la rédaction et signature de l'acte les consuls de Gênes, Castille, Mayorque et Sicile, les écrivains de Gênes et de Castille, et plusieurs marchands chrétiens.

(1) Marin, Storia del commercio, tom. IV, pag. 285.

(2) Pactum nostrum per Micheletum Michael cum rege Tunisii, &c.; ibid., tom. VI, p. 332, docum. 6e.

Un autre traité, conclu trois ans après le précédent, et rédigé dans l'idiome vulgaire vénitien, est remarquable en ce qu'on y a stipulé des priviléges relativement aux caravanes et au commerce de terre que les Vénitiens faisaient par ce moyen en Afrique. Le roi ou empereur Monsuyth promet à cet égard : 1.° recherche des vols qui seraient faits aux caravanes des Vénitiens; ceux-ci auront la faculté de faire paître leurs bestiaux trois jours sans rétribution; 2.° que les Vénitiens pourront aller et s'arrêter à volonté en tout lieu; 3.° qu'aucun courrier des Vénitiens ne sera retenu en aucune manière ni en allant ni en venant; 4.° que chaque fidèle musulman sera tenu de prêter aide et secours au consul de Venise, lorsqu'il le demandera, pour ceux de sa nation et pour leurs caravanes; 5.° que dans le cas de contestation entre un Vénitien et un autre Franc, personne ne pourra s'immiscer pour la terminer, si ce n'est un Vénitien [1].

Nous venons de voir que lorsque Venise conclut un de ces traités avec Tunis, les Catalans y étaient déjà établis. Ceux-ci avaient traité en effet avec la puissance barbaresque, dès l'an 1270; le pacte, dûment légalisé par le notaire aragonais Guillaume de Bonastre, et revêtu de plusieurs signatures, entre

(1) Commandamenti de Montsuyth imperatore &c., de l'an 1320, Marin, Storia &c., tom. IV, pag. 287.

autres de celles des deux infans d'Arragon, se conserve à la Bibliothèque du Roi, à Paris, ainsi qu'un autre document semblable expédié par le même notaire public. Dans les archives de Barcelone il existe un traité de paix et de commerce que le roi d'Aragon et de Sicile, Don Pédro III, fit avec le miramolin de Tunis en l'an 1285. Cet acte, rédigé en catalan, stipule une égalité parfaite dans le traitement des sujets des deux princes; quant aux avantages mercantiles, ceux qu'obtiennent les Catalans ne diffèrent guère des avantages qui avaient été accordés aux autres chrétiens. Les articles de ce traité sont au nombre de quarante; je me bornerai à en signaler brièvement les principaux.

1.° Tout Sarrasin qui sera envoyé par le miramolin de Tunis, avec un message pour le roi d'Aragon et de Sicile, aura sûreté pour sa personne et pour ses biens; 2.° si quelques gens voulaient sortir des ports du roi pour faire du tort aux Sarrasins de Tunis, le roi les en empêcherait; si le tort était déjà fait, on le réparerait; 3.° tout Sarrasin de Tunis qui viendra dans les états du roi sera sûr et sauf; 4.° personne dans les états du roi n'aidera à causer du dommage aux états du miramolin; 5.° si un bâtiment sarrasin faisait naufrage, ou si un Sarrasin se trouvait sur un navire chrétien naufragé, il serait protégé quant à sa personne et à son avoir; les effets qui lui auraient été enlevés seraient restitués; 6.° aucun marchand des états du roi ne pourra acheter des effets enlevés à un Sarrasin des terres du miramolin; ceux que l'on découvrira seront restitués; 7.° les flottes des ennemis chrétiens du miramolin ne trouveront point d'aide dans les ports du roi, et ne pourront y opérer de débarquement; en mer on ne les défendra point contre les Sarrasins; cependant, s'ils se réfugient à terre, on ne sera pas tenu à les livrer au miramolin; 8.° si une galère tunisienne, à la poursuite d'un ennemi, entrait dans les ports des états et îles du roi, elle pourrait y prendre de l'eau et des rafraichissemens; 9.° si quelque Sarrasin a des réclamations à faire contre un chrétien des états du roi d'Aragon, il y sera fait droit; de même, lorsque quelque chrétien de la domination du roi d'Aragon viendra sur le territoire du miramolin, il aura sûreté pour sa personne et son avoir; il pourra acheter et vendre sans aucun empêchement, tant que cette trève durera : s'il éprouvait quelque dommage, le miramolin ferait faire une enquête par ses bayles et autres officiers; 10.° les gens des états du roi seront honorés et protégés dans le territoire du miramolin; 11.° ils auront un four pour cuire leur pain; ils ne débarqueront que dans les lieux où il leur a été accordé licence de débarquer, à moins que ce ne soit par besoin, et pour prendre des rafraîchissemens : dans ce cas, ils ne pourront ni acheter ni vendre des marchandises; 12.° aucun homme du territoire du miramolin n'achétera des effets enlevés à des sujets du roi d'Aragon : s'il en avait été acheté, le miramolin les ferait restituer; 13.° si quelque bâtiment aragonais faisait naufrage dans les parages de la domination du miramolin, les effets et les personnes seraient saufs, et on restitueraît tout ce qui aurait été sauvé de la mer; 14.° il sera perçu une dîme sur les marchandises des sujets du roi d'Aragon, et une demi-dîme sur l'or et l'argent qu'il apporteront, comme c'est la coutume : les marchandises qui auront été apportées dans les ports du miramolin, et qui n'y seront pas vendues, pourront être réexportées sans payer aucun droit; 15.° il ne sera perçu aucune taxe sur le froment qui aura été importé; 16.° il ne sera payé que demi-dîme de ce que les patrons des navires achéteront pour les besoins de leurs bâtimens; 17.° les hommes des états du roi d'Aragon auront à Tunis, et dans tout autre lieu du territoire du miramolin où ils le voudront, des fondes pour les marchandises, des consuls qui puissent maintenir leurs droits et coutumes à la douane et autres lieux, et des écrivains spéciaux, qui ne feront d'autres affaires que les leurs; 18.° si le miramolin avait besoin de leurs bâtimens pour transporter de l'argent ou d'autres effets, il ne paierait que le tiers du noli; 19.° le miramolin sera tenu à payer chaque année au roi d'Aragon et de Sicile, et à ses successeurs, le tribut de Sicile, qui est de trois mille trois cent trente-trois besans et un tiers; 20.° le roi pourra donner aux cavaliers et hommes d'armes chrétiens qui sont ou qui seront sur le territoire du roi de Tunis le chef qu'il voudra : il pourra le changer à volonté; le miramolin donnera au chef, aux cavaliers et aux hommes d'armes la solde qui était de coutume au temps du noble Guillem de Moncada; pour la paie, les jugemens et autres choses, on en usera comme par le passé; la monnaie sera évaluée à cinq besans le doublon; 21.° le miramolin exempte les fondes des Catalans et des Siciliens, dans tous les lieux où ils voudront trafiquer, de toutes les taxes; le roi y mettra les consuls qu'il voudra; 22.° les consuls pourront se présenter une fois par mois devant le miramolin, pour savoir s'il veut maintenir les conventions, et pour faire valoir le droit des sujets du roi d'Aragon; 23.° le miramolin promet aux Catalans de leur affermer, avant toute autre nation, la gabelle de Tunis; 24.° la présente paix et trève devra durer vingt-cinq ans[1].

Ce traité fut renouvelé deux fois, en 1308 et en 1313[2]. Quelque temps auparavant, le roi d'Aragon

(1) Tratado de paz y comercio &c.; Capmany, Memor. histor. sobre el commercio de Barcelona, tom.IV, charte 6e.

(2) Carta del rey de Tunez Mahomet &c.; ibid, charte 19e.

avait envoyé à Tunis un agent pour faire un emprunt d'argent en son nom[1]. Par un autre message, il réclame quatre mille besans dus par la douane de Tunis, pour les droits perçus sur les Catalans, et il se plaint de ce qu'à Tripoli on s'est emparé d'un bâtiment monté par ses sujets[2]. Aboulcasa, roi de Bugie, s'étant emparé du trône de Tunis, négocia avec D. Jayme II pour continuer les relations amicales entre l'Aragon et Tunis. En conséquence, il fut conclu, l'an 1323, un nouveau traité, aussi explicatif que le précédent, puisqu'il contient trente-six articles, dont la plupart se rapportent au commerce. Cet acte nous fait connaître, mieux encore que les autres, les rapports que le commerce établissait dans ce temps entre chrétiens et Sarrasins. Je vais en transcrire ou indiquer les stipulations essentielles : 1.° A l'avenir, tout sujet du roi d'Aragon, Valence, Sardaigne et Corse, pourra aller, venir et séjourner librement dans le territoire de *Sa Haute Présence* le roi de Tunis et de Bugie, avec ses marchandises et biens, que l'on laissera passer sans obstacle, après que les droits de coutume auront été acquittés; de même tout sujet de Tunis et Bugie pourra venir et demeurer librement, avec ses mar-

(1) Real despacho de D. Jayme II, de l'an 1292. Memor. hist., tom. IV, charte 39ᵉ.

(2) Carta del rey de Aragon Jayme II al de Tunez, Mahomet-Amiza-Muslemin &c., Ibid., charte de l'an 1305.

chandises et biens, dans les états du roi d'Aragon, en acquittant les droits d'usage. Tout marchand ou autre sujet aragonais qui voudra se rendre d'un lieu du territoire tunisien dans un autre le déclarera au fonctionnaire du roi dans le lieu : il en sera de même pour les Tunisiens qui voudront aller d'une partie des états aragonais dans une autre. 2.° Lorsqu'un marchand aura acquitté le droit sur les marchandises et monnaies importées dans les états du roi de Tunis et de Bugie, il pourra les transporter dans un lieu quelconque de ces états, sans être tenu à payer de nouveau : à cet effet, il lui sera donné quittance par la douane; il en sera de même des marchandises de Tunis et de Bugie importées dans les états du roi d'Aragon. 3.° Tout marchand pourra charger à volonté des navires pour transporter ses marchandises où il lui conviendra. 4.° Si par hasard quelque marchand, marin, ou autre sujet aragonais introduisait, sans payer, quelques marchandises dans le royaume de Tunis et de Bugie, et qu'elles fussent découvertes, il en serait payé la taxe prescrite. 5.° Nul chrétien ni Sarrasin de la gabelle ne pourra entrer dans un bâtiment pour l'inspecter ou le décharger; mais, déclaration faite à l'alcade de la douane, celui-ci le fera visiter par deux hommes des siens, et par un homme du consul. 6.° Le roi d'Aragon aura à Tunis et à Bugie des consuls et des fondes, comme ses gens ont coutume d'en avoir, avec la franchise qu'ils avaient anciennement. Le consul de Bugie, ou son suppléant, recevra de la gabelle vingt besans neufs chaque mois, et le consul de Tunis recevra cinquante besans par mois, qui lui seront payés par la douane. Dans lesdites fondes, on pourra établir des fours pour cuire le pain. Il sera satisfait par la cour du roi de Tunis et de Bugie à ce qui reste dû aux consuls pour le passé. 7.° Les fondes seront entièrement sous la juridiction des consuls : aucun Sarrasin de la douane ou de la gabelle ne pourra y entrer pour y exercer ses fonctions, à moins que ce ne soit devant ledit consul. 8.° Nul marchand ne sera tenu de compter avec la douane que de mois en mois : au commencement de chaque mois, on comptera les arrivages, et le marchand paiera les droits ; le paiement sera inscrit, et la douane lui en donnera quittance. 9.° Si, pendant la paix, des corsaires, ou autres gens de l'une ou l'autre partie, causaient quelque dommage, la paix ne serait pas rompue pour cela ; mais il serait donné une satisfaction convenable à la partie lésée, pourvu qu'elle déclarât par message ou lettre la valeur du dommage dans l'espace de trois mois : passé ce terme, il ne pourra plus être exigé d'indemnité. 10.° Si à l'expiration du terme du traité, on ne le renouvelait pas, les marchands de part et d'autre auraient six mois pour se retirer sains et saufs des états respectifs, avec toutes leurs marchandises et avoir. 11.° Nuls corsaires ni autres ennemis du roi d'Aragon ne pourront, dans les états du roi de Tunis et de Bugie, faire tort aux personnes et biens des sujets du roi d'Aragon; s'ils le font, les consuls protesteront, et le roi de Tunis et de Bugie sera tenu à indemniser de leurs pertes les Aragonais dans ses états. De son côté, le roi d'Aragon indemnisera en pareil cas les sujets de Tunis et de Bugie qui seraient lésés dans ses royaumes. 12.° On n'enlèvera d'aucun bâtiment le gouvernail, les voiles, ni les agrès : avant qu'un navire sorte du port, le consul s'assurera si les droits ont été acquittés. 13.° Les consuls aragonais ou leurs lieutenans, dans les états de Tunis et de Bugie, ne pourront être retenus à la douane, ni arrêtés en aucun autre lieu. 14.° Aucun chrétien et aucune chrétienne d'Aragon ne pourront être extraits de la fonde aragonaise, pour dettes, ni pour aucun délit civil ou criminel, les consuls étant tenus à faire droit aux plaintes; à leur défaut, le cadi de la douane s'en chargera, suivant la coutume. 15.° Le roi de Tunis et de Bugie et ses officiers n'interviendront dans aucune affaire civile ou criminelle des chrétiens aragonais séjournant dans ses états : ces affaires seront uniquement du ressort du consul aragonais, qui aura droit de les condamner ou de les absoudre. 16.° Si, dans quelque cas civil ou criminel, un chrétien ou une chrétienne voulait s'en rapporter audit roi d'Aragon, le roi de Tunis et de Bugie n'y pourrait mettre obstacle. 17.° En cas d'une contestation civile entre un Sarrasin et un chrétien de la juridiction du consul, celui-ci aura seul le droit de prononcer, et le roi de Tunis et de Bugie n'empêchera point le jugement d'avoir son plein effet. 18.° Il ne pourra être pris de force aucun effet, marchandise ou argent à un marchand des états du roi d'Aragon. 19.° Les marchandises qui ne se vendront pas pourront être réexportées de Tunis et de Bugie sans payer aucun droit, par tout bâtiment quelconque. 20.° Aucun ballot, aucune caisse de marchands et sujets aragonais ne seront arrêtés ni retenus à la sortie. 21.° Dans les douanes et autres lieux de Tunis et de Bugie, il sera perçu les droits anciennement établis pour le drogman, pour l'ancrage, pour le déchargement, &c.; si l'on introduisait quelque disposition nouvelle, contraire à l'ancienne coutume, elle serait révoquée, et les choses rétablies sur l'ancien pied. 22.° Les flottes du roi d'Aragon, qu'elles soient peu ou très-nombreuses, pourront entrer librement dans les ports de Tunis et de Bugie, afin de se pourvoir de vivres et de rafraîchissemens. Il en sera de même des flottes du roi de Tunis dans les états du roi d'Aragon. 23.° S'il a été enlevé quelque chose aux marchands aragonais dans les états de Tunis et de Bugie, il leur en sera fait la restitution. 24.° Ils pourront à l'avenir partir librement avec leurs marchandises et effets, lorsqu'ils auront payé ce qu'ils doivent à la douane ou à des particuliers des états de Tunis. 25.° Si le roi de Tunis et de Bugie voulait se servir, pour des transports, de quelque navire aragonais se trouvant dans ses ports, il pourrait en faire usage, en payant un noli convenable; dans ce cas, le patron du navire ne serait pas tenu à payer le cinquième dudit noli. 26.° Si dans quelque navire des Sarrasins tunisiens il se trouvait un Sarrasin étranger, et qu'il ne fût pas d'un pays ami, il ne serait pas molesté par les gens d'Aragon : il en serait de même d'un chrétien des navires aragonais à Tunis. 27.° Si quelque patron originaire d'Aragon enlevait un marchand Sarrasin ou un autre homme de Tunis et de Bugie pour le vendre ou le livrer aux corsaires, le roi d'Aragon ferait punir ce patron comme traître et malfaiteur, et ferait rendre la liberté au Sarrasin, dans le cas où il serait dans ses états. 28.° Le roi de Tunis sera tenu à payer pour chacune des quatre années du traité de paix quatre mille doublons d'or, dont trois mille pour Tunis, et mille pour Bugie, provenant des droits imposés aux Aragonais dans les deux royaumes. Si le montant des droits ne suffisait pas pour faire cette somme, le roi de Tunis et de Bugie serait tenu à compléter les quatre mille doublons[1].

(1) Capmany, Tratado de paz, amistad y commercio &c, t. IV.

Il existe encore un traité de l'an 1339 [1], qui fut conclu par Amaury, vicomte de Narbonne, et le sieur de Châteauneuf, au nom du roi de Mayorque, avec Abou-Yahia-Zaccharia, roi de Tunis. Dans cet acte, qui fut traduit de l'arabe en catalan par un interprète nommé Jean Gilles, on rappela un acte antérieur, sous la date de 1312. Le consul du Roi d'Aragon y est nommé Jacques Rostan.

Déjà, en 1309, le roi d'Aragon, de Valence, Sardaigne et Corse, avait traité avec le roi qui régnait alors à Bugie seulement, et qui s'appelait Ali-Abou-Zagri. Il avait été convenu entre Jacques II et ce prince sarrasin, qu'Aragonais et Bugiens pourraient venir et trafiquer librement dans les états respectifs des deux puissances, en se soumettant au tarif des douanes; que le marchand aragonais qui, étant dans les états de Bugie, voudrait se transporter d'un lieu dans un autre, ferait sa déclaration aux autorités, et qu'autrement le roi de Bugie ne serait pas responsable des dommages que le marchand pourrait éprouver dans ce changement de séjour; qu'il en serait de même des marchands bugiens en Aragon; que les gens d'Aragon auraient à Bugie et en d'autres lieux du royaume les fondes qu'ils y avaient anciennement, un consulat et les franchises dont jouissaient les Génois, excepté la franchise que ceux-ci ont à Gigra ou Gigel, ville de

(1) Parmi les chartes de la Bibliothèque du Roi, à Paris.

la côte; que si pendant les cinq ans du traité de paix, le roi de Bugie avait besoin de galères aragonaises pour faire la guerre à Alger, ou à d'autres terres des Maures, elles lui seraient fournies moyennant deux mille doublons[1] pour l'armement de chaque galère pour quatre mois; que si le roi en avait besoin pour plus long-temps, il paierait par mois cinq cents doublons pour chaque galère; que les dommages causés par les corsaires d'une puissance à l'autre ne feraient pas rompre la paix; qu'on chercherait dans ce cas à se donner des satisfactions mutuelles dans l'espace de deux mois après la réclamation faite par message; que si enfin le traité n'était pas renouvelé au bout de cinq ans, les marchands des deux puissances auraient six mois pour quitter paisiblement, avec tous leurs effets, le territoire étranger[2].

On voit que ce traité parle de fondes établies anciennement à Bugie, et de franchises accordées aux Génois. Il y a donc eu des traités bien plus anciens entre ce petit état sarrasin et les chrétiens du midi de l'Europe. Apparemment il existait aussi quelque traité entre Bugie et la ville de Marseille. Celle-ci avait à Bugie une fonde ou un khan, comme il résulte

(1) Le doublon maure est évalué par Capmany à soixante-dix maravédis castillans.

(2) Tratado de paz, alianza y commercio &c.; Capmany, Mem. hist., tom. IV, charte 20e.

d'une transaction qui eut lieu entre les Marseillais et le roi Boabdil, vers l'an 1230 [1].

Tripoli ne fut pas non plus négligé par les puissances maritimes de la chrétienté : en 1356, Venise fit un traité avec Accut- Beniken, qui gouvernait cet état barbaresque. D'après leur convention, les Vénitiens pouvaient trafiquer librement dans l'état de Tripoli ou le long de la côte; ils se réservaient à Tripoli une fonde pour le consul, pour les marchands et autres sujets vénitiens, ainsi que pour le dépôt de leurs marchandises. Le consul aurait seul la juridiction sur les Vénitiens, et il pourrait nommer des vice-consuls dans tout autre endroit du pays. Les marchands de Venise paieraient à la douane pour toute espèce de marchandises, ainsi que pour le bois de sapin et de larix, dix pour cent, et pour le bois rond, les rames, les lances, vingt-cinq. En outre, pour chaque navire chargé de planches, ils devaient en donner trois au souverain, et pour chaque bateau chargé de bois rond, vingt pièces. Pour les navires chargés de fer excédant quarante cantares, il lui reviendrait quatorze verges. Si le marchand déposait les fers dans les magasins, pour les vendre plus tard, l'acheteur devait payer trois besans par cantare. Le monnayage de l'or et de l'argent apportés par les Vénitiens à la monnaie de Tripoli leur devait coûter

(1) Ruffi, Histoire de Marseille, part. I, liv. IV, chap. I.

quatre besans par rotule d'argent. Ces métaux ne payaient point de droits, mais l'argent devait être présenté à la douane. En transportant leurs marchandises non vendues d'un lieu en un autre dans les états de Tripoli, les Vénitiens payaient la moitié des droits imposés. Tout Vénitien pouvait importer le vin dont il avait besoin pour sa famille, sans être sujet aux taxes. A l'égard des autres denrées, un tarif était inséré dans le même traité. Le roi devait leur donner du sel en échange de leurs marchandises; pour le transport de cette denrée jusqu'aux navires, les Arabes devaient percevoir sept millarais et demi par muid, un baril de vin par cent muids, sans compter leur nourriture [1].

L'historien Marin, qui a publié ce traité, trouve dans le tarif les principes de l'économie politique bien entendus par les Tripolitains. Le bois brut paie dix pour cent d'entrée, et le bois travaillé vingt-cinq, pour ne pas nuire au travail des artisans de Tripoli. Les vivres sont presque exempts de taxe : l'huile, le froment, le sel, productions abondantes du pays, en paient très-peu. Les tapis sont exempts, parce que les fabriques du pays en fournissaient beaucoup; le vin est chargé d'impôts, parce qu'on n'en faisait pas

(1) Pactum cum domino Zerborum et Tripolis; Marin, Storia del commercio &c., tom. IV, liv. III, chap. IV; et tom. V, liv. I, chap. IV, pag. 45.

dans le pays, et qu'on voulait empêcher les Mahométans de s'adonner à cette boisson, prohibée par leurs lois.

Les Espagnols eurent de bonne heure des relations assez intimes avec roi de le Maroc. Déjà en 1274, le roi d'Aragon Jacques I s'engagea envers le miramolin Aben-Jouseff, à lui fournir une flotte de cinquante bâtimens, et un corps de cinq cents cavaliers, et à les laisser à sa solde pour la conquête de Ceuta[1]. Il stipula un arrangement semblable avec Abou-el-Rabi : dans le préambule, il est dit que les deux rois sont amis de leurs amis, et ennemis de leurs ennemis contre tous les rois maures. Le roi de Maroc s'engageait à payer, pour chaque galère armée et restant à son service pendant quatre mois, la somme de deux mille doublons, et il devait prendre mille cavaliers à sa solde[2]. Ce qui explique pourtant cette alliance intime, c'est que les Espagnols voulaient affaiblir le royaume maure de Grenade. Or, comme les rois de Grenade étaient maîtres de Ceuta, on cherchait par l'alliance avec Maroc à leur enlever cette position forte en Afrique.

Par la même raison, le roi d'Aragon envoya en 1319 une ambassade au roi de Trémecen, afin de renouveler l'alliance avec ce prince africain, et de

(1) Tratado de paz y alianza, ajustado entre el rey de Aragon Jayme I, y el de Marruecos Aben-Juceff; Capmany, Memor. histor., tom. IV, Colecc. diplom., charte 5e.

(2) Tratado de paz y alianza &c.; ibid., charte 21e.

l'avoir pour ami contre les Maures de Grenade. Dans les propositions du traité, Jacques II n'oublie pas non plus de demander la liberté du commerce pour ses sujets dans le royaume de Trémecen, moyennant le paiement des droits anciennement usités; il stipule également la non confiscation des navires naufragés [1].

Dans le traité mentionné ci-dessus, et conclu avec Maroc, il n'est pas question de commerce; un autre traité semblable, de l'an 1357, qui renouvelle pour cinq ans l'alliance entre l'Aragon et Maroc, dans lequel le roi Boanen prend le titre de roi de Maroc, Fez, Méquinez, Segelmisse, Salé, Trémecen, Alger, Tripoli, Tanger, Ceuta, Gibraltar et Cadix [2], ne contient non plus aucune stipulation relative aux marchands; mais il est très-vraisemblable qu'il avait été fait à ce sujet des actes particuliers que nous ne connaissons plus.

Si nous jetons maintenant un regard en arrière sur tous les établissemens des Européens dans le Levant, et sur toutes les transactions qui ont servi à les fonder, les consolider ou les renouveler, nous pouvons ranger tous ces établissemens sous trois chefs. La

(1) Embaxada del rey de Aragon D. Jayme II; Capmany, Memor. histor., tom. IV, charte 35e.

(2) Tratado de paz y amistad renovado por otros 5 años &c.; ibid., chartes 61e, 62e et 63e.

première classe comprendrait les loges ou factoreries des Latins dans l'empire grec. Ce sont probablement les plus anciennes, ou du moins les plus anciennement autorisées et constatées par des titres légaux. Les Vénitiens étaient établis chez les Grecs avant les croisades; mais ils n'y avaient pas d'abord de consuls: peut-être laissait-on les marchands se régir entre eux d'après leurs lois; les plus anciens traités ne parlent pas de ces magistrats. Dans la seconde classe, il faudrait ranger les loges ou factoreries de Syrie. Celles-ci furent en quelque sorte le fruit de la conquête. Elles s'établirent à l'abri de l'épée des croisés, et plusieurs survécurent aux croisades. Ainsi l'époque de la fondation de ces établissemens est certaine : c'est celle de la conquête de la Palestine par les princes chrétiens. Ce n'étaient plus des établissemens tolérés : c'était une portion de la conquête cédée par les souverains conquérans aux états maritimes qui les avaient aidés dans leurs expéditions. Dans ces transactions, qui d'abord furent rédigées un peu vaguement, mais qui acquirent bientôt toute la clarté et la précision nécessaires, les rois de Jérusalem et de Chypre, ou leurs grands vassaux, traitaient avec les Français, les Italiens, les Espagnols, qui leur avaient prêté des vaisseaux et des fonds, accordaient à leurs marchands dans les ports quelques maisons, une rue, quelquefois un quartier entier ou un terrain, pour y établir des habitations et des magasins. La faculté de se gouverner selon les lois nationales des marchands, et d'avoir des magistrats de leur pays ou de leur choix, devait être inséparable de ces concessions; car, en se réservant un terrain, la nation maritime qui en avait fait la demande entendait y être maîtresse absolue, comme dans une colonie, à la charge seulement de reconnaître comme suzerain le seigneur de la ville ou le souverain du royaume. Voilà pourquoi aussi nous voyons de bonne heure, dans les priviléges de ce genre, stipuler ce qui concernait le consulat. C'est dans les établissemens des Européens en Syrie que l'on peut suivre le développement de cette institution. D'abord les consuls ne sont que des *vicomtes,* chargés de rendre la justice aux gens de leur nation; ou ils sont même moins : car plusieurs nations ou villes maritimes, qui prenaient part aux croisades, avaient fait une disposition, ou suivaient une coutume d'après laquelle toutes les fois que plusieurs marchands étaient réunis dans un bâtiment destiné pour l'Orient, ils pouvaient nommer entre eux un arbitre ou consul, pour juger les différends qui naîtraient entre eux pendant la traversée et pendant leur séjour en pays étranger. Cet usage existait en Provence, en Catalogne, en Sicile[1], &c. A Messine, il suffisait de la réunion de trois

(1) Priviléges d'Aigues-Mortes, dans le tome IV des Ordonnances des rois.—Charte de Roger, roi de Sicile, de l'an 1129, et

marchands dans un bâtiment pour leur donner le droit de choisir un consul entre eux[1]. Ce n'était alors qu'une charge temporaire de peu d'importance, et sans doute aussi de peu d'autorité. Les premiers actes que nous ayons des établissemens des Italiens en Syrie ne parlent même pas des consulats[2], parce qu'on ne considérait encore les consuls que comme de simples arbitres ou des juges temporaires qui n'avaient point de rapport avec le gouvernement du pays. Mais on ne tarda pas à élever leur autorité : à mesure que les colonies ou les factoreries augmentaient, les fonctions des consuls acquéraient plus d'importance : ils devinrent les directeurs de ces établissemens, et les représentans de chaque nation étrangère auprès du gouvernement local. Il était essentiel de les faire reconnaître en cette qualité par les souverains en Syrie. Aussi, à partir du commencement du douzième siècle, les actes qui accordent ou qui renouvellent les priviléges des étrangers, en Syrie, contiennent toujours des stipulations au sujet des consulats.

Les conquérans de la Palestine, qui accordèrent

charte du roi Guillaume, de l'an 1160; dans le tome II de Lünig, Codex ital. diplom.

(1) « Volumus etiam quod ubicumque mercatores navigiorum dominio civitatis prædictæ fuerint adunati, è tribus unum possint consulem eligere. » Charte de Roger.

(2) Voyez les chartes de Tancrède et de Boémond I, dans Lünig et dans Muratori.

des privilèges aux nations maritimes pour prix des secours qu'ils en avaient reçus pendant la conquête, étaient pour la plupart d'origine française : ce furent les rois de Jérusalem et de Chypre, les comtes de Tripoli, les seigneurs de Tyr, &c. On peut s'étonner de ne trouver aucun traité commercial conclu par les rois de France et d'Angleterre qui prirent part aux croisades. Peut-être crurent-ils les transactions commerciales suffisamment assurées par la victoire; peut-être leurs sujets, peu enclins aux spéculations maritimes, ne demandaient-ils aucun privilége commercial dans la Syrie; cependant les rois de Sicile, qui avaient participé aussi à la conquête, accordèrent des priviléges en Syrie aux marchands de leur île[1], et les empereurs d'Allemagne eux-mêmes usèrent de l'autorité qu'ils acquirent pendant quelque temps sur la côte de Syrie, au douzième siècle, pour consentir à des immunités ou pour les retirer, selon leur volonté : c'est ainsi qu'ils promirent de protéger les établissemens des Marseillais dans ce pays[2], et qu'ils y installèrent leurs propres bayles ou consuls, à main armée, à la place de ceux de Venise. Les Vénitiens rentrèrent par le même moyen qui les avait expulsés : ayant mis, en

(1) Charte de Guillaume, roi de Sicile, citée par Lünig.

(2) Charte de Thomas, comte de Savoie, vicaire de l'empereur, de l'an 1126, dans Ménétrier, Histoire civile et consul. de la ville de Lyon, pag. 538.

1243, la fille du roi de Chypre sur le trône de Jérusalem, ils se firent rendre par la nouvelle souveraine, leur protégée, les consulats d'Acre et de Tyr, et expulsèrent à leur tour les agens consulaires de Frédéric II[1].

Malheureusement les côtes de Syrie furent souvent témoins des violences et des querelles des Européens; ceux-ci s'entendaient moins entre eux qu'avec les souverains du pays, qui, en qualité de compatriotes, et même de protégés, leur accordaient les plus grandes facilités pour leur commerce. Quelquefois les marchands d'Europe étaient autant maîtres dans les ports de Syrie que les grands vassaux de la couronne de Jérusalem, à qui les terres avaient été distribuées.

Les colonies et les loges européennes en Syrie étaient d'ailleurs sous la protection du Saint-Siége, et participaient du caractère sacré de la conquête. Les papes confirmaient souvent les chartes qui constataient les priviléges du commerce, et quelquefois, sur les plaintes des nations, ils exigeaient des souverains l'accomplissement de leurs promesses. C'est ainsi que le pape Adrien, en 1154, adressa un bref très-énergique au comte de Tripoli et d'Antioche, pour avoir enfreint les priviléges consulaires des Génois dans ces

(1) Manuscrit de la Bibliothèque ambroisienne, à Milan, cité par Muratori, Script. rer. italic., tom. XII, col. 354.

ports [1]. Il faut encore signaler une circonstance propre à faire connaître les progrès de l'esprit commercial de ce temps. Dans les premiers priviléges que les conquérans de la Palestine accordèrent aux peuples maritimes d'Europe, ceux-ci, faisant à peine mention du commerce, se bornaient à demander une partie des revenus d'un port. Ils ne voulaient qu'entrer avec le seigneur en partage des profits de la douane. C'est ainsi que Tancrède fut obligé de céder aux Génois la cinquième partie des revenus d'Antioche et la moitié de ceux de Laodicée; et Baudoin, roi de Jérusalem, leur abandonna le tiers des revenus des villes de Césarée et d'Acre [2]. On ne tarda pas à abandonner ce système, qui appauvrissait les souverains, et donnait lieu à des abus et à des fraudes. Sans doute les peuples marchands comprirent qu'il y avait plus à gagner par la liberté du commerce qu'en prenant au souverain une part de ses revenus : ils ne demandèrent donc plus dans la suite que des concessions mercantiles.

La troisième et dernière classe des traités comprendrait tous ceux qui furent conclus entre les chrétiens et les musulmans, surtout en Egypte et dans les états barbaresques. Pour traiter avec les mahométans, il

(1) Litteræ invectivæ in comitis Tripol. et Antioch. principis injustitiam &c., dans le tome II de Lünig, Codex italic. diplom., col. 2083.

(2) Chartes de Boémond et de Baudoin; ibid., col. 2081.

fallait des interprètes et des expéditions en deux langues. Les interprètes, qui étaient des juifs ou des marchands établis sur la côte d'Afrique, ne savaient quelquefois qu'un jargon italien approchant du patois : leurs traductions sont obscures et embrouillées ; il y en a même qui ne s'accordent pas exactement avec les traités originaux ; mais nos savans sont rarement à même de comparer l'arabe avec la traduction italienne ou latine, parce qu'on paraît avoir attaché peu d'importance à conserver les originaux, et encore moins à les publier. Il existe donc de grandes lacunes dans la série des traités conclus avec les musulmans. Nous n'en avons point qui soient antérieurs au treizième siècle, et on n'a produit encore le texte d'aucun traité conclu par les Français avec les Sarrasins, quoiqu'il soit certain qu'il en a existé plusieurs, ainsi que je l'ai prouvé plus haut par le procès de Jacques Cœur. Il faut espérer que l'étude des langues orientales, maintenant partout encouragée, en fera découvrir dans les archives des divers états : alors peut-être sera-t-on capable de remonter à l'origine des consulats en Égypte et en Barbarie, origine qui, pour le moment, est encore enveloppée d'obscurité.

Les traités de la seconde classe, c'est-à-dire ceux qui ont été conclus avec les princes chrétiens de la Syrie, finissent avec le treizième siècle. C'est alors surtout que commence la série des traités musulmans, et le quatorzième siècle nous en fournit un grand nombre. On a pu remarquer que les traités de cette époque sont très-étendus; quelques-uns ont été dictés par un esprit de prévision et de prudence qui paraît avoir servi dans la suite de modèle aux puissances d'Europe, dans leurs transactions avec les musulmans. Ces précautions qui, au premier aspect, pourraient paraître cauteleuses, étaient le fruit d'une triste expérience. Pour empêcher autant que possible le renouvellement des avanies dont un islamisme grossier abreuvait les étrangers, surtout les chrétiens, dans les états musulmans, où le caprice d'un sultan tenait lieu de loi, on accumulait dans les traités autant de garanties qu'on pouvait en inventer; on prenait la parole du souverain qu'il ne forcerait les marchands ni à vendre ni à acheter malgré eux; qu'il les préserverait des vexations de ses douanes, de la rapacité de sa maltôte, et du brigandage de ses forbans. Depuis plusieurs siècles les sentimens hostiles des musulmans ont si peu changé, que même dans les traités modernes, par exemple dans celui que Louis XV conclut avec le sultan, on a été obligé d'insérer les mêmes clauses [1]. On a même

(1) « On ne pourra forcer les Français à prendre contre leur gré certaines marchandises... Les bâtimens français ne pourront être détenus sans raison dans nos ports, et on ne leur prendra par force ni leur chaloupe, ni leurs matelots; et la détention surtout

poussé plus loin les mesures de précaution : il a été défendu aux Français de se marier dans les Échelles du Levant sans le consentement du roi, et d'y posséder des biens-fonds[1]; défenses dont je ne trouve qu'un seul exemple dans le moyen âge : elles étaient peut-être superflues alors. A cette époque, les révolutions de sérail étaient fréquentes; aussi avait-on souvent à traiter avec de nouveaux sultans ou beys, et à recommencer les négociations et les traités. C'était d'ailleurs un usage dans l'Orient musulman de ne stipuler que pour quelques années : au lieu de traités, on faisait des trèves, que l'on prolongeait ensuite pour de nouveaux termes. Ces renouvellemens fréquens convenaient beaucoup aux musulmans, parce que c'étaient autant d'occasions de recevoir des présens ou de montrer de nouvelles exigences.

Les conditions sous lesquelles on permettait aux chrétiens le commerce dans les états musulmans étaient aussi plus rigoureuses que celles qu'on leur imposait

des bâtimens chargés de marchandises occasionant un préjudice considérable, il ne sera plus permis à l'avenir de rien commettre de semblable &c. » Art. 21 et 79 du traité conclu en 1740 avec le sultan Mahmoud. (Capitulations ou traités anciens et nouveaux entre la cour de France et la Porte ottomane; Paris, an XI, in-4°.)

(1) Voyez l'Instruction relative à l'ordonnance du roi concernant les consulats, la résidence et la navigation dans les Échelles du Levant et de la Barbarie, rendue le 3 mars 1781; Paris, an XI, in-4°.

en Syrie et dans l'empire grec; il y a une différence notable entre les tarifs des douanes de l'Égypte et des états barbaresques, et ceux des ports grecs et syriens. Le taux ordinaire des droits des soudans et rois musulmans sur les importations et exportations faites par les chrétiens dans leurs ports était le dixième de la valeur des marchandises[1]. Quelques objets étaient taxés à quinze et seize, et même à vingt-cinq pour cent, c'est-à-dire au quart de la valeur[2]. A l'égard de plusieurs états d'Europe que les soudans avaient un grand intérêt à ménager, ils réduisaient quelquefois le taux à cinq pour cent; mais de pareilles concessions étaient une grande faveur, et le dixième de la valeur, ou ce qu'on appelait la *dîme*, demeurait le taux commun des taxes exigées par les musulmans en Égypte, en Syrie (lorsqu'ils furent les maîtres de ce pays), et dans la Barbarie : elle était probablement en usage chez les musulmans en général[3], puisqu'on la voit

(1) Voyez les traités analysés dans ce chapitre, ainsi que la Prattica della Mercatura, de Bald. Pegoletti et d'Uzzano, — et l'ouvrage de Breydenbach : Peregrinatio hierosolymit.

(2) Les Aragonais obtinrent la réduction de quinze à dix pour cent; charte de l'an 1353, dans le tome IV de Capmany, Memor. histor., n° 55. — Selon Balducci Pegoletti, les bois travaillés payaient vingt-cinq pour cent d'entrée à Damiette. — Selon Sanuto (Secreta fidelium crucis, livr. I, part. I), le soudan percevait le tiers de la valeur des marchandises importées de l'Inde.

(3) Voyez Khalil-Dhahery, déjà cité, qui avait été visir et maître de la monnaie du soudan d'Égypte.

établie aussi au port de Jedda, dans la mer Rouge, pendant que les soudans d'Égypte y commandaient. Indépendamment de la douane, les marchands payaient les droits de grand courtage, qui allaient, dit-on, jusqu'à dix pour cent sur les ventes, et au double sur les échanges [1]; les droits de drogmans, de peseurs, &c. Des taxes aussi fortes gênaient beaucoup le commerce; mais cette considération avait peu de poids auprès du fisc des soudans. Maîtres de quelques-unes des principales voies de commerce, ils savaient bien que l'Europe était forcée de recourir à eux pour obtenir les denrées du Levant. Leurs exigences contrastaient beaucoup avec les tarifs établis en Syrie, dans l'Asie mineure, à Constantinople et dans les ports de la mer Noire. En Chypre et à Constantinople, on ne payait que deux pour cent; à Satalie, à Trébizonde, et à Damas, trois; à Barut un de sortie et un demi d'entrée; à Caffa et à Solgate, trois; à Alep on était plus exigent, on y demandait quatre à six [2]. Mais, en général, le taux moyen en Syrie paraît avoir été de trois pour cent. Il est vrai que la plupart des traités où l'on trouve stipulés ces taux sont du treizième siècle, et du temps où les Francs avaient encore des possessions en Syrie: il

(1) Capitulations entre Venise et l'Égypte, de l'an 1512, dans le tome VII de Marin, Storia del commercio &c.

(2) Voyez les traités ci-dessus, ainsi que les deux ouvrages de Balducci Pegoletti et d'Uzzano.

était tout simple que les marchands chrétiens fussent plus favorisés par leurs compatriotes et coreligionnaires, à qui ils avaient rendu des services, que par les musulmans, qu'ils avaient combattus comme ennemis de leur foi. Cependant les *Assises de Jérusalem*, code des Français en Syrie, établissent des taxes très-fortes, ou plutôt elles paraissent maintenir d'anciens usages en vigueur dans les ports de la Syrie[1]. C'est ainsi qu'elles taxent l'importation de la soie à huit besans dix caroubles pour cent de sa valeur; celle du coton à dix besans treize caroubles; celle du poivre, à six besans cinq caroubles; celle de la cannelle, à dix besans dix-huit caroubles; celle de la laine, à onze besans dix caroubles; des noix muscades et des clous de girofle, à neuf besans huit caroubles; du sucre, à huit besans, ou par chamelée, quatre besans; celle du lin, à huit besans huit caroubles, &c. : d'où l'on voit que plusieurs articles étaient taxés au dixième de leur valeur et au-delà, comme en Afrique. Mais c'était dans les premiers temps de la domination française. Plus tard, il fallut sans doute modifier ce tarif, ou plutôt il cessa d'être en vigueur, puisque chaque nation eut sa fonde et sa juridiction dans la ville d'Acre.

(1) « Les droitures anciennes si commandent que l'on doit prendre en la fonde de la vende la soie, dou cent de bezans, 8 bezans et 10 caroubles de droiture &c. » Assises de la basse-cour de Jérusalem, chap. CCXXII, manuscrit de la Bibliothèque du Roi.

Malgré l'inégalité des tarifs de l'Égypte et de la Syrie, les marchandises de l'Orient coûtaient aux chrétiens à-peu-près les mêmes prix dans l'un et l'autre pays. Sanuto en indique la raison : c'est que les marchandises de l'Inde, qu'on recevait par la voie de l'Égypte, étaient venues presque entièrement par eau ; le transport en coûtait peu, et quoique les taxes imposées par les soudans les renchérissent, elles n'en coûtaient pas plus cher que les marchandises moins tarifées, il est vrai, dans les ports de la Syrie, mais naturellement plus précieuses, et renchéries encore par le long transport, au moyen des caravanes, à travers l'Asie[1]. Il y avait donc pour les chrétiens de l'avantage et du désavantage tout à-la-fois à tirer les denrées levantines soit de l'Égypte, soit des ports de la Syrie et de la mer Noire. Aussi les deux voies étaient-elles également suivies, et l'on trouve presque autant de traités conclus avec les soudans d'Égypte et les états barbaresques qu'avec les empereurs grecs et les Tartares de la mer Noire.

(1) « Quia à parte Tartarorum conducuntur mercimonia meliora, cùm conductus magnas expensas sustinet de salmatio, vel vectura, et de commercio, vel theloneo modicas; sed à partibus Ægypti conductus mercium parùm constat, propter commoditatem fluvii; sed solvitur maximus theloneus soldano. » Secreta fidelium crucis, liv. I, part. I, chap. I.

CHAPITRE X.

OBSTACLES DU COMMERCE DU LEVANT.

Défenses promulguées par les papes et les souverains. — Licences du commerce d'Orient accordées par les papes aux marchands barcelonais.—Expéditions des vaisseaux licenciés pour l'Égypte. — Absolutions accordées aux négocians. — Monitoire adressé par Benoît XI aux Vénitiens pour empêcher le commerce d'Orient. — Excommunication des marchands. — Efforts faits par Raymond Lulle et Mar. Sanuto pour faire prohiber le commerce avec l'Égypte. — Licences obtenues ou sollicitées par les Français. — Piraterie. — Peste.

TOUT en favorisant le commerce avec le Levant, les croisades firent naître pourtant aussi un grand nombre d'obstacles aux libres communications des puissances commerciales de la chrétienté avec les contrées de l'Orient. A mesure que les armées des Sarrasins et les Maures faisaient des progrès et s'emparaient de l'empire grec, de la Syrie, de l'Égypte, &c., l'ardeur des papes et du clergé croissait pour exciter les chrétiens à de nouvelles croisades. Or, pour conquérir plus facilement les contrées subjuguées par les Musulmans, il fallait les priver de tous les objets qui pouvaient leur servir contre les chrétiens; il fallait empêcher les marchands de leur porter des armes, des vivres, des matériaux pour la construction des flottes; il fallait défendre même tout contact des chrétiens avec les Sarrasins, car ce contact faisait naître des liaisons d'intérêt, qui éteignaient la haine contre les mécréans et le desir de les chasser de leurs conquêtes : on se bat mal contre ceux avec lesquels on est en relation d'affaires. L'humanité, qui pourtant gagne à tout rapprochement entre les peuples, était intéressée, jusqu'à un certain point, à ce qu'il n'existât point de rapports trop intimes, et surtout de rapports clandestins, entre les marchands chrétiens et les ports occupés par les Sarrasins dans le Levant. Il était avéré que ces marchands, et principalement ceux de Venise, allaient chercher, sur les côtes de la mer Noire et ailleurs, des enfans, pour les revendre comme esclaves aux Sarrasins : ceux-ci élevaient les filles pour leurs harems; quant aux garçons, ils en faisaient des eunuques ou des mamelouks[1], qui devenaient ensuite le soutien des soudans d'Égypte contre les chrétiens. Ce trafic odieux révolta moins encore par la violation des droits

(1) « Infantulos et puellas deferunt in Ægyptum qui pro majori parte à Græcis originem extraxerunt &c. » — « Mamoluchi, garzoni similiter et garzonæ, tàm christiani quàm pagani. » Mar. Sanuti, Secreta fidelium crucis, liv. II, part. II, chap. VI.

de l'humanité que parce qu'il enlevait beaucoup d'ames à l'église chrétienne, et qu'il tendait à fortifier la puissance des Sarrasins. C'est du moins là le principal motif que fait valoir un auteur vénitien du quatorzième siècle, Marin Sanuto, pour engager le pape à prohiber toute relation entre chrétiens et musulmans. Les papes avaient en effet assez de motifs pour opposer l'autorité de l'Église à ces relations équivoques pendant les croisades. Il n'y avait presque pas de succès à espérer, tant que les ennemis de la chrétienté pouvaient compter sur la promptitude des marchands chrétiens à leur fournir tout ce dont ils avaient besoin. Ces marchands détruisaient ce que les prédicateurs avaient opéré; en vain la valeur des chevaliers faisait des prodiges, les traficans anéantissaient l'effet de leurs victoires, et quelquefois les ennemis étaient mieux servis que les croisés mêmes.

Il fallut préparer les foudres de l'église contre ce commerce funeste : les bulles des papes prohibèrent, sous peine d'excommunication et d'infamie, toute exportation d'armes, de vivres et de bois de construction des ports de la chrétienté pour les états musulmans. Dès l'an 1178, le pape Alexandre III avait prononcé, au concile de Latran, la peine de l'excommunication, la confiscation des biens et l'esclavage personnel, contre ceux qui fourniraient aux Sarrasins des armes, du fer, du bois de construction, et en général tous les objets utiles à la guerre, ou qui dirigeraient leurs galères, ou leurs bâtimens de piraterie[1].

Dans ces temps de ferveur pour le christianisme, et de haine pour tous les peuples qui ne le professaient pas ; dans ces temps où les rigueurs de l'église étaient si redoutables, et où les infractions aux lois ecclésiastiques causaient tant de remords, il semble que la défense sévère prononcée par les papes aurait dû faire cesser tout trafic entre chrétiens et musulmans, et rompre les engagemens mutuels qui existaient entre les deux peuples ; cependant l'intérêt et le besoin se montrèrent plus forts que la crainte des châtimens de l'Église, et, quelque redoutables que fussent les menaces de Rome, l'appât du gain et les habitudes contractées engagèrent les peuples maritimes de l'Europe à braver les foudres du Saint-Siège, et à renouer sans cesse les liaisons mercantiles avec le Levant musulman. Ils étaient sûrs d'obtenir les choses les plus précieuses que l'on connût alors, les pierres fines, les perles, les étoffes d'or, les aromates et les épices, contre les denrées et les productions qui coûtaient peu chez eux, telles que bois, fer, poix, cuivre, &c. Comment auraient-ils résisté à la tentation de se livrer en secret à ce trafic lucratif ? Ils employaient la ruse pour parvenir à leurs

(1) Mar. Sanuto, liv. III, partie IX, chap. VII.

fins. Sanuto nous apprend qu'en venant de l'Égypte avec les denrées du Levant, ils allaient d'abord en quelque île de la Méditerranée, et ils revenaient de là comme si c'eût été le but de leur voyage, et en quelque sorte, suivant l'expression de Sanuto, *avec une conscience large*[1].

Les souverains eux-mêmes, tout en faisant semblant de se soumettre aux ordres des papes, et de faire exécuter leurs bulles, trouvaient moyen de les éluder[2], pour partager les bénéfices de leurs sujets. Enfin, les papes se virent plus d'une fois dans des conjonctures telles, qu'ils furent obligés d'accorder des licences, et de faire des exceptions à la règle générale qu'ils avaient établie pour toute la chrétienté. Depuis la moitié du treizième siècle jusqu'au milieu du siècle suivant, nous remarquons une lutte continuelle entre l'intérêt et l'esprit religieux, entre la classe commer-

(1) « Plures insulæ et terræ marinæ recipiebant defraudatores qui cum mercibus veniebant de terris soldani, propter quod quasi omnes mercatores christiani de terris marinis sub tali velamine portabant merces... et portabant in part. occid. cum quâdam conscientiâ suâ largâ. » Mar. Sanuto; Secreta fidelium crucis, part. III, chap. v.

(2) « Licet inhibitiones SS. patrum et venerabilium sanctiones justæ editæ fuerint adversùs illos qui cum præfatis rebus, vel mercatoribus, ad terras soldani irent, nunquàm fuit ex dictis dominis spiritualibus aut temporalibus quisquam repertus qui sanctiones et inhibitiones conatus fuerit adimplere, ac eas executioni mandare. » Ibid., chap. vi.

çante et l'autorité de l'église; une foule d'actes nous révèle à ce sujet des faits curieux.

D'abord l'Espagne, qui faisait un commerce si actif avec l'Égypte, était toujours portée à enfreindre les prohibitions papales. Grégoire X, dans le concile de Lyon, venait de défendre tout commerce avec les Sarrasins; Jacques I, roi d'Aragon, qui avait les foudres du Saint-Siège à redouter, ayant épousé une femme déjà mariée, voulut au moins plaire au pape en se conformant à l'ordre de rompre les communications avec le Levant musulman. Par une cédule de 1274, il prohiba l'exportation du fer, des armes, des bois de construction, des grains, et d'autres vivres, pour les terres des Sarrasins; c'était retrancher aux Catalans une branche productive de commerce qu'ils avaient su s'approprier au milieu des croisades; ils réclamèrent contre les défenses du roi. On consulta les théologiens et les casuistes: le roi se vit obligé de faire plusieurs déclarations qui modifiaient les ordres antérieurs[1].

Les marchands de Barcelone, après être allés porter du fer, du bois de construction, et d'autres objets, à Alexandrie, sollicitaient en revenant, à ce qu'il paraît, l'absolution, pour avoir fait ce commerce lucratif;

(1) Capmany, Memor. histor. sobre el comercio &c., tome I, partie II, chap. II, et tome II, charte 17e. — Mémoire de Navarrete sur les croisades.

l'église leur imposait des pénitences, qui consistaient ordinairement dans l'application d'une partie des bénéfices à des usages pieux. Le pape Boniface VIII voulut que cette pénitence fût du quart du bénéfice pour les femmes, et du cinquième pour les hommes. On n'indique pas la raison pour laquelle il en coûtait davantage aux femmes pour se faire relever de l'excommunication encourue; peut-être pensait-on que les femmes, assez hardies pour commercer avec les Sarrasins, étaient plus coupables que les hommes pour lesquels cela pouvait être une habitude. Il fallait que le bénéfice fût bien considérable, ou que le nombre des excommuniés fût très-grand, puisque le même pape Boniface fit don des amendes au roi d'Aragon, Jacques II, pour l'engager à une nouvelle croisade, et l'aider à pourvoir aux frais d'armement. Le pontife adressa aux évêques de Barcelone et de Tortose un bref pour leur enjoindre de remettre au roi toutes les sommes provenant des absolutions des marchands d'Égypte[1]. Il est à regretter qu'aucun acte ne nous fasse connaître à combien se montaient les sommes remises au roi; elles nous donneraient quelque idée de la valeur du commerce que les Catalans faisaient sur les bords du Nil, quoiqu'il soit bien probable que les marchands de Barcelone, en se faisant absoudre à leur retour, ne

(1) Breve de Bonifacio VIII, dado 1297; pièces justificatives, nº 19, du Mémoire de Navarrete sur les croisades.

déclareraient pas très-juste le bénéfice qu'ils avaient fait.

La facilité de se faire relever de l'excommunication, moyennant une amende, devait porter les marchands à continuer le trafic, malgré les prohibitions papales. En 1302, ainsi cinq ans après avoir été autorisé par le pape à percevoir les amendes des trafics égyptiens, Jacques II défendit à ses sujets, non seulement de porter du fer et du bois aux Sarrasins d'Égypte, mais encore de commercer avec eux, de fréquenter leurs ports, en un mot d'avoir aucune relation avec les infidèles, sous peine de punition corporelle et de confiscation des biens[1]. Dans le considérant de cet ordre, le roi déclare que, selon le bruit public, plusieurs de ses sujets portent leurs marchandises à Alexandrie, trafiquent avec les Sarrasins de ce pays, et ont de fréquentes relations avec eux, sans tenir aucun compte des peines dont l'église les menace; qu'il est urgent de remédier à cette désobéissance au Saint-Siége, de plaire au Très-Haut, et de rendre à l'Église la déférence qui lui est due. Rome avait probablement provoqué cet ordre, qui devait contrarier le roi, et qui ne paraît pas avoir été jamais exécuté rigoureusement; peut-être aussi les

(1) Prohibicion absoluta fecha 1302, baxo pena corporal y perdida de biens de ir á comerciar á Alexandria á Egipto &c., charte n° 20; Navarrete, Mémoire sur les croisades.

Sarrasins avaient-ils exercé quelque acte de violence contre les chrétiens, comme cela arrivait quelquefois. Ce qu'il y a de certain, c'est que, deux ou trois ans après, Jacques II envoya une ambassade au soudan d'Égypte, dans l'intention patente de traiter pour la rançon des captifs chrétiens; le soudan, à son tour, envoya un ambassadeur en Espagne. Lorsque cet ambassadeur voulut s'en retourner en Afrique, le roi vendit, moyennant onze mille sous barcelonais, à un armateur de Barcelone, Eyméric d'Usay, qui devait fréter le vaisseau de transport, et à une compagnie de marchands juifs et chrétiens, associés à cet armateur, la permission d'expédier par cette occasion des marchandises (les objets prohibés exceptés) pour l'Égypte, et d'en retirer de la même contrée, au retour du vaisseau. Les onze mille sous devaient servir à défrayer l'ambassade du soudan. Dans sa patente, le roi renonce aussi au droit de deux sous pour livre sur toutes les marchandises que les étrangers et les nationaux apporteraient d'Égypte par le même vaisseau[1]. Douze ans après, à la sollicitation de Jacques II, qui déclarait vouloir traiter avec l'Égypte pour le rachat des captifs chrétiens, et ne pouvoir bien traiter qu'en envoyant des marchands et des effets, le

(1) Passaporte expedido 1305 á la nave de Eymerico de Usay para llevar á Alexandria el ambaxadore &c., charte 21e; Navarrete, Mémoire sur les croisades.

pape Jean XXII accorda la permission d'expédier pour l'Égypte un navire avec les ambassadeurs, et de profiter de cette occasion pour y envoyer des marchandises[1]. Une permission semblable fut accordée par le même pape en 1321[2]. Jean XXII n'excepta chaque fois que les marchandises prohibées, c'est-à-dire le fer et le bois de construction; il voulait aussi que le patron et les expéditeurs jurassent entre les mains des prêtres qu'ils n'emploieraient pas de fraude dans cette expédition.

Ces licences étaient commodes, et on les sollicitait souvent. Deux ans après la dernière, Jacques II écrivit au pape qu'il avait ressenti les bons effets de ses négociations auprès du soudan, pour le rachat des malheureux captifs chrétiens, surtout lorsque ces négociations étaient accompagnées de marchands et de marchandises. Il demandait la permission de faire une nouvelle expédition; mais comme la piraterie rendait la traversée peu sûre pour un seul navire, il desirait en envoyer deux à la fois; il s'offrait à faire passer par cette voie les ambassadeurs ou les lettres que le pape pourrait destiner pour l'Égypte. Il priait le pape, à la fin de sa lettre, de ne pas ajouter foi au bruit qui courait que les marchands aragonais allaient

(1) Breve expedido por el papa Juan XXII en 1317, &c.; ibid., charte 22e.

(2) Bula del papa Juan XXII dada 1321 &c.; ibid., charte 23e.

partout offrir leurs navires pour le voyage d'Égypte; il assurait que par des punitions sévères il avait détourné ses sujets du commerce d'outremer, et qu'ils n'osaient plus s'y livrer sans une autorisation spéciale et expresse du roi[1].

Cette lettre est curieuse; on y voit la peine que se donne le roi d'Aragon pour persuader au pape que c'est l'intérêt de la chrétienté qui le touche, et qui le détermine à demander la permission d'expédier des navires en Égypte : il en fut à-peu-près de même pour ses relations avec les états barbaresques; le roi leur envoyait des ambassades pour réclamer les captifs; mais ces ambassadeurs avaient des instructions pour réclamer des traités de commerce[2].

Le rachat des prisonniers chrétiens était devenu le prétexte banal pour obtenir des licences de commerce; le pape n'était peut-être pas dupe de ce prétexte; mais du moins c'était rendre hommage au Saint-Siége, que de solliciter auprès de lui des dispenses à ses prohibitions. On voit encore, par la lettre du roi d'Aragon citée ci-dessus, que le public était

(1) Carta suplicatoria del rey D. Jayme II de Aragon al papa &c. Capmany, Memor. hist. sobre el comercio de Barcelona, tom. IV, charte 40e.

(2) Voyez les pièces relatives à l'ambassade auprès du roi de Tremecen, en 1319; Capmany, Antig. Tratados de paz y alianzas.

instruit du commerce que les Aragonais faisaient en Égypte, malgré toutes les défenses du pape : le roi cherche à persuader le contraire au pontife; mais probablement le Saint-Siége savait à quoi s'en tenir à cet égard : au lieu d'un vaisseau toléré par le pape, il en partait peut-être cinq ou six; nous allons voir que le roi y trouvait son compte, car chaque expédition pour l'Égypte lui valait une somme d'argent.

A l'exemple du roi d'Aragon, son allié, le roi de France sollicita auprès du pape la permission d'envoyer en Égypte un ambassadeur pour des affaires *touchant l'exaltation de la foi catholique;* mais cet ambassadeur était un bourgeois de Figeac, nommé Guillaume Bonnes-mains, qui desirait s'embarquer pour l'Égypte avec une cargaison de marchandises. Il nolisa un bâtiment à Barcelone, parce que là on était sûr de trouver des navires pour l'Égypte. Le roi d'Aragon vendit au noliseur François de Bastide, bourgeois de Barcelone, moyennant trois mille sous barcelonais, la permission de louer son navire au bourgeois français, et de prendre à bord les marchands et les marchandises qu'il voudrait, à l'exception des effets prohibés. Il est dit pourtant dans la licence que les trois mille sous seront donnés en aumônes à deux monastères[1]. Guillaume Bonnes-mains avait peut-

(1) Real provision expedida por D. Jayme II de Aragon á

être payé une somme à son gouvernement pour la licence; les frais de la négociation à Rome avaient probablement été à sa charge; il avait le noli à payer à l'armateur de Barcelone; ce noli devait être d'autant plus cher que l'armateur avait été obligé d'acheter à deniers comptans au roi d'Aragon la permission de noliser; cependant il est probable que tout le monde y trouva son compte : cela peut donner une idée des bénéfices que procurait le commerce d'Égypte, pratiqué alors par peu de négocians d'Europe.

Le clergé s'en tenait apparemment au contenu des bulles, et continuait d'excommunier les marchands d'Égypte; peut-être n'était-il pas toujours disposé à les absoudre moyennant des amendes et des aumônes; du moins Alphonse IX, moins rusé, ou plus craintif que Jacques II, envoya en 1334 une députation à Rome, pour représenter au pape qu'il y avait dans le royaume plusieurs marchands qui avaient encouru la peine de l'excommunication, pour avoir fait le commerce en Égypte; le roi suppliait le souverain pontife de déléguer à un évêque le pouvoir de les relever des sentences de l'excommunication [1].

La politique des rois à l'égard de ce commerce pa-

8 de julio de 1327 &c.; Navarrete, Mémoire sur les croisades, charte 24e.

(1) Real despacho del re D. Alfonso IV de Aragon, en favor de 3 mensageros &c; Capmany, Memor. hist., tome IV, charte 48e.

raît avoir souvent changé. Don Pédro IV, successeur d'Alphonse, pensait probablement comme Jacques II, et favorisait sous main les relations avec l'Égypte, tout en les blâmant en public. On a de ce roi une lettre curieuse, adressée aux juges et à la commission d'enquête : il leur défend de donner suite à une procédure entamée contre un bourgeois de Barcelone, nommé Pierre Zacosta, pour avoir enfreint les défenses royales relatives au commerce avec Alexandrie : déjà ce bourgeois, ayant exhibé une licence spéciale, avait obtenu main-levée du séquestre. Le roi veut non seulement qu'il soit sursis au procès de ce marchand, mais aussi qu'aucun autre bourgeois ne soit inquiété pour le même objet, et que les juges ne se mêlent nullement des affaires de cette nature[1].

D'autres fois, le roi montrait plus de soumission aux bulles des papes; les villes maritimes, souffrant de cette marche vacillante de leur gouvernement, se plaignirent; l'affaire du commerce d'Égypte fut discutée aux cortès de Catalogne assemblés à Barcelone en l'an 1373, et on la termina par une espèce de capitulation qui fut conclue entre Don Pédro IV et la ville de Barcelone. Le roi promit à cette grande place de mer de n'infliger et de ne laisser infliger aucune peine à ceux qui dans ses ports chargeraient des na-

(1) Real provision de D. Pedro IV de Aragon dirigida á los comisarios y pesquisidores &c. Capmany, tom. IV, charte 49ᵉ.

vires pour l'Égypte et pour les autres états du soudan, ainsi que pour la Syrie, pourvu que les marchandises ne fussent pas de celles qui étaient prohibées par les bulles; seulement on paierait pour chacun de ces navires, selon la capacité, la somme de soixante-quinze à cinq cents livres, sans avoir égard à l'état d'absolution ou d'excommunication dans lequel se trouveraient les spéculateurs[1]. Toute personne qui partirait de l'Aragon pour porter des effets dans ces contrées devrait payer huit deniers pour livre de la valeur, sans pouvoir être inquiété ou taxé en sus. Les navires qui, étant partis de l'Aragon, chargeraient ou déchargeraient une partie des marchandises en Chypre, ne paieraient pas non plus pour cela. Cette capitulation, rédigée en catalan, est curieuse à lire, à cause de la naïveté avec laquelle on a cherché à déguiser, sous le nom de peine ou de punition, l'impôt moyennant lequel le roi consentit au trafic avec l'Égypte. Ce fut par suite de cette convention que Barcelone désigna des consuls pour les ports des états du soudan.

Cependant on respectait en Espagne, du moins extérieurement, les défenses des papes, et on ne les éludait qu'en secret; quelque chose que l'on fît, on

(1) Convention ajustada entre D. Pedro IV e la ciud. de Barcelona; Capmany, Memor., histor., tome II, charte 91e. — Mémoire de Navarrete.

en revenait toujours à rechercher les dispenses ou les absolutions du Saint-Siége, quand on avait trafiqué à Alexandrie, ou quand on avait envie d'y faire le commerce. On trompait la cour de Rome, mais c'était tout en rendant hommage à son autorité. A Venise les choses ne se passèrent pas avec autant de calme; déjà avant les croisades les empereurs grecs s'étaient plaints du trafic abominable que faisaient les Vénitiens des esclaves dans les ports des Sarrasins, et dès l'an 959 le doge, le conseil et le partriarche de Venise, pour détourner les poursuites qui menaçaient la marine vénitienne de la part des empereurs, avaient été obligés de promettre solennellement, et de défendre à leurs sujets, de ne plus transporter dans les ports des Sarrasins ni armes, ni bois de construction; seulement on laissait aux Vénitiens la faculté de leur porter des planches de frêne de cinq pieds de long, et de la boissellerie[1]; mais probablement ils ne mesuraient pas les planches bien justement, et parmi la vaisselle il pouvait se glisser des instrumens guerriers; aussi les bulles des papes avaient renouvelé la défense non seulement de porter aux Sarrasins des armes et des vivres, mais encore de fréquenter leurs ports, et d'entretenir avec eux des relations

(1) Marin, Storia del commercio de' Veneziani, t. II, livr. III, chap. III.

d'amitié et d'intérêt. La prohibition avait à Venise un but utile, puisque cette république, comme je l'ai fait remarquer, ne rougissait pas de faire la traite des esclaves, et de vendre des enfans et des adultes aux Musulmans : là aussi on prononça l'excommunication et les autres peines ecclésiastiques contre les marchands désobéissans. Benoît adressa au doge et au conseil de Venise un monitoire tendant à faire exécuter par tous les Vénitiens sa bulle qui défendait de transporter à Alexandrie, et dans les autres ports d'Égypte, des chevaux, des armes, du fer, du bois de construction, des vivres, et toute autre marchandise; de n'en tirer aucune de l'Égypte, et de rendre aux Sarrasins aucun secours, ni leur accorder aucune faveur. Ceux qui enfreindraient cette défense devaient encourir l'excommunication, dont ils ne pourraient être relevés qu'à l'article de la mort, par un mandat spécial du siége apostolique, et en payant une somme équivalente aux cargaisons qu'ils auraient transportées en Égypte, ou qu'ils en auraient fait venir. Ils devaient être déclarés infâmes, incapables de remplir des emplois publics, de dresser des actes légaux, de tester, de recevoir des successions, des legs et des fidéicommis; tous les dimanches, on devait les proclamer excommuniés et ennemis de la foi catholique[1].

(1) Breve di monitorio fatto tenere alla republica &c.; Marin, Storia &c., tome V, documento 3.

Cette sentence formidable fut renouvelée peu d'années après par le pape Clément V, qui avait d'autres griefs contre Venise. Cette république s'était emparée de Ferrare. Le pape foudroya par une bulle les Vénitiens, comme déprédateurs du patrimoine de Saint-Pierre, les déclara infâmes jusqu'à la quatrième génération, les dépouilla de tous droits sur leurs possessions chez eux, sur leurs propriétés mercantiles au-dehors, et autorisa tout acte d'hostilité que l'on commettrait contre ce peuple; défense fut faite en même temps à tous les chrétiens de faire aucun commerce avec eux[1].

Des poursuites aussi rigoureuses n'effrayèrent pourtant pas les marchands vénitiens : ils continuèrent de faire des expéditions pour l'Égypte, et de s'enrichir par le commerce avec les Sarrasins. Nous avons vu que, dans le traité qu'ils firent en 1302 avec le soudan Naser, ils stipulèrent que les marchandises qu'ils prendraient en Égypte, en échange des objets prohibés qu'ils y auraient importés, seraient franches de tout impôt ; ainsi donc ils fournissaient aux Sarrasins ce qu'il était défendu à toute la chrétienté de leur fournir, les armes et les moyens de combattre les chrétiens ; et ils y gagnaient

(1) Bulle du pape Clément V dans le Bullar. magnum; Rome, 1691, vol. III; — et Marin, Storia del commercio de' Veneziani, tome V, docum. 5, pag. 331.

doublement, d'abord par leur débit, et puis par le bon marché des cargaisons qu'ils prenaient en retour.

Cependant à l'approche de la mort, les négocians, effrayés sans doute par les exhortations du clergé, se sentaient tourmentés par leur conscience et par l'état d'excommunication dans lequel ils allaient mourir. L'abandon de leur fortune ne leur paraissait pas un sacrifice trop grand pour rentrer dans le sein de l'Église, car ils voulaient mourir avec l'espoir d'échapper aux peines de l'enfer. Une foule de testamens furent faits en faveur de la chambre apostolique; ils comprenaient une grande partie de la fortune des familles commerçantes; mais il s'agissait de les exécuter; or les familles qui n'étaient pas pressées par l'approche de la mort éludaient la remise des richesses; deux nonces furent envoyés à Venise en 1322, par le pape Jean XXII, afin de hâter l'entrée de ces riches héritages dans le trésor de l'Église, et excommunier tous ceux qui mettaient obstacle à l'accomplissement de cette œuvre importante. Le commerce de Venise fut alarmé; on consulta comme en Espagne les théologiens et les casuistes du pays; ceux-ci décidèrent que c'était un péché de fournir des armes et des vivres aux Sarrasins, mais qu'on ne pouvait défendre aux chrétiens d'avoir avec eux des relations de commerce : il s'en suivait que les commerçans n'avaient rien fait d'illicite, en portant des marchandises en Egypte, et en apportant en Europe les productions de l'Orient, et que par conséquent ils n'avaient pas eu besoin de se soumettre à des pénitences. Le pape condamna ces décisions comme hérétiques : cependant le gouvernement de Venise, voyant le trouble répandu dans tant de familles dont quelques-unes étaient des premières de la république, enjoignit aux nonces du pape, comme auteurs de ces troubles, de quitter son territoire. A son tour, le pape cita devant son siége à Avignon les familles vénitiennes débitrices du trésor apostolique, mais sans succès : des années se passèrent en négociations entre Rome et Venise; un nouveau pape plus conciliant, Benoît XII, consentit à un accommodement : les testamens des marchands d'Égypte furent mis de côté, et le pape défendit seulement de faire le commerce avec les infidèles sans une autorisation du Saint-Siége; or ces autorisations se vendirent dès-lors à Rome, et devinrent une source de revenus assez importante pour la chambre apostolique : on l'évaluait à 9,900 ducats pour une seule année[1].

Cependant les dispenses n'étaient encore qu'individuelles : une nouvelle députation envoyée à Rome en 1343 donna beaucoup d'argent à la chambre apos-

(1) Paul Sarpi &c. — Daru, Histoire de Venise; 3e édition, tome III, liv. XIX.

tolique, et obtint une licence en vertu de laquelle une ambassade et des galères armées partirent pour l'Égypte[1]. Venise obtint ensuite du pape la permission d'expédier pour Alexandrie, pendant cinq ans, quatre vaisseaux et cinq galères, ce qui laissait, comme on voit, aux Vénitiens le moyen de faire un commerce assez considérable : les Catalans étaient plus modestes dans leurs demandes; cependant, quelques années après, Venise sollicita une licence pour l'envoi de vingt-huit galères, outre les six déjà obtenues, promettant de ne les envoyer qu'une seule fois, ce qui leur fut accordé[2]. Profitant de toutes les occasions, les Vénitiens achetèrent même en 1357 une licence que le pape Clément VI avait accordée à une escadre de dix navires et trente galères, appartenant à un vicomte italien[3].

A l'égard de Gênes, les papes protecteurs de cette république ne paraissent pas avoir exercé beaucoup de rigueurs. Un bref de Grégoire IX, de l'an 1233, défend aux Frères Mineurs de l'Espagne et de l'île de Garbe d'excommunier les Génois portant aux Maures des

(1) Manuscrit de la Bibliothèque ambrois., cité par Muratori, Scriptores rer. italic., tome XII, col. 418.

(2) Marin, Storia del commercio de' Veneziani, tome VI, pag. 136.

(3) Instrumentum donationis gratiæ decem navium, vel cocharum &c.; ibid., pag. 142.

marchandises non prohibées[1]. Il ne paraît pas que Gênes ait eu d'ailleurs des démêlés avec le Saint-Siége pour ce commerce. Baudoin, roi de Jérusalem, en traitant avec les Génois en 1157, avait stipulé, à la vérité, que si dans les ports de la Palestine ses gens découvraient sur les bâtimens génois des armes, du fer, du bois et de la résine destinés pour l'Égypte, les objets seraient confisqués[2]; mais il est probable que les Génois savaient cacher ces objets ou leur destination aux douanes de Jérusalem.

Un des griefs que le pape Innocent IV articula contre l'empereur Frédéric II, dans sa bulle d'excommunication, fut l'intimité qui existait entre ce prince et le soudan d'Égypte, dont les ambassadeurs avaient été accueillis en Sicile avec de grands honneurs[3]. Frédéric entretenait en effet des relations intimes avec les Sarrasins; il avait conclu des traités avec eux, recevait du soudan des présens et lui

(1) Pièce des archives de Gênes, citée par M. de Sacy, dans son Rapport sur ces archives.

(2) « Excipio tamen eos quos mei homines invenerint portantes ferrum aut lignamen aut picem, seu arma, ad vendendum in terrâ Egypti; quod si tùm homines mei res ipsorum eis abstulerint, propterea pax non rumpatur. » Instrumentum super Balduini pace cum Pisanis inita, et concessa privilegia, dans le tome I de Lünig, Codex italic. diplomat., col. 1045.

(3) Bulla excommunicat. Innocent. IV &c., de l'an 1245; ibid., tome II, col. 906.

en envoyait. On n'avait pas encore vu de souverain chrétien qui eût vécu aussi familièrement avec les mécréans de l'Égypte.

Ce qui avait surtout déterminé les papes à interdire toute relation avec les Sarrasins, c'était le projet de nouvelles croisades, et l'espoir de réduire ces ennemis de la chrétienté à un état de faiblesse et d'abandon qui les forcerait de renoncer à leurs conquêtes dans la Syrie et l'empire grec. Il ne manqua pas d'hommes habiles, qui démontrèrent par des plans profondément médités la possibilité et même la facilité de ces expéditions : ces écrivains insistaient fortement sur la nécessité de rompre toute communication quelconque avec les Musulmans. En 1288, le fameux Raymond Lulle offrit au pape son *Art général*, avec un plan pour la conquête de la Terre-Sainte. Dans ce projet, il insistait beaucoup sur la nécessité de défendre aux chrétiens le commerce des aromates et des épiceries d'Égypte ; il cherchait à prouver qu'en s'abstenant de tout commerce avec les Égyptiens, seulement pendant six ans, on parviendrait à les appauvrir à un point extrême : il voulait que les Génois et les Catalans s'accoutumassent à aller chercher eux-mêmes les productions de l'Orient à Bagdad et dans l'Inde. C'était une grande idée, qui devait concilier un peu au savant philosophe la bienveillance de ceux qu'effrayait l'idée de rompre tout commerce avec les pays maritimes occupés par les Sarrasins parcourant l'Orient et l'Occident. Raymond Lulle ne cessa d'échauffer le zèle des princes chrétiens pour la conquête de la Palestine, la propagation de la foi chrétienne chez les Musulmans, et pour l'adoption de sa propre philosophie. Dans un traité qu'il composa en 1305 [1], il exposa plus amplement son projet d'affamer et d'isoler les Sarrasins, de les convertir, et de chercher par la voie la plus directe les marchandises de l'Inde que l'Europe recevait par la Syrie et l'Égypte.

Un Vénitien non moins zélé pour la propagation du christianisme, Marin Sanuto [2], poursuivit en même temps que Raymond Lulle un projet semblable. Il connaissait encore mieux l'Orient que ce philosophe; il avait bien étudié la marche et l'étendue des divers genres de commerce que les chrétiens faisaient avec les Sarrasins, et il donne à ce sujet des renseignemens intéressans. Sanuto fait observer que les habitans de l'Égypte n'ont pas l'esprit belliqueux; si donc on n'introduisait pas d'esclaves chez eux, ils n'auraient plus de mamelouks, et ils ne pourraient plus se défendre; de même, comme leur pays ne produit pas de bois de construction, de fer, de goudron, ils ne pourraient plus construire de bateaux

(1) Tractat. de Fine, imprimé à Mayorque, en 1665.

(2) Marini Sanuti Torcel., Secreta fidelium crucis, dans le tome II de Gesta Dei per Francos.

si les chrétiens cessaient de leur vendre ces objets; en outre, le soudan perdrait la principale branche de ses revenus, si les chrétiens s'abstenaient d'acheter dans ses états les denrées de l'Orient. Sanuto veut que les chrétiens tirent ces denrées de l'Asie, ou des îles de la Méditerranée, sans qu'elles traversent les états du soudan; il veut isoler ce soudan, en empêchant les Grecs et les Arméniens de trafiquer avec lui, et en fermant, ce qui n'était guère praticable, les communications de l'Égypte avec les états barbaresques. Dans sa ferveur pour le triomphe des chrétiens et pour l'anéantissement de la puissance musulmane, il rappelle les prohibitions du commerce sarrasin, proclamées par les papes; il en provoque de nouvelles, il les demande très-rigoureuses; mais sachant, par l'exemple de ses compatriotes les Vénitiens, combien les marchands étaient disposés à les éluder, il ne se repose pas sur l'autorité du Saint-Siège, et sur les peines formidables prononcées contre les marchands; il veut qu'une flotte chrétienne fasse la police de la Méditerranée, et empêche tout chrétien quelconque de porter une balle de marchandises chez les musulmans, et de tirer la moindre denrée du Levant. Il pousse l'attention jusqu'à calculer les frais d'entretien de cette flotte, et jusqu'à indiquer comment il faudrait la former et la composer. Rien ne lui paraît plus simple que ce plan, rien de plus facile à exécuter.

Sanuto écrit aux papes et aux princes pour les entraîner dans cette nouvelle croisade, bien plus profondément méditée que les premières.

Le pape consulta le grand-maître de l'ordre hospitalier de Jérusalem sur le projet d'une croisade. Dans sa réponse, le grand-maître indiqua l'île de Chypre comme le point de départ le plus convenable; il fit également sentir la nécessité de défendre sévèrement les transports d'armes que les mauvais chrétiens, disait-il, vendent aux Sarrasins; il conseille de saisir les galères chargées d'armes pour les mécréans, et de ne pas accorder l'absolution aux armateurs aussi facilement qu'on l'avait fait jusqu'alors [1].

Cependant le temps de la ferveur des croisades était passé; malgré les efforts des Raymond Lulle, des Sanuto, de quelques papes et princes, il ne fut plus possible, vers la fin du quatorzième siècle, de rallumer le zèle religieux des peuples au point de leur faire tout sacrifier pour la conquête de la Terre-Sainte. On tenta, à la vérité, en 1365, une cinquième croisade pour reprendre les conquêtes de Saladin; mais cette croisade mal soutenue dut échouer, et ses revers rejaillirent sur le commerce. En effet, on ne pouvait se procurer les marchandises de l'Inde que par les

(1) Voyez le Mémoire du grand-maître, dans Baluze, Pap. Avenion., tome II, et dans Vertot, Histoire des Chevaliers de Malte; édition in-4°, tome I, Preuves n° 4 du livre IV.

ports des Sarrasins; on avait donc le plus grand intérêt à entretenir des relations amicales avec eux. En vain cherchait-on dans les écrits et en chaire à inspirer de l'aversion pour les infidèles; les commerçans trouvaient beaucoup d'avantages à vivre en paix et à faire des échanges avec eux. On ne se croisa plus pour les expéditions en Palestine; et, comme l'église n'avait plus le même intérêt à éviter tout contact des musulmans avec les chrétiens, elle se relâchait de sa sévérité, et se contentait d'exiger que l'on vînt se pourvoir de licences devant la chambre apostolique. Au quinzième siècle on ne voit presque plus de traces de l'influence des papes sur le commerce des Espagnols et des Italiens dans le Levant.

En France il avait été défendu, comme dans les autres pays de la chrétienté, de porter des vivres, des armes, &c., dans les pays des Sarrasins. Une ordonnance de saint Louis, de l'an 1254, contient expressément cette défense[1], qui existait depuis long-temps pour les Français établis dans le Levant, comme on le voit par les *Assises de Jérusalem*[2]. Cette défense

(1) « Arma deferri Saracenis omni tempore prohibemus, et tàm victualia, quàm res alias tempore quo cum christianis guerram habebunt, sine nostrà licentià deferre volumus, nisi tempore quo treugam habemus cum iisdem. » Ordonnances des rois de France.

(2) Assises de la basse-cour de Jérusalem, chap. XLIV; manus-

fut maintenue dans la suite. Au quatorzième siècle, le fer, l'acier, les chevaux, les harnois, le suif et les toiles écrues, étaient au nombre des articles qu'il était défendu d'exporter du royaume sans une licence particulière du gouvernement[1].

Un des griefs qu'on articula contre le riche Jacques Cœur, arrêté en 1451, et qui avait fait un commerce immense au Levant, ce fut d'avoir vendu des armures aux Sarrasins. Le négociant français allégua les permissions qu'il avait obtenues pour cela des papes Eugène IV et Nicolas V, et ces autorisations furent produites en effet, puisqu'on les trouve parmi les pièces de son procès[2]. Mais comme Jacques Cœur ne les fournit peut-être pas tout de suite, on le condamna sur cet article comme coupable. La Bretagne sollicita et obtint encore, en 1479, du pape Sixte IV, une bulle qui permettait au duc François dernier et à ses sujets de trafiquer aux pays des Turcs et infidèles : cette bulle se conserve aux archives de Nantes[3].

Plus d'un siècle après, les papes exigeaient encore

crit de la Bibliothèque du Roi. — Voyez aussi Pardessus, Collection de lois maritimes, tome I, chap. VII, pag. 273.

(1) Ordonnance de Jean I, de l'an 1358, dans le tome III des Ordonnances des rois de France.

(2) Bonamy, Mémoire sur les dernières années de Jacques Cœur, dans le tome XX des Mémoires de l'Académie des inscriptions

(3) Daru, Histoire de Bretagne, tome III, liv. VII.

que les Italiens qui voulaient faire le trafic dans les pays non catholiques recherchassent d'abord la permission de l'église, sous peine d'être cités devant l'inquisition; cependant le commerce avait pris alors une trop grande extension pour qu'il fût possible, ou du moins aisé de l'astreindre à cette gène. Dans quelques pays on regarda la bulle comme non avenue. Le gouvernement de Venise, plus prononcé dans ses démarches, surtout lorsqu'il voyait ses intérêts mercantiles compromis, déclara que le commerce d'outremer n'était point une affaire de l'inquisition, et que ses marchands n'étaient justiciables pour ce fait que des tribunaux civils.

En France, les principes du commerce mal entendus opposèrent quelquefois d'autres obstacles aux progrès des relations avec le Levant, qui auraient pu devenir extrêmement avantageuses pour la Provence et le Languedoc : le gouvernement disposait, de temps en temps, de la faculté de faire le commerce d'outre-mer, comme d'un monopole ou d'un droit régalien. C'est ainsi que, sous le règne de Philippe de Valois, deux nobles génois, Grimaldi et Doria, obtinrent, pour deux ans, le droit exclusif de tirer des marchandises hors du royaume, et de faire le commerce sur la côte de la Méditerranée, avec défense à tous marchands de trafiquer [1] sans leur per-

(1) Registres de la sénéchaussée de Nimes, cités par D. Vais-

mission. Une concession aussi exorbitante anéantissait le commerce maritime du midi de la France; aussi les villes adressèrent-elles de vives plaintes au roi, et Philippe de Valois, en 1339, crut qu'il était prudent de révoquer un privilége injuste.

Cependant on en accorda encore de semblables dans la suite, du moins pour le commerce du Levant. Par des lettres de grâce expédiées en 1484, le roi Charles rappelle que son père accorda à son valet de chambre Jean Moreau le privilége de faire naviguer sur la mer du Levant deux galéasses, et *que nulz ne pussent charger marchandises sur autres navires qu'en ycelles galéasses*[1]. Toutefois il est juste de faire remarquer que ces priviléges ne paraissent avoir été que de rares exceptions; c'étaient des concessions arrachées aux rois dans des momens de pénurie, et après des services importans rendus soit à la cour, soit à l'état. Ordinairement on se contentait de mettre de lourds impôts sur les exportations du côté du midi; elles ne pouvaient avoir lieu que par certaines routes, et par un ou deux ports. Les marchandises dont la sortie était permise payaient[2] quatre à sept deniers

sette, dans son Histoire générale du Languedoc, tome IV, pag. 517.

(1) De Guignes, Mémoire sur l'état du commerce des Français dans le Levant.

(2) Ordonnance du roi Jean I concernant la juridiction du

pour livre; et lorsque les exportations avaient lieu pour le compte des marchands italiens, les marchandises payaient quatre deniers pour livre en sus; cet impôt s'appelait la *boëte aux Lombards*[1]; une faveur spéciale du roi en exemptait quelquefois un marchand étranger[2]. Sur les toiles que les Génois tiraient de Troyes, le roi de France levait quinze deniers par livre de leur valeur, et recueillait ainsi plus de deux mille livres par an[3]. Nous avons vu que les républiques italiennes ne facilitaient pas davantage le commerce des étrangers, et grevaient pareillement l'importation et l'extraction des marchandises.

Il suffit de rappeler ce qui a été dit au sujet de la conduite des Latins dans l'Orient pour être persuadé qu'ils apportaient eux-mêmes beaucoup d'obstacles au commerce si lucratif avec le Levant, par leur conduite imprudente et quelquefois injuste. Tantôt la rivalité

maître visiteur général des ports et passages du royaume &c., t. III des Ordonn. — Comparez la Provision pour Jean Gaitte de l'office de visiteur des ports et passages, de l'an 1360 ; ibid.

(1) « A malatotâ veteri quatuor denar. pro librâ, vocatâ *butâ Lombardorum.* » Lettres de naturalité accordées en 1358 à un Florentin; au Trésor des chartes, citées dans le tome III des Ordonnances des rois de France, p. 255.

(2) Ibidem.

(3) Ordonnance du roi Jean I, de l'an 1353, sur la fabrication des toiles de Troyes, dites *couvre-chefs,* dans le tome II des Ordonnances des rois de France.

haineuse entre les Vénitiens et les Génois troublait la paix; tantôt l'arrogance des Latins engageait les Sarrasins à les expulser de la Syrie; tantôt des corsaires sous pavillon latin compromettaient, sur la côte d'Égypte et de Syrie, les propriétés et les établissemens des marchands chrétiens, et donnaient lieu à de cruelles représailles.

Ces corsaires furent un des grands fléaux du commerce du Levant, et le peu d'accord qui régnait entre les Européens fit qu'on ne parvint jamais à le supprimer : les îles leur offraient des repaires contre lesquels les flottes des principales puissances maritimes furent impuissantes. Nous avons vu que les Génois et les Catalans se livraient plus que d'autres Latins à la piraterie. Les Provençaux eux-mêmes, victimes sur leurs côtes de l'agression des forbans italiens et espagnols, cédaient quelquefois à la tentation de faire du mal aux musulmans; en 1272, les Marseillais enlevèrent un navire musulman qui transportait en Tartarie une ambassade de Bibars, soudan d'Égypte, et ils mirent leur prise en sûreté dans le port d'Acre. Le soudan fut obligé de menacer la ville de Marseille de l'anéantissemen de son commerce en Égypte, pour obtenir la liberté de ses agens[1]. Ce fut par de cruels ravages que

(1) Ibn-Ferat, cité par M. Reynaud, Extraits des auteurs arabes, &c., relatifs aux croisades; 2e édition, Paris, 1829, page 530.

le même Bibars se vengea sur la ville d'Acre, dont les habitans avaient dépouillé plusieurs marchands de ses états[1]. Il reprochait aux chrétiens de n'être jamais fidèles à leurs traités, et ce reproche, qui n'était pas sans fondement, se trouve fréquemment répété dans les écrits des auteurs arabes. Des conventions faites par les soudans avec la ville d'Acre portaient qu'on ne recevrait point de pirates dans ce port[2]; cependant il en entrait souvent, et les actes de violence exercés par les habitans qui sortaient de cette place de mer furent une des principales causes de l'expédition des Sarrasins contre Saint-Jean-d'Acre, et de sa chute définitive.

En Chypre, il paraît que les barons mêmes étaient, en secret, d'accord avec les forbans de Catalogne, et intéressés clandestinement dans la traite des esclaves, et dans les pillages exercés par les écumeurs de mer sur la marine et sur les côtes des musulmans[3]. Lorsqu'au commencement du quatorzième siècle, le fils du soudan d'Égypte débarqua en Chypre, pour traiter, au nom de son père, avec le roi, au sujet de la paix,

(1) Makrizi, cité par M. Reynaud, Extraits des auteurs arabes, &c., relatifs aux croisades, pag. 486.

(2) Traité entre Kélaoun et la ville d'Acre, de l'an 1283, cité par le même, pag. 545.

(3) Loredano, Historie de' re' Lusignani; Bologne, 1647, in-4°, chap. IX.

les nobles l'empêchèrent de remplir sa mission, dans la crainte qu'une alliance plus étroite du roi de Chypre avec le soudan ne mît fin à leurs spéculations coupables; le fils du soudan fut renvoyé dédaigneusement, et cet affront provoqua une expédition qui se termina par l'humiliation des Lusignan, qui devinrent tributaires du soudan d'Égypte.

D'autres turpitudes ont peut-être troublé et déshonoré les relations mercantiles entre les chrétiens et les musulmans; mais elles sont restées ensevelies dans le secret qui les couvrait; seulement quelques faits publics, rapportés par l'histoire, nous les font soupçonner. En général, ce qui manquait aux générations d'alors, c'était le sentiment de la justice, sans lequel les relations pacifiques ne peuvent subsister. Ajoutons que la civilisation n'était pas assez avancée pour inspirer aux nations cette bienveillance charitable qui fait considérer tous les hommes comme frères, sans acception de patrie ou de croyances.

Aujourd'hui, l'imagination ne peut séparer du commerce du Levant un des plus épouvantables fléaux de l'humanité, je veux dire la peste. Au moyen âge, ce fléau exerçait pareillement ses ravages; il punissait, pour ainsi dire, les Européens de leur contact avec les contrées orientales, et rompait, pour quelque temps, des relations que l'intérêt se hâtait ensuite de renouer. Ce fut, dit-on, par un vaisseau génois qui avait fait le commerce en Asie, que fut répandue, vers le milieu du quatorzième siècle, en Europe, la fameuse peste noire qui se propagea jusqu'au fond du Nord, et désola, pendant plusieurs années et successivement, toutes les parties de notre continent. L'histoire n'offre pas de second exemple d'une mortalité aussi effrayante par sa rapidité et par l'étendue de ses ravages. Cependant, au lieu de s'adresser au commerce de Gènes, ce fut contre la nation juive que se tournèrent l'indignation et le désespoir des peuples. On persécuta les Juifs, que la haine aveugle accusait d'avoir empoisonné les puits et les sources, et il ne paraît pas que le commerce avec le Levant ait été vu d'un œil défavorable par les chrétiens au sujet de ce désastre général. La barbarie des Orientaux, la jalousie des peuples commerçans de la Méditerranée, l'esprit de fiscalité des gouvernemens, les armemens en course, les guerres fréquentes, ne présentaient-ils pas, d'ailleurs, assez d'obstacles à ce commerce?

Un effet singulier du *mal noir*, ce fut le goût immodéré du luxe et des plaisirs qui s'empara de la société; héritiers des familles éteintes, les survivans dissipèrent leurs richesses, et se livrèrent à des prodigalités excessives. Il se fit une sorte de révolution dans les mœurs, et le commerce dut s'en ressentir.

CHAPITRE XI.

ENVAHISSEMENT DE L'EMPIRE GREC PAR LES TURCS.

Progrès des Turcs dans l'Asie occidentale. — Ils passent le Bosphore, et attaquent l'empire de Byzance. — Les places de la Syrie tombent en leur pouvoir. — Venise et Gênes traitent avec les sultans. — Prise de Constantinople. — Capitulation des Génois de Péra. — Traité entre Venise et les Turcs. — Crédit des Florentins à la Porte ottomane. — Marchands vénitiens expulsés de l'Egypte. — Nouveau traité et confirmation de leurs franchises. — Florence et l'Espagne traitent aussi avec l'Égypte. — Capitulation entre la France et la Turquie.

A la fin du treizième siècle, le règne des Seldjoucides dans l'Asie mineure déclina, et de cette époque date la puissance des Osmanlis. Les chrétiens latins venaient de perdre leur dernière possession en Syrie, la place de Saint-Jean-d'Acre; les Grecs aussi se voyaient arracher leur dernière place au-delà du Bosphore, malgré les secours qu'ils avaient obtenus des Mongols: l'islamisme enfin triompha dans l'Asie occidentale. Dix princes turcs ou turcomans s'étaient partagé les possessions des Seldjoucides; mais Osman éclipsa bientôt le pouvoir et le renom de tous. Sa tribu étendit ses conquêtes tant du vivant de ce prince que sous son fils Orkhan, qui fit de la ville de Bruse, sa conquête, la capitale de son empire. Cette tribu reçut des lois et des institutions propres à garantir la durée de sa supériorité sur les autres tribus turcomanes. Parmi ces institutions, on remarque l'organisation d'une armée soldée et permanente, qui fut formée un siècle avant que la France introduisît cette coutume en Europe [1]. Nicée, qui avait été la première résidence des Seldjoucides de Roum, et celle des empereurs de Byzance lors de la domination des Francs à Constantinople, et qui avait servi de boulevard à la Bithynie contre les Musulmans, devint un sandjack turc ; Nicomédie était tombée, vers le même temps, dans leur pouvoir. Fortifiés ainsi en Asie, les Osmanlis résolurent d'étendre leurs conquêtes sur l'autre rive du Bosphore. Déjà, depuis près d'un demi-siècle, les Turcs opéraient des débarquemens et des invasions dans l'empire de Byzance. Leurs pirates infestaient les parages de l'archipel grec; ils avaient dévasté l'île de Chio; ils ravageaient les côtes de Rhodes, Samos, Lemnos, Candie, Malte, &c., et se portaient sur celles de la Macédoine et de la Thrace. Les funestes divisions

(1) J. de Hammer, Geschichte des Osmanischen Reiches; Pesth, 1827, tome I.

qui existaient dans l'empire grec sous la dynastie des Paléologues engagèrent les Turcs à passer dans ce faible empire, qui marchait à grands pas vers sa chute. Dans le combat livré par l'empereur Andronic aux Catalans, entre Apros et Ipsale, on vit trois mille Turcs combattre du côté des chrétiens d'Aragon contre les chrétiens grecs. En 1327, Andronic lui-même appela les Turcs à son secours contre son neveu et adversaire Andronic-le-Jeune; et, à leur tour, les Génois de Galata et de Phocée eurent soin de s'assurer l'alliance d'Orkhan, fils d'Osman, tantôt contre les Grecs, tantôt contre leurs rivaux les Vénitiens[1].

Depuis ce temps, on voit les Turcs tour à tour débarquer sur les côtes de la Grèce, pour porter leurs ravages jusqu'aux murs de Constantinople, contracter des alliances avec les Grecs, et faire des traités avec une ou plusieurs tribus turques. Cantacuzène donna, en 1346, sa fille en mariage à Orkhan, déjà sexagénaire, ce qui n'empêcha pas les Osmanlis de continuer leurs excursions et leurs déprédations sur les bords grecs du Bosphore. Après un tremblement de terre qui rendit les côtes de la Thrace presque désertes, Orkhan s'empara de la ville de Gallipoli, alors une des places les plus importantes pour les relations commerciales de l'Europe avec l'Asie : c'était, après Constan-

(1) Voyez la Chronique de Michel Ducas; Paris, 1689; — et celle de Phrantza; Vienne, 1796.

tinople, le principal entrepôt des denrées de la mer Noire et de l'Asie mineure[1]. Les Catalans s'y étaient maintenus un demi-siècle auparavant, en dépit de tous les efforts employés par les Grecs pour reprendre ce port : l'empereur avait promis, dit-on, sa fille à l'amiral génois, s'il parvenait à lui rendre Gallipoli ; Doria, ayant tenté un assaut, avait été repoussé par les marchands et les femmes de la ville[2]. A la fin, pourtant, les Catalans avaient renoncé à cette possession.

L'occupation passagère de cette place par les Européens n'avait pas été aussi dangereuse pour Constantinople que le fut la victoire des Turcs en 1357. En fortifiant Gallipoli, ils avaient un poste sûr et commode dans leur empire, et de là ils pouvaient menacer la capitale. C'est ce qui ne manqua pas, en effet, d'arriver.

Amurat, après avoir débuté par la prise d'Angora, un des entrepôts du commerce de l'Asie mineure, et où aboutissaient les routes qui, de la Syrie et de l'Arménie, conduisaient aux côtes de la Thrace et de la Cilicie, s'empara de la ville d'Édrenos ou Andrinople, renommée chez les Orientaux pour ses jardins de rosiers et ses fabriques d'essences et de savons, égaux à ceux de l'Égypte. Le sultan turc y fit bâtir

(1) Chroniques de Michel Ducas et de Phranza.
(2) Moncada, Expedicion de los Catalanes &c.

un palais, et y établit sa résidence. C'est ainsi que les musulmans transférèrent en Europe le siége de leur empire. En vain Jean Paléologue alla implorer les secours de l'Église latine; en revenant par Venise, il fut arrêté, à l'instigation des marchands qui étaient ses créanciers; il fallut que son second fils, Emmanuel, vendît tout, pour délivrer l'empereur de Byzance des mains de quelques marchands italiens[1].

A l'exemple des Génois qui faisaient des conventions avec les Turcs, d'autres états, trop faibles pour inspirer de la crainte à ces barbares, en obtinrent des concessions; c'est ainsi que la petite république de Raguse, dont le pavillon se hasardait dans les parages du Levant, obtint, vers l'an 1365, du sultan Amurat, un acte qui lui permettait de continuer son commerce dans cette contrée, moyennant un tribut de cinq cents ducats. Ce que cet acte, conservé aux archives de Raguse, a de curieux, c'est qu'au lieu de la signature, le turc barbare y a appliqué sa main trempée dans l'encre[2] : il paraît qu'il ne savait pas écrire. Amurat fit aussi un nouveau traité de commerce avec les Génois; il leur permit de trafiquer librement dans ses états, et d'en extraire des grains aux prix auxquels on les vendait aux Sarrasins, aux Grecs, aux Vénitiens, et en général aux nations

(1) Dandolo, Storia di Venezia.

(2) J. de Hammer, Geschichte des Osman. Reiches.

favorisées; les esclaves qui s'enfuiraient de chez les Turcs jusqu'à Péra, et réciproquement, devaient être rendus[1].

Quand Bajazet succéda à son père Amurat, qui périt en 1389, dans la bataille de Kossava, contre les Serviens, la position de la dynastie des Paléologues devint encore plus humiliante : elle se rendit tributaire des Turcs. Bajazet exigea, en 1391, les armes à la main, qu'un cadi turc résidât à l'avenir à Constantinople, pour exercer sa juridiction sur les musulmans qui se rendaient dans cette capitale à cause du commerce ou pour d'autres motifs; Jean Paléologue y consentit[2]. C'était une espèce de consulat semblable à celui du bayle vénitien et du podestat génois. Malgré l'inimitié qui règnait entre les chrétiens et les islamites, le commerce réunissait dans l'antique Byzance et Grecs et Latins, et Sarrasins, et bien d'autres peuples, et les guerres n'empêchaient pas les Grecs de faire beaucoup d'affaires commerciales avec les Turcs. Il faut même dire que les Latins avouaient quelquefois qu'ils trouvaient plus de loyauté dans le caractère turc que dans celui des Grecs[3]. Bajazet ob-

(1) Traité entre les Génois et Mórad-Bey, de l'an 1387, parmi les pièces diplomatiques des Archives de Gênes, tome XI des Notices et Extraits des manuscrits &c.

(2) Ducas, livre XV, pag. 30.

(3) Voyez le Voyage de Bertrandon de la Brocquière, de l'an

tint de plus une mosquée pour ses coréligionnaires à Constantinople. Nous avons vu qu'une église était au nombre des édifices qui faisaient toujours partie d'un consulat dans l'Orient.

L'antique Grèce, trahie par ses propres habitans, fut envahie par des Turcs; des Turcomans furent transplantés en Europe, des chrétiens colonisés en Asie. Il servit peu à l'empire de Byzance que Bajazet succombât dans une bataille rangée contre Timour ou Tamerlan, et terminât sa vie dans la captivité. A la vérité, le conquérant tartare se montra disposé à vivre en bonne intelligence avec les chrétiens; il écrivit même au roi de France, promettant de bien traiter les marchands qui viendraient dans ses états[1]. Cependant son armée victorieuse ne passa point en Europe pour délivrer l'empire de Byzance du joug des Turcs. Timour aima mieux porter ses vues vers le vaste em-

1432 et 33. « Les Grecs, dit ce voyageur bourguignon, m'ont laissé l'idée de leur défiance : j'ai trouvé plus de loyauté chez les Turcs. »

(1) « Oportet mercatores vestros ad has partes mitti, ut quemadmodum illis honorem haberi et reverentiam curabimus, ità quoque mercatores nostri ad illas partes commeent, et illis honor ac reverentia habeatur, nec quisquam vim aut augmentum eis faciat, quia mundus per mercatores prosperatur. » Voyez le Mémoire de M. Silvestre de Sacy, sur une Correspondance inédite de Tamerlan avec Charles VI, dans le tome VI des Nouveaux Mémoires de l'Académie roy. des inscriptions.

pire de la Chine, et il périt en méditant l'envahissement de l'Asie orientale.

Tous ces bouleversemens faisaient fuir de l'Asie une foule d'hommes industrieux de diverses nations. C'est ainsi que des Arméniens, fuyant devant les Tartares, se retirèrent, avec leurs capitaux peut-être, jusqu'à Lemberg en Gallicie, et y ouvrirent des maisons et des magasins pour le commerce du Levant, qui leur était familier. Ces maisons existaient encore au commencement du dix-huitième siécle, et deux rues de Lemberg ont conservé le nom des Arméniens[1]. Beaucoup d'autres marchands de cette nation étaicnt allés s'établir en Russie, où ils continuèrent également de correspondre avec l'Orient.

Mahomet, fils de Bajazet, loin d'alléger le poids de la domination turque dans l'empire grec, poursuivit les projets hostiles de ses devanciers contre les Paléologues. Les Vénitiens voyant leur commerce dans le Bosphore troublé par les Turcs leur livrèrent un combat naval devant Gallipoli, et les défirent. Dans la flotte vaincue, qui tomba en partie au pouvoir des vainqueurs, on trouva des Génois, des Catalans, des Français, des Siciliens[2]. A la paix qui suivit cette guerre maritime, en 1416, Venise se réserva le droit de poursuivre les corsaires turcs qui troubleraient la

(1) Archiv für Geschichte; Vienne, 1829, n° 62.

(2) Chronique de Ducas.

navigation de l'Archipel et des Dardanelles. Un ambassadeur turc se rendit à Venise[1]. De leur côté, les Génois qui exploitaient les mines de l'ancienne Phocée, dont j'ai parlé dans le volume précédent[2], et qui avaient fondé dans ce lieu une colonie avec un fort, payaient régulièrement, d'après une convention, un tribut annuel de cinq cents ducats, pour rester dans la possession paisible de ces mines d'alun, si profitables pour leur commerce avec l'Europe et l'Asie[3]. Ce tribut a été payé par eux pendant cent quatre-vingts ans, et durant cet intervalle ils ont fait des bénéfices immenses. En plusieurs circonstances les Génois de Phocée, ou Fokia, secondèrent sans pudeur les Turcs dans leurs guerres maritimes. Les Vénitiens ayant peu à espérer des Musulmans, qui déjà ravageaient le continent et les îles de la Grèce, avaient occupé la ville de Thessalonique, dont le port était important pour le commerce de l'Archipel; mais les Turcs vinrent assiéger la ville, la prirent d'assaut, la pillèrent, dispersèrent les habitans, et la remplirent de Musulmans[4].

Enfin, en 1453, Mahomet II vint avec une armée innombrable envelopper Constantinople, fermement

(1) Laugier, Histoire de Venise, tom. V, pag. 438.

(2) Voyez tome I, chap. II.

(3) Ducas, livre XXV, pag. 90.

(4) Voyez le poëme De expugnatione Thessalon

résolu de s'emparer de cette capitale, et de mettre fin à l'empire des Paléologues. Malheureusement la division entre les Grecs et les Latins avait encore ajouté à la faiblesse de cet empire. Cependant les Vénitiens, les Génois, et d'autres Latins, aidèrent puissamment à la défense de la ville; la plupart des portes étaient occupées par les étrangers; et Justiniani, qui commandait les marins vénitiens, forçait d'entrer dans le port tous les navires venant de la mer Noire, pour les faire contribuer à la protection de la côte. Cependant les historiens grecs ont accusé dans la suite les Génois de Péra, ou Galata, d'avoir été secrétement d'intelligence avec les Turcs, et de leur avoir fourni des secours et donné des avis pour s'emparer de la ville. Constantinople succomba enfin; le trône des Paléologues fut renversé, et Byzance devint la capitale de l'empire turc en Europe et en Asie. C'en était fait des chrétiens : le bayle de Venise et d'autres Vénitiens furent décapités; le consul de Catalogne, avec plusieurs de sa nation, éprouva le même sort [1]; mais les Génois de Galata, ayant humblement présenté au vainqueur les clés de leur quartier fortifié, obtinrent sûreté et protection pour leurs personnes et leurs pro-

(1) Voyez la lettre d'un Génois de Péra écrite en 1453, et insérée parmi les pièces diplomatiques tirées des Archives de Gênes par M. Silv. de Sacy, dans le tome XI des Notices et Extraits des manuscrits &c.

priétés, ce qui a fait penser qu'en effet ils avaient été d'intelligence avec les Turcs. Cependant le sultan, s'étant transporté à Galata, fit assembler tous les habitans sur la place publique, les soumit à l'impôt humiliant du karatsch, comme étant le seul moyen d'échapper à l'esclavage. Il dépouilla les églises et les monastères, et distribua les religieuses parmi ses soldats. Il se fit présenter la fille d'un des Génois qui l'avaient harangué, et, la trouvant à son gré, il l'envoya dans son harem[1]. Voilà comment fut traitée la nation favorisée. Dévorant tous ces affronts, mérités peut-être par leur conduite envers les Grecs, les Génois durent s'estimer heureux de pouvoir conclure avec Mahomet II un traité qui pouvait passer alors pour une grace insigne[2]. Dans ce traité, le sultan, en se réservant le droit de raser les murs du faubourg de Galata, assure aux Génois la possession de leurs maisons, magasins, vignes, moulins; et leur permet d'aller et de venir, de vendre leurs marchandises, en se soumettant au tarif des douanes, et en ne payant d'autre impôt que le karatsch ou la capitation. Il leur permet de conserver leurs lois et coutumes, d'avoir leurs églises, mais sans cloche, et de

(1) Chronique de Benedetto Deï.

(2) Ce traité, conservé à Constantinople, a été publié par M. de Hammer, dans son ouvrage : Geschichte des Osman. Reiches; vol. I, Notes, pag. 675.

choisir un ancien pour juger leur contestations ; il promet de ne point faire de leurs enfans des janissaires, et de ne point enlever leurs jeunes gens pour les forcer d'embrasser l'islamisme[1].

Malgré les événemens qui suivirent, et qui enlevèrent peu à peu le commerce de la Romanie et de la mer Noire aux Génois, il paraît pourtant que ce traité de l'an 1454 fut maintenu, et on le trouve encore renouvelé par Sélim, en l'an 1612 ; mais alors les circonstances étaient bien différentes. Dans la même année 1454, Mahomet II signa un acte solennel par lequel il promit aux Grecs du Péloponèse de ne point porter atteinte à leurs personnes ni à

(1) « Οἱ πραγματευτάδες των Γενουβέζων νὰ πηγαίνουν καὶ νὰ ἔρχωνται ἐλεύθερα, να ποιοῦν τας πραγματείας των, παιδία ποτε εἰς Γιανιτζαρους να μη πάρω, μητε τινα νεον, μήτε Τοῦρκοι να εἶναι εἰς το μέσον των, ἀμὴ να εἶναι ἐξόχως, εἰ μη τα νὰ βάλη ἡ Αὐθεντεία μου σκλάβον να τους βλέπη, αὐτοὶ δε οἱ Γαλαπανοι να ἔχουν ἄδειαν να βάλλουν πρωτογηρον εἰς το μέσον των, διὰ νὰ διορθώνη τας δουλείας ὅπου ἔχουν οἱ πραγματευτάδες. Γιανιτζάροι καὶ σκλαβοι να μηδεν κονεύουν εἰς τα ὀσπήτια των, τα κουμέρκια, ὅπου χρεωςοῦν, νὰ τὰ μαζωξουν· ἔχουν καὶ κρέος ἀπερνωντες τα ὅσα ἐξόδευσαν, ἔχουν την ἄδειαν να τα μαζωξουν ἀπὸ τὴν μέσην τους, διὰ νὰ ἄγουν ἀπὸ τὸ χρέος. Οἱ ἄρχοντες καὶ οἱ πραγματευτάδες των νὰ μηδὲν ἀγγαρευωνται. Οἱ πραγματευταδες των Γενουβέζων νὰ ἔχουν ἄδειαν νὰ πηγαίνουν καὶ νὰ ἔρχωνται καὶ νὰ δίδουν κουμέρκιον κατα τοὺς νόμους καὶ συνήθειαν. » M. de Hammer, Geschichte des Osman. Reiches, vol. I, Notes, p. 675.

leur avoir, et de ne point troubler leurs affaires[1].

Les Vénitiens avaient été surpris à Constantinople les armes à la main; leur bravoure et leur secours avaient contribué à retarder de quelque temps la chute de la ville. Après l'assaut, le vainqueur les traita en ennemis malheureux; ceux qui n'avaient pas péri ou qui n'avaient pas été décapités furent faits esclaves : coup d'autant plus sensible pour la république de Venise, que Gênes restait en possession de son faubourg de Galata, et pouvait continuer son commerce dans la mer Noire. Étant alors en guerre contre le duc de Milan, elle voyait en même temps son commerce arrêté dans toute la Lombardie. Au milieu de ces embarras, Venise résolut d'en finir avec l'ennemi le plus redoutable, et se hâta en conséquence d'envoyer un négociateur auprès du sultan, pour obtenir la paix et quelques stipulations favorables au commerce. A force d'instances et de négociations, la paix fut enfin conclue, et le sultan expédia pour les Vénitiens un diplôme, comme il avait fait pour Gênes. Dans cet acte il jure par Mahomet et les vingt-quatre prophètes, par sa foi, par l'ame de son père, par la sienne, et par son épée, qu'il vivra en paix et en amitié avec l'illustre et excellente seigneurie de Ve-

(1) Voyez cet acte en grec dans Hammer, Gesch. des Osman. Reiches, tome II, Notes, p. 543.

nise; il confirme le traité conclu auparavant à Andrinople; il accorde ou laisse aux Vénitiens la faculté de commercer librement dans tout l'empire, moyennant un droit de douane de deux pour cent sur toutes les marchandises vendues ou achetées; les Turcs devaient jouir des mêmes avantages en trafiquant dans les états de la république vénitienne; les Vénitiens pourraient avoir à Constantinople un bayle avec sa suite accoutumée, pour exercer l'autorité civile sur les Vénitiens de cette capitale, et leur administrer la justice. En passant par le canal de la mer Noire, ils seraient tenus à l'avenir de toucher à Constantinople; ils pourraient tirer de la mer Noire, vendre ou conduire ailleurs autant de têtes (probablement esclaves) qu'ils voudraient, pourvu que ce ne fussent pas des Musulmans; ils devaient payer deux pour cent du prix des têtes vendues dans les marchés turcs; les navires qui se réfugieraient dans le port seraient protégés[1].

La paix était donc rétablie pour le moment, et la voie du commerce ouverte de nouveau à Constantinople; de riches Vénitiens surent même obtenir, dans cette capitale, le monopole des aluns, des savons, du cuivre, et la ferme de la monnaie; mais ils furent sans considération; on les força, comme les

(1) Pax cum imperatore Turcorum, du 15 avril 1454; parmi les documens du tom. VII de Marin, Storia del commercio de' Veneziani.

Grecs, de se munir du billet de karatsch[1]. Outre les affronts et les violences que Venise essuyait de la part des Turcs, elle venait de faire d'autres pertes non moins funestes à son commerce. Déjà, quelque temps avant les dernières invasions des Turcs dans l'empire grec, le soudan d'Égypte, profitant de la terreur que ce peuple avait répandue au milieu des établissemens commerciaux de Venise dans les Échelles du Levant, avait rompu toute alliance avec la république et détruit ses comptoirs dans les ports de l'Égypte et de la Syrie; il avait chassé les marchands, et s'était emparé de leurs magasins. Il régnait trop de confusion dans la Méditerranée pour que les Vénitiens pussent chercher à venger ces désastres, qui causèrent à leur commerce des pertes immenses; nous ignorons comment elles furent réparées, et par quels moyens les Vénitiens rétablirent leurs comptoirs en Égypte et en Syrie. On voit, par une lettre que le soudan Meleck-El-maïdi écrivit, en 1461, au doge de Venise, à la suite d'une négociation relative, à ce qu'il paraît, au tarif des douanes en Égypte, qu'à cette époque les consuls Vénitiens étaient retournés à leurs postes. Le sultan confirma les anciens priviléges et franchises des Vénitiens en Égypte, ainsi que les droits des consuls; il écrivit au doge que tous les commerçans de la ré-

(1) Chronique de Benedetto Deï.

publique seraient bien accueillis et jouiraient de la plus grande sûreté pour leurs personnes et leurs marchandises ; qu'ils pourraient commercer librement, sans payer aucun tribut. Il fixa le prix du poivre, en s'excusant de ne pouvoir le baisser, à cause de la concurrence des Maures et d'autres peuples qui en achetaient également. Enfin le sultan revêtit l'ambassadeur de la robe d'honneur, le chargea de présens pour le doge, et demanda qu'on lui envoyât souvent des ambassades [1].

La bonne intelligence entre Venise et le soudan d'Égypte était donc parfaite, et elle aurait pu devenir d'une grande importance pour le commerce européen, si malheureusement l'Égypte n'avait pas fini par être envahie aussi par les Turcs.

Peu à peu, les peuples maritimes de l'Europe se virent enlever tous les ports où ils avaient des comptoirs ou des colonies. Malgré le traité conclu lors de la prise de Constantinople, les Génois sentirent que leur commerce dans la mer Noire allait être perdu. En vain le pape Calixte III exhorta à voler à la défense des églises catholiques et des possessions génoises dans cette mer [2]: la ferveur des croisades était éteinte; personne ne défendit les colonies et les comptoirs de Gênes, et elles tombèrent en proie aux vainqueurs barbares de la Grèce. Immédiatement après la prise de

(1) Daru, Histoire de Venise, tom. III, livre XVII.

(2) Raynaldi, Annal. ecclésiast., tome X, ad ann. 1455.

Constantinople, la république de Gênes, voyant que ses comptoirs sur la mer Noire exigeaient des moyens qui étaient au-dessus de ses forces, les avait cédés, avec tous les revenus, droits et prérogatives, à la banque, ou, comme on disait alors, aux *Compères* de Saint-George. Le droit de nommer des consuls fut au nombre des prérogatives cédées à la banque. Dans le préambule de l'acte de cession, la république reconnait que les Turcs, depuis la prise de Constantinople, sont devenus des ennemis trop formidables pour pouvoir être combattus avec succès sans l'assistance du pape et des souverains d'Occident [1].

Les Ottomans, en effet, éprouvèrent peu de résistance dans leurs progrès; ils enlevèrent aux Génois la place d'Amastro, qui leur avait servi d'échelle commerciale entre Constantinople et Trébizonde; bientôt ce dernier port, où jusqu'alors s'était maintenue une dynastie grecque, succomba également aux Musulmans, et fut perdue pour le commerce des Latins et des Francs. Phocée ou Fokia fut saccagée, et les Génois, qui s'y livraient au commerce de l'alun, furent enlevés comme esclaves ou soumis au karatsch. Athènes et Thèbes avaient des seigneurs italiens de la maison Acciajuoli : ces malheureux furent obligés de se faire Turcs et de payer un tribut, pour conserver leurs

(1) Voyez cet acte parmi les pièces diplomatiques extraites des Archives de Gênes par M. Silv. de Sacy.

fiefs. En 1459, le port de Raguse et l'île de Scio, importante alors, comme aujourd'hui, pour son produit en mastic[1], furent également rendus tributaires.

Les nouvelles des succès des Turcs furent des coups de foudre pour l'Italie, surtout pour Venise et Gênes; l'Italie avait été divisée et affaiblie par des querelles misérables; on sentit la nécessité d'une trève pour unir toutes les forces contre les ennemis de la foi chrétienne. Le pape prêcha une croisade; mais, pendant que le pontife était à Florence, où l'on paraissait seconder les vœux de la chrétienté, des vaisseaux florentins, chargés de brocards d'or, de draps, de savons et d'huiles, entrèrent dans le port de Constantinople, avec un consul qui sut captiver la faveur du sultan et obtenir des priviléges de commerce, tandis que les grands états de l'Italie armaient contre les Turcs. Non contens de s'être séparés d'intérêt des autres chrétiens, les Florentins allèrent plus loin: ils excitèrent les musulmans contre Venise et Gênes, interceptèrent les lettres des marchands d'Italie, trahirent les projets des chrétiens, et se firent les espions des Ottomans[2]. Combien Venise paya cher alors l'oppression qu'elle avait exercée, dans l'arrogance de sa fortune, sur les

(1) Voyage du P. Jourdain Catalani en Asie, au quatorzième siècle; dans le tome IV des Mémoires de la Société géographique de Paris.

(2) Chronique de Benedetto Deï.

peuples de l'Italie! La soif de la vengeance stimulait les Florentins à se servir des Turcs pour perdre l'orgueilleuse république des lagunes. Un des Florentins les plus acharnés contre les Vénitiens au Levant, Benedetto Deï, se vante, avec une joie féroce, dans sa chronique, où il exhale sa haine presque à chaque page, des massacres qu'il vit commettre, en partie d'après l'instigation des Florentins, sur les Vénitiens qui avaient le malheur de tomber entre les mains des Turcs dans les villes et les colonies prises d'assaut[1]. Quel monument déplorable de l'animosité nationale que cette chronique! On a pêine à concevoir comment les Florentins ont pu jouer un rôle aussi odieux parmi les barbares à Constantinople, à l'époque même où les Médicis accueillaient à Florence les muses et les arts bannis de l'empire grec.

Chaque année fut signalée par de nouveaux revers pour les Italiens en Orient. Un noble Génois, Ghattalughi, régnait à Métélin, île fertile en grains, soie, huile et vins. Il s'était engagé envers les Turcs à ne point vendre aux Génois l'alun, qu'on tirait des mines de l'île; cependant les navires génois se chargeaient d'alun en secret. Ce commerce clandestin, dénoncé au sultan, excita sa colère; une flotte fut envoyée

(1) « Questo si disse et fe contro à Veneziani per fare vendetta della guerra che loro fecioно », dit Benedetto Deï, dans sa Chronique. — Voyez le tome II de Pagnini, Della Decima &c.

pour investir Métélin; l'île fut soumise, le seigneur génois enlevé, et chaque habitant condamné à payer un ducat de capitation. On força les Florentins, à Constantinople, d'allumer des feux de joie, en réjouissance de la victoire des Turcs sur les chrétiens. D'autres victoires remportées à Corinthe, à Argos, et à Misitra en Morée, livrèrent entre les mains des Musulmans plus de quatre cent cinquante Vénitiens; ces malheureux, traînés dans la capitale, et ayant le podestat Justiniani à leur tête, furent mis à mort en présence du consul et des marchands de Florence. La Bosnie éprouva ensuite la fureur des Musulmans, ainsi que Napoli de Romanie et Durazzo; ils poussèrent même leurs excursions jusqu'à la frontière du Frioul; la peste seule put quelque temps arrêter leurs progrès et leurs ravages. Venise ne fut pas même en état de défendre l'île de Négrepont, une de ses plus importantes possessions en Grèce; en vain forma-t-elle de nouvelles ligues en Italie : ces alliances insignifiantes n'arrêtèrent pas un instant un peuple fort et fanatique à qui tout cédait, et qui répandait la terreur sur son passage. Le sultan connaissait déjà assez l'Italie pour savoir qu'il n'avait rien à redouter de la ligue de petits états qui se haïssaient peut-être autant entre eux qu'ils haïssaient les Musulmans. Le Florentin Benedetto Deï rapporte une conversation qu'il eut avec le sultan, et dans laquelle le Turc lui montra tout le mépris qu'il avait pour les intrigues et la jalousie réciproque des Italiens.

Caffa, cette colonie riche et fortifiée, d'où les Génois dominaient sur la mer Noire, semblait n'avoir rien à redouter des vainqueurs de Byzance; elle avait résisté aux attaques des Khazares et des Tartares de la Crimée; les Génois étaient craints dans cette presqu'île; les affaires commerciales de la mer Noire passaient par leurs mains. Peut-être les Turcs indolens les auraient-ils laissés long-temps encore dans la jouissance de ces avantages; mais les Génois préparèrent eux-mêmes leur ruine par leur orgueil. S'étant arrogé le droit de confirmer ou de rejeter le chef ou juge du pays que nommait le khan des Tartares, il plut, en 1474, au consul génois de Caffa[1] de refuser son approbation au choix fait par le khan, qui vint dans la ville pour obtenir cette sanction. « Prince, lui dit » avec hauteur le consul italien, vous êtes dans notre » pouvoir; recevez celui que nous avons choisi pour » chef, ou je cours à Soldaïa, et je mets en liberté » les prétendans légitimes du trône qui y sont dé- » tenus. » Le khan, trop faible, fit ce que l'on voulut; mais le chef qu'il avait protégé marcha contre la ville; et, pour se venger de ces Francs puissans qui le reje-

(1) On conserve au Musée de Caffa une pierre avec le nom du consul génois Justiniani, 1474; cependant, selon l'histoire, le consul en fonctions à cette époque était Antoine Cabella.

taient, il fit proposer au sultan de Constantinople de faire la conquête de la colonie génoise.

Mahomet était sur le point de faire, avec une flotte de quatre cent quatre-vingt-deux bâtimens et bateaux, une expédition contre l'île de Candie, lorsqu'il reçut la proposition du chef tartare. Piller une riche colonie chrétienne, détruire le commerce des Francs dans la mer Noire et dans les fleuves qui y debouchent, et se rendre maître de cette mer, était une entreprise trop importante pour ne pas la tenter. Vingt mille hommes furent embarqués sur cette flotte prête à partir; l'armée débarqua en Crimée sans éprouver de résistance: une artillerie formidable attaqua la place; les Génois voulurent capituler; mais les Turcs impitoyables exigèrent que Caffa se rendît à discrétion. Ils s'en emparèrent, et pillèrent les richesses qui y étaient amassées; les marchands furent obligés de se racheter de la servitude; quinze cents jeunes gens furent incorporés dans les janissaires du sultan; le reste de la population, c'est-à-dire soixante-dix mille Italiens, Grecs, Arméniens, Vallaques, Circassiens, &c., furent vendus, comme esclaves, au marché de la capitale [1]. Un vaisseau génois chargé de butin et destiné au sultan périt dans la mer Noire. Les Turcs forcèrent les Génois des faubourgs de Péra et Galata d'en payer la valeur au trésor impérial [2].

(1) Chronique de Benedetto Deï. — (2) Ibid.

Après la chute de la principale colonie, les autres échelles génoises de la mer Noire furent renversées en peu de temps. Soldaïa et le château de Maucap, où étaient détenus les derniers descendans des princes Khazars, jadis maîtres de la Crimée, furent pris et pillés par les vainqueurs ; les habitans de ces colonies furent traînés à Constantinople, et entassés dans un faubourg misérable[1]. Toute la puissance des Francs dans la mer Noire fut anéantie pour toujours.

Les Vénitiens, de leur côté, avaient perdu jusqu'aux côtes de l'Albanie, où ils recrutaient auparavant les matelots de leurs flottes; toutefois, en voyant les Génois dans l'impossibilité de réparer les échecs de leur commerce, ils ne désespérèrent pas de profiter des avantages perdus par leurs rivaux; aussi, lorsque la lassitude provenant des longues guerres sur la mer et sur le continent eut fait accepter la paix qu'ils offraient aux Turcs[2], ils achetèrent, en 1478, pour un tribut annuel de dix mille ducats, la faculté de naviguer dans la mer Noire, faculté qui valait bien, à leurs yeux, l'humiliation d'un tribut. Ils reçurent, à Venise, un ambassadeur de Bajazet, et envoyèrent, à leur tour. en 1484, une ambassade à Constantinople, pour obtenir la libre exportation des grains, que le sultan

(1) Chronique de Benedetto Deï. — Voyez aussi Formaleoni, Storia della navigazione &c. nel mar Negro, vol. II, chap. XXII.

(2) Voyez sur cette paix la Chronique de Benedetto Deï.

avait déjà accordée pour l'île de Zante, moyennant un tribut de cinq cents ducats[1]. Cependant ils ne purent compter sur une longue paix avec les Turcs. L'ascendant qu'ils avaient pris en Chypre déplut à Bajazet; redevenant leur ennemi, il leur ferma l'entrée de la mer Noire, et leur prit plusieurs places dans la Morée.

Sous le règne de Soliman, ils firent de nouveaux traités avec les Turcs, et stipulèrent encore la liberté du commerce de la mer Noire; mais ce commerce ne leur profita guère.

A cette époque, Venise était encore une des plus grandes puissances du monde : le littoral de l'Adriatique lui appartenait depuis la Pouille jusqu'à Trieste; son industrie manufacturière et son commerce faisaient affluer toujours des richesses immenses dans la capitale; sa marine était une des plus redoutables de l'Europe; mais l'ancienne discipline n'y régnait plus. Jean Bembo, qui voyagea au Levant vers 1506, avoue, dans sa relation, que les corsaires turcs, dans l'Archipel, enlevaient impunément les hommes et les bestiaux, tandis que les capitaines des galères vénitiennes passaient leur temps dans les îles, vivant dans la débauche, et perdant au jeu l'argent destiné à la solde

(1) Mar. Sanuto, Commentarii della guerra di Ferrara, nel anno 1482; Venise, 1828, petit in-folio.

des équipages[1]. Si telle était la licence des chefs, que pouvait faire la marine contre les Turcs, peuple habitué à la conquête et à la dévastation, et animé, en outre, du plus grand fanatisme contre le nom chrétien? Déjà, au treizième siècle, le sénat de Venise avait reproché comme une honte à un capitaine de vaisseau de n'avoir osé soutenir, avec douze bâtimens, le combat contre seize galères génoises; il rappelait, avec orgueil et douleur, le temps des Tiépolo et des Dandolo, lorsque dix bâtimens vénitiens attaquèrent hardiment toute une flotte génoise dans les parages de la Syrie. C'est dans ces temps, écrivait le sénat, que nous dominions sur toutes les nations, et que notre marine élevait bien haut le nom vénitien[2].

Les puissances chrétiennes avaient plus d'un grief contre cette république, trop altière pour ménager beaucoup les autres nations; on lui reprochait même sa bonne intelligence avec les Turcs. La fameuse ligue de Cambray fut formée pour renverser cette puissance marchande, contre laquelle se déclarèrent la France,

(1) « Piratæ turci quotidiè abigebant pecora, et insulanos terrâ marique capiebant et abducebant, quia triremium Venetarum ductores aut Corcyræ, aut Zacynthi, aut Cretæ pecunias ludunt, et eas cum scortis crapulando consumunt, quibus triremium turmas legibus alere tenentur. » Relation de Jean Bembo, dans Morelli, Dissertatione intorno ad alcuni viaggiatori; Venise, 1803, in-4°.

(2) Andr. Dandolo Chronicon, dans le tome XII de Muratori, Script. rerum italic.

l'Autriche, l'Espagne, et même le pape. Battus à Agnadel par les Français, les Vénitiens se préparaient déjà aux plus grands malheurs; comme les Athéniens d'autrefois, ils voulaient se réfugier sur leurs vaisseaux ou dans quelque île de l'Archipel. Pour leur bonheur, il régnait peu de sincérité et d'union dans cette ligue inconsidérément formée. Le pape, se repentant d'avoir attiré les étrangers en Italie, se réconcilia avec les Vénitiens; le reste de la ligue se dissipa, et Venise, peu affaiblie, put reprendre le cours de ses entreprises maritimes[1].

On se flattait encore de l'espoir de chasser les Turcs de l'Europe; en faisant des projets de ligues contre les Musulmans, comme on en avait fait contre les Vénitiens, on se partageait d'avance les états qu'on devait conquérir; Venise elle-même entrait dans ces projets, comme on le voit par un traité fait entre cette république, le pape et l'empereur[2]. Cependant on ne conquérait rien; les Turcs au contraire enlevaient aux Vénitiens peu à peu ce que ceux-ci possédaient encore dans la Grèce.

En se faisant céder, moitié par force, moitié

(1) Voyez Bembo, Histor. Veneta; — Guichardin, Hist. &c. — Mocenigo, Hist. belli Camerac.; — et les traités de la ligue, de l'an 1508, dans les Recueils diplomatiques de Lünig, tome I, et de Dumont, tome IV, &c.

(2) Voyez l'acte de la ligue entre Venise, le pape et l'empereur Charles-Quint contre les Turcs, daté de Rome, 1538, et inséré dans

par persuasion, le beau royaume de Chypre, qu'administrait Catherine Cornaro, veuve du dernier roi, et fille d'un patricien vénitien, la république pouvait espérer de réparer tout-à-coup les pertes que les Turcs avaient fait éprouver à son commerce au Levant. La république s'établissait aux portes de l'Égypte et de la Syrie; dans l'île même, elle trouvait des denrées pour lesquelles elle avait sollicité des priviléges chez les Levantins; et en cédant les fiefs nobles aux colons vénitiens, elle créait une nouvelle classe de propriétaires dans l'île. Sa politique paraissait avoir fait un coup de maître; mais il semblait que son bonheur était passé avec son pouvoir. Venise, après avoir joui pendant quelque temps de sa conquête ou de son usurpation, vit encore l'île de Chypre, malgré tous ses efforts pour la garder, grossir le riche et immense butin de la nation ottomane.

l'Archiv für Geschichte, Statistik &c.; octobre 1827, nº 127. On stipule dans cet acte : « che in primis et ante omnia tutte città, castelli, insule et altri loci che sono stati della signoria di Venetia, che se acquistarono, siamo restituiti; che l'imperio di Constantinopoli con tutte sue rason come possedeva il ser. imperator de' christiani, sia data alla Cesar. Majesta, et medesimamente quello li competisse di rason come re de' Napoli e Sicilia; che la insula di Rodi sia restituita alla sacra religione, si come era per inanzi. Et anzio che la santita del pontefice sia in qualche parte riconosciuta della continua spesa fata durante questa impresa contra il Turco, sia extratto delli stati che si acquistarono uno stato conveniente per la sede apostolica &c. »

Moins Venise avait à espérer des Ottomans pour le rétablissement de son commerce, plus elle avait tâché d'entretenir des relations commerciales avec les soudans d'Égypte, moins barbares, et plus habitués à des liaisons sociales.

Peu de temps après la prise de Constantinople, le doge envoya auprès du soudan d'Égypte un ambassadeur nommé Maffeï Michieli, qui négocia long-temps sans pouvoir obtenir une réduction sur les prix du poivre. Du reste, il fut bien accueilli, et rapporta pour le doge des présens consistant en benjoin, bois d'aloës, tapis, baume, thériaque, sucre et porcelaine, accompagnés d'une lettre dans laquelle le soudan, après avoir déclaré qu'il n'a pu réduire le prix du *cabas* de poivre au dessous de cent ducats, parce que les Maures et d'autres nations sont en concurrence avec les Vénitiens, s'étend complaisamment sur sa bienveillance pour la république : « Nous avons revêtu, écrit-il au doge[1], ton ambassadeur d'une robe de » drap de notre pays, doublée d'hermine; nous » avons donné à son secrétaire une autre robe doublée » de vair, et nous avons fort honoré et défrayé ton dit » ambassadeur; suivant l'usage, nous lui avons remis » les présens que nous envoyons à ta seigneurie. Sois » donc satisfait, parce que nous te tenons pour l'ami

(1) Daru, Histoire de Venise, 3e édit., tom. III, liv. XVII.

» chéri de notre seigneurie, et parce que nous avons » confirmé les anciens traités, ainsi que les franchises » et droits accoutumés des consuls et de tous les » commerçans qui se trouvent dans nos états, afin » que tous soient contens, et qu'ils viennent trafiquer » dans notre pays, et y jouissent d'une pleine sûreté » pour leurs personnes et marchandises. Envoie-nous » souvent des ambassadeurs, et écris-nous pour en- » tretenir notre amitié.... Que chacun sache que » la nation des Vénitiens est honorée et appréciée » dans nos états, et traitée plus favorablement que » toute autre dans ses affaires. Tous les commerçans » sont libres dans notre pays; ils peuvent y circuler » et faire leur négoce sans payer aucun tribut; car » nous leur ferons bonne garde, et nous les maintien- » drons sous notre sainte justice. »

Ces protestations pompeuses, qui au reste sont rarement sincères en Orient, ne purent faire refleurir le commerce au point où il avait été un siècle auparavant.

Au lieu d'y apporter tous les ans pour trois cent mille ducats de marchandises, les Vénitiens, dans les premières années du seizième siècle, n'en apportaient plus en Égypte que pour deux cent mille; au lieu de cinq à sept galères, il n'en venait plus que trois ou quatre; ils n'apportaient plus la quantité d'huile, de cuivre, de peaux, de vif-argent, &c., que l'Égypte était habituée à recevoir ; après le départ du convoi habituel, il ne restait presque plus de marchands vénitiens. Il est vrai que le soudan, en s'emparant du monopole du poivre et d'autres épices dont la vente était si lucrative, en les forçant à vendre leur or et leur argent à ses agens, et en portant d'autres atteintes à la liberté des transactions commerciales, avait contribué à éloigner les marchands vénitiens. Il fut fait, en 1512, une nouvelle capitulation entre l'Égypte et Venise ; on s'y promit réciproquement de remettre les choses, autant que possible, sur l'ancien pied ; pourtant il paraît que le soudan se réserva le monopole du poivre, dont il avait fixé arbitrairement le prix à quatre-vingts ducats la *couffe*[1]. Il fut stipulé qu'aucun Franc ne pourrait rester plus de trois ans au Caire ; qu'il ne pourrait point s'y marier, ni faire le commerce d'épiceries sous le nom d'un maure ou d'un juif[2]. Le soudan exigea même qu'aucun Franc ne restât au Caire comme espion, pour donner des nouvelles. De pareilles propositions

(1) Capituli conclusi cum el sign. soldan, &c.; à la fin du tom. VII de Marin, Storia del commercio de' Veneziani ; et la traduction française, avec des notes, de M. Reinaud, dans le tom. IV du Nouveau Journal asiatique ; Paris, 1829.

(2) « Che niuno Franco possi star al Cairo più di mese 3, et non possi comprar alcun de loro specie in nome de Mori ne de Zudei... et non possi fuor alcun Franco mogliér al Cairo, ne restar per spion per dar noticia de le nuove. » Marin, Storia &c., t. VII.

étaient un affront; mais il importait d'avoir au moins les mamelouks pour amis, puisqu'on avait les Turcs pour ennemis. On voit encore, par cette capitulation entre Venise et Camsou-Gouri, avant-dernier soudan mamelouk, qu'une partie des vins apportés par les navires vénitiens remontait le Nil dans des djermes, pour être transportés au Caire. La loi du prophète n'empêchait point les mamelouks de profiter de l'abondance des vignes de l'Italie et de l'Archipel.

Les Vénitiens renouvelèrent en même temps leur capitulation avec le soudan pour les échelles de la Syrie. Les stipulations qu'ils firent à cette occasion offrent quelques données intéressantes. Le consul de Damas stipula que les Juifs de cette ville ne pourraient pas aller faire d'achat d'épiceries dans les ports, et que les affaires se feraient à Damas; que les marchands vénitiens auraient la faculté de se livrer au commerce dans tous les pays; qu'on ne pourrait les forcer à vendre des fourrures, draps, verres et autres objets, avant d'être déposés dans les magasins ou boutiques; que les épiceries ne paieraient que deux pour cent; que, pour l'argent porté à la monnaie, il ne pourrait être exigé que deux saraphes pour trois cents; que le consul et le nadrazer auraient seuls la juridiction des Francs, ainsi que le consul de Tripoli; *que les Francs ne pourraient être battus*[1]

(1) « Che i nostri non possino da alcuna signoria esser batudi

sans les ordres du seigneur soudan. Cette stipulation humiliante ne se trouve dans aucun traité antérieur; elle n'aurait probablement pas été faite dans le temps de la grande puissance des Vénitiens; mais depuis que le Levant était envahi par les Turcs, on s'attendait à toute sorte d'avanie de la part des Musulmans; on croyait devoir s'en prémunir par des clauses de contrat. Le traité que les Vénitiens firent pour leur échelle de Tripoli en Syrie est rempli de ces précautions; non seulement ils demandèrent à n'être pas battus sans un ordre du soudan, mais ils stipulèrent aussi qu'on ne pourrait rien leur enlever dans le port; qu'aucun seigneur ne pourrait les forcer à lui livrer des marchandises; qu'aucun Vénitien ne serait responsable pour les autres; qu'on ne pourrait contraindre leurs navires à transporter du bois, et qu'on ne pourrait les empêcher de prendre des cargaisons quelconques.

A l'égard de la factorerie d'Alep, les Vénitiens convinrent qu'ils auraient la faculté de mettre les sucres de Chypre en entrepôt dans la Syrie, et de les débiter; que les Maures, les Francs et les Chrétiens du pays pourraient seuls tenir des bou-

senza commandamento del soldan. » Traité de Damas. — « Che non se possi batter Franchi salvo per commandamento del signor soldan. » Traité de Tripoli; Marin, Storia del commercio de' Veneziani; tom. VII.

tiques de draperie; que les juifs ne pourraient faire le commerce des épices; que les Francs ne vendraient point de vin aux Musulmans; que le consul ne serait pas responsable des dettes des Francs fugitifs; que les Vénitiens pourraient faire leurs prières dans la maison du consul.

Laurent de Médicis, dont les agens s'étaient si bien insinués dans la faveur du grand sultan, ne négligea pas non plus le soudan d'Égypte; il envoya auprès de lui Louis de la Stuffa avec des présens et une demande de concessions commerciales; c'étaient les concessions ordinaires, savoir : d'aller et venir, acheter et vendre, charger et décharger librement des marchandises dans les ports d'Égypte; de n'être tenus à payer que les droits ordinaires, d'être affranchis de toute avanie aux douanes, de ne dépendre que de la juridiction consulaire. Il demandait en outre que les Florentins pussent porter le costume musulman pour se dérober à toute insulte, et que leurs ducats eussent un cours légal[1]. Les demandes furent accordées par un acte du soudan[2], qui spécifie et prévient tous les cas qui pourraient donner lieu à des contestations commerciales. On reconnaît dans cet acte public une grande habitude des

(1) Document nº 5, dans le tome II de Pagnini, Della Decima e delle altre gravezze.

(2) Comandamento del sultano d'Egitto Chassin-Abu-Eluazr; ibid.

relations mercantiles entre Musulmans et Chrétiens. Toujours les Sarrasins, gens d'un caractère rude et fanatique, étaient enclins à mettre à contribution les marchands d'Europe. Laurent de Médicis, cherchant encore à protéger les Florentins contre les avanies qu'on leur faisait subir à Barut et à Damas en Syrie, adressa ses griefs au même soudan, qui venait de rétablir le consulat florentin à Alexandrie. Un autre acte fut donc expédié pour la protection des Toscans en Syrie[1]. Ils s'étaient plaints de ce que les muletiers qui transportaient les épiceries d'un lieu à un autre les falsifiaient en route. Le soudan veut qu'on donne la bastonnade à ces muletiers infidèles, et qu'on les remplace par d'autres; il défend à la douane de Barut de mettre aucun obstacle au chargement des navires florentins, à l'emmagasinage des marchandises, au transport jusqu'à Damas, de recevoir plus de huit darems pour le sac de coton brut, et plus de quinze pour le coton filé; il veut que le consul florentin à Damas reçoive de la douane les mêmes provisions que le consul vénitien; qu'il ait toujours accès au palais du soudan pour porter ses plaintes contre les Sarrasins, &c.

Les Florentins purent donc continuer de fréquenter les ports d'Égypte et de Syrie tant que ces contrées

(1) Capitoli infra lo illustre sign. soldano e la exc. sign. di Firenze, circa il traffico di Damasco e Baruti. Della Decima &c., t. II.

furent sous les ordres des soudans mamelouks; et lorsqu'elles passèrent sous le sceptre des Turcs, il est probable que Florence y envoya encore quelques vaisseaux. Mais après que les Médicis eurent cessé de gouverner la république, ces expéditions finirent peu à peu; on en voit la preuve dans une tentative que la Toscane fit, en 1574, pour renouer les anciennes relations avec le Levant, et dans l'instruction qui fut donnée à l'ambassadeur, pour chercher dans les archives d'un couvent italien, à Péra, les vieilles chartes de priviléges accordées aux Florentins par les musulmans[1].

L'Espagne, devenue une seule monarchie depuis le mariage de Ferdinand et d'Isabelle, eut aussi la prudence, depuis l'envahissement de l'empire grec par les Turcs, de se ménager l'amitié des soudans d'Égypte. Ferdinand, surnommé le Catholique, avait ouvert le port de Barcelone à tous les navires quelconques qui voudraient se rendre en Égypte et en Syrie[2]. En 1481, les cortès de l'Aragon réglèrent le tarif des droits[3] que les navires, à leur retour, de-

(1) Instructione a Ludov. Canazzi, e lettera a frati Zoccalanti in Pera; document n° 9, Pagnini, della Decima &c., tom. II.

(2) Cedula de salvo conducto y pasaporte &c.; dans Capmany, Libro del Consulado de mar.

(3) Capitoli y altres drets del general de Cataluña desde 1481; Barcelone, 1517.

vaient payer pour les marchandises d'outremer. Barcelone continua d'envoyer des consuls à Alexandrie.

Cependant les monarques espagnols ne savaient pas ménager les intérêts du commerce comme les villes marchandes, et les sacrifiaient à d'autres vues. Ferdinand expulsa de l'Espagne deux nations, les Juifs et les Maures, qui y avaient répandu l'esprit et le goût du commerce et de l'industrie, et y avaient attiré des capitaux considérables. Les Juifs tenaient les banques et correspondaient avec tout le Levant; ils avaient été appelés plusieurs fois à mettre l'ordre dans les finances de l'état. Il est vrai qu'étant presque les seuls financiers de la Péninsule, ils en abusaient pour se livrer à une usure intolérable; toute la nation criait contre leur rapacité, et leur bannissement causa une joie générale. Beaucoup de Juifs se retirèrent en Orient, et ceux qui les avaient chassés ne tardèrent pas à les accuser d'avoir excité les soudans d'Égypte contre les chrétiens pour se venger des injures souffertes en Europe. Le fanatisme des chrétiens avait des inspirations aussi barbares que celui des Maures ou des Turcs. En Italie on avait dépouillé les Juifs des gains amassés par suite des prêts d'argent, afin de fournir aux frais d'armement contre les vainqueurs des Grecs. Au seul bruit des avanies faites à des moines du mont Sion, d'après le conseil des Juifs, on imposa à ceux d'Italie un tribut d'un ducat d'or par tête, afin, disait-on, d'indemniser les moines outragés[1].

Cependant les Juifs n'avaient guère de crédit à la cour des Mamelouks d'Égypte; mais ce qui souleva le soudan contre les Européens, et surtout contre les Espagnols, ce fut l'expulsion des Maures de l'Andalousie. Ce peuple avait couvert le midi de l'Espagne de villes, de châteaux, de jardins, de plantations; ses manufactures fournissaient au commerce des produits riches et variés, imités en partie de ceux de l'Orient. L'Espagne, en ménageant ce peuple industrieux, aurait possédé un trésor inappréciable; Grenade aurait été sa province la plus importante pour ses relations avec le Levant. Mais déjà, lors de la perte de Grenade, une foule de Maures avait émigré en Afrique; ceux qui restèrent, inquiétés dans leurs propriétés et dans leur religion, prirent les armes, se soulevèrent, et furent expulsés. Ils firent retentir de leurs imprécations les villes d'Afrique où les chrétiens venaient commercer; ils excitèrent la sympathie du soudan d'Égypte : tous les musulmans se sentirent outragés en eux. On s'indigna contre les Européens, mais surtout contre les Espagnols; les avanies devinrent plus fréquentes et plus inju-

(1) Voyez l'ordonnance de Jeanne II, reine de Naples et de Sicile, de l'an 1429, à la fin du t. V de Wadding, Annales minorum; et la Lettre du pape Calixte III, de l'an 1456, dans le t. VI.

rieuses; les pèlerins mêmes, qui ne voulaient que prier sur le tombeau du Christ, furent injuriés : le commerce en souffrit beaucoup.

Ferdinand résolut d'apaiser le soudan par une ambassade, afin de rétablir les anciennes relations avec l'Égypte; il fit partir Pierre d'Anghiéra en qualité d'*orateur*, c'est-à-dire comme un de ces ambassadeurs sans suite et sans pompe qu'on avait l'habitude d'envoyer dans les cours d'Europe. L'orateur a laissé une relation détaillée de cette ambassade[1]; comme elle jette quelque jour sur les rapports qui existaient alors entre l'Europe et l'Égypte, il ne sera pas hors de propos d'en exposer les principales circonstances.

Pierre d'Anghiéra se rendit à Venise, où l'escadre de l'Orient mettait à la voile, quoique la saison fût déjà très-avancée : on était au mois d'octobre 1501. Peut-être n'observait-on plus alors les anciens réglemens sur le départ des galères du Levant; aussi le trajet ne fut qu'une suite de tempêtes; et ce ne fut qu'après trois mois de dangers continuels que l'escadre entra comme par miracle dans le port d'Alexandrie. Dans la bonne saison, vingt jours suffisaient pour la traversée. Pierre d'Anghiéra se retira chez Philippe de Parèdes, qui exerçait alors les fonctions de consul

(1) Petri Martyris de Angleriâ, Legationis babylonicæ libri III, à la suite de son ouvrage : De Rebus Oceanicis, et de Orbe novo; Bâle, 1533, in-folio.

des Espagnols et des Français, et il expédia un courrier au Caire pour solliciter une audience du soudan. Un ambassadeur sans cortège et sans présens ne parut pas digne de réception; on refusa de le voir. L'orateur, homme de tête, dépêcha deux moines de l'ordre de saint François, comme il en errait alors dans tout l'Orient: ces religieux, animés d'un zèle infatigable, et n'ayant rien à perdre, ne demandaient qu'à prêcher et à convertir, et se glissaient partout. A Maroc, à Barut, à Caffa, presque partout où les Européens avaient des factoreries, il y avait aussi ou des couvens ou de simples prédicateurs de l'ordre de saint François. Ils eurent des évêchés dans l'Inde, avant que les marchands y eussent un comptoir.

Les deux moines mis en avant par l'orateur castillan firent entendre au soudan que l'ambassadeur n'était pas sans suite, et que s'il n'apportait pas de présens, c'est que le roi son maître avait ignoré les usages du Levant. Ils agirent si adroitement, que le soudan donna permission à Pierre d'Anghiéra de venir au Caire. Celui-ci se fit escorter de tous les marchands espagnols qui demeuraient à Alexandrie, afin d'imposer par quelque cortège. A Boulak, il reçut la visite du drogman, renégat né en Espagne, et qui, dans sa jeunesse, ayant été pris sur un navire armé en course, avait été fait esclave, et avait abjuré pour améliorer son sort. Il paraît que les drogmans étaient le plus

16.

souvent des Européens renégats. Le Florentin Frescobaldi, qui visita l'Égypte en 1383, trouva au Caire un premier drogman originaire de Venise[1]. Ces hommes conservaient quelque attachement à leur patrie, et ils se prêtaient probablement à faciliter les relations de leurs compatriotes avec les Sarrasins, parce qu'ils y trouvaient leur compte.

Le drogman qui mena l'orateur espagnol à l'audience du soudan lui fut d'un grand secours; car il protégea le représentant du roi Ferdinand contre les insultes des Maures; et, comme ceux-ci montrèrent une telle exaspération que le soudan résolut de renvoyer l'orateur espagnol sans le voir davantage, le drogman, gagné par Pierre d'Anghiéra, obtint de son maître une nouvelle audience. Après avoir écouté les reproches du soudan sur l'expulsion des Maures, le représentant de Ferdinand justifia le monarque castillan en alléguant la triple révolte des Maures dans les Alpuxares, quoique Ferdinand leur eût laissé la jouissance de leurs richesses et l'exercice de leur religion. Enhardi par l'effet de son apologie, il demanda la protection du soudan pour les pélerins qui se rendaient au saint Sépulcre, l'abolition des nouvelles taxes et des tarifs imposés aux étrangers, et le rétablissement des coutumes anciennes[2]. Le soudan fit expédier des

(1) Viaggio in Egitto e interra santa.

(2) Legat. babyl., liber III.

lettres ou firmans conformes aux demandes de l'orateur; et, en le congédiant, il le revêtit de la pelisse d'honneur.

Ainsi les relations amicales entre l'Égypte et l'Espagne furent rétablies au moins pendant le règne du dernier soudan. Le renversement de la dynastie des Mamelouks d'Égypte, en 1517, suspendit d'abord le commerce espagnol dans ce pays; cependant, peu d'années après, on négocia avec les Turcs. Le consulat catalan fut maintenu ou rétabli dans le port d'Alexandrie; on a des documens qui prouvent qu'il existait encore en 1539[1]. Dans la suite, on n'y attacha plus la même importance : Barcelone n'avait plus le commerce d'outremer; c'était à Cadix qu'arrivaient les vaisseaux chargés des riches productions des autres parties du monde.

La France négocia avec l'Égypte, en 1510, par l'intermédiaire du même consul Philippe de Parèdes, qui occupait le poste consulaire à Alexandrie lors de l'ambassade de l'orateur espagnol, huit ans auparavant. Les hostilités des chevaliers de Malte avaient porté le soudan à de nouvelles avanies contre le saint Sépulcre; Louis XII obtint que cet édifice fût respecté; et, en même temps, il reçut de nouvelles garanties de la protection dont jouiraient les Français en Égypte comme par le passé[2].

(1) Voyez Capmany, Memor. hist., tome I, partie II, livre I.

(2) Lemaire, Illustrations des Gaules; Paris, 1548.

Enfin la France se décida également à traiter avec les Turcs : François I fut le premier roi de France qui conclut des capitulations avec eux. On conserva de cette manière le commerce d'exportation en draperie, qui avait été si avantageux pour la Provence et le Languedoc. La France put se vanter à juste titre de l'emporter sous ce rapport sur les autres nations européennes au Levant. La chambre de commerce à Marseille acquit l'importance de l'ancienne *claverie* de ce port[2]; et sans les avanies turques, que le ministre de la marine, dans une circulaire de 1776, concernant les échelles de l'Orient, appelle *les vers rongeurs du commerce du Levant*[3], la France aurait pu se féliciter de ses rapports avec les nouveaux maîtres de l'empire grec. Le pavillon de sa marine y devint le

(1) « Les draps sont, dans le commerce du Levant, l'article essentiel et majeur; c'est au moyen des draps que nous nous sommes emparés de la plus grande partie de ce commerce, et que nous en avons exclu les nations nos rivales... Si par quelque révolution une nation venait à s'emparer du commerce des draps, notre commerce au Levant cesserait &c. » Instruction relative à l'ordonnance du Roi concernant les consulats &c.

(2) Voyez à ce sujet l'ordonnance du Roi du 3 mars 1781, concernant les consulats. La Chambre de Marseille délivrait des passeports, percevait les amendes décernées dans les Échelles du Levant, et le Parlement d'Aix prononçait en appel sur les causes jugées par les consuls du Levant en première instance.

(3) Instruction sur l'ordonnance du Roi &c., pag. 46.

protecteur de nations qui autrefois avaient eu des consulats à Constantinople, lorsque la France n'en avait point, telles que les Siciliens et les Catalans. Au lieu de dix pour cent qu'avait exigés la douane des Sarrasins, les Turcs se contentèrent de la moitié, qu'ils réduisirent même à trois dans le dix-huitième siècle[1].

A côté de ces puissances qui traitaient avec les Turcs, se montrait l'ordre chevaleresque de Rhodes ou de Malte, qui se faisait un devoir de les combattre. La guerre régnait souvent dans la Méditerranée, et dérangeait toutes les combinaisons des commerçans spéculateurs. Les Sarrasins n'avaient pas eu de marine importante; il n'en était pas de même des Turcs. Le commerce ne pouvait plus se faire sous le pavillon municipal d'une cité : il fallait que la marine marchande fût protégée par de grandes puissances. Aussi les petits états se retirèrent peu à peu, laissant le commerce maritime aux grands états capables de se faire respecter par leurs flottes.

On a souvent comparé les Sarrasins et les Turcs, et on a regardé avec raison comme un accident funeste au commerce du Levant l'envahissement des terres des Sarrasins en Syrie et en Égypte par les Ottomans. Un auteur vénitien, Filiasi[2], compte la chute de

(1) Traité entre Louis XV et le sultan Mahmoud.

(2) Saggio sull' antiguo commercio &c. de' Veneziani.

l'empire des Sarrasins sur les bords du Nil au nombre des principales causes de la décadence de Venise. « Les Turcs, grossiers et guidés uniquement par la » brutalité, dit-il, ravagèrent et changèrent en désert » les contrées les plus florissantes. Les Sarrasins, au » contraire, quoique avides et despotes comme tous » les Orientaux, et fanatiques comme tous les Maho- » métans, avaient pourtant de l'industrie, et mainte- » naient l'Égypte et la Syrie dans un état prospère. » Les Vénitiens, connus depuis des siècles dans les » ports égyptiens, y étaient estimés et préférés à tous » les autres Européens. » La comparaison que Filiasi établit entre les Sarrasins et les Turcs est en général exacte; assurément l'apathie des Turcs après leur établissement en Europe nuisit au commerce autant que leur énergie dans la guerre avait été fatale aux contrées où le commerce florissait auparavant. On peut dire des Sarrasins qu'ils pratiquaient avec zèle l'industrie manufacturière ; et, comme le goût des lettres les avait un peu policés, ils accueillaient aussi mieux les étrangers, et entretenaient volontiers avec eux des relations commerciales dont ils savaient apprécier tous les avantages. Quoique fanatiques d'abord, surtout pendant les guerres des croisades, ils avaient adopté des sentimens plus modérés envers les Francs, et les soudans mamelouks, à la fin du règne de leur dynastie, étaient devenus assez tolérans. C'est d'ailleurs un grand avantage pour le commerce de compter par siècles la durée de ses relations avec des pays étrangers, même barbares.

Cependant il ne faut pas s'exagérer les bonnes dispositions des Sarrasins; leurs pirates infestaient la Méditerranée, surtout dans le temps où ce peuple occupait les côtes de la Sicile. Chrétiens et Sarrasins se faisaient mutuellement la chasse, et s'enlevaient des hommes pour en faire des esclaves. Les soudans d'Égypte accaparaient, comme on a pu le voir, presque tout le commerce d'Alexandrie, et vendaient cher aux Européens les épices qu'ils tiraient pour leur compte des ports de la mer Rouge. Ils étaient, pour ainsi dire, les seuls commerçans de leurs états, et ne respectaient aucune fortune particulière. Si un Sarrasin recueillait le fruit de son industrie, il était obligé de le cacher soigneusement, de peur d'être dépouillé de tout son avoir par son maître. Chacun se faisait passer pour pauvre, afin de n'éveiller aucun soupçon. Alexandrie ressemblait à une ville pillée et ruinée; on tremblait devant le soudan, et chaque Sarrasin à son tour rendait aux Chrétiens, en mépris et en outrages, l'humiliation dans laquelle il vivait. Tel est le tableau que trace d'Alexandrie Pierre d'Anghiéra[1], qui la visita en 1502, comme nous l'avons vu. On ne peut

(1) Legationis babylon., liv. II et III.

regretter un pareil état de choses, qu'en y voyant succéder un état plus déplorable encore. C'est ce qui arriva quand le génie destructeur des Turcs anéantit les factoreries, et fit succéder dans les places du commerce la misère à l'opulence que le trafic y avait si long-temps répandue. A force d'argent on avait rendu les Sarrasins traitables; quant aux Turcs, ils ne connurent long-temps que la violence; et des siècles entiers de leur séjour en Europe ne suffirent pas pour leur faire comprendre les avantages réciproques d'un commerce libre entre les nations.

CHAPITRE XII ET DERNIER.

DÉCOUVERTE DU CAP DE BONNE-ESPÉRANCE ET DE L'AMÉRIQUE.

Première navigation le long de la côte d'Afrique. — Découverte des Canaries, de la Guinée. — On transporte la vigne et le sucre dans les îles d'Afrique. — Découverte du Cap de Bonne-Espérance. — Arrivée des Portugais dans les marchés de l'Inde. — Jalousie des marchands maures. — Ils sont expulsés des ports du Malabar. — Progrès des Portugais dans la mer des Indes. — Leur arrivée en Arabie. — Vains efforts des Vénitiens pour empêcher le commerce portugais de vendre des denrées orientales. — Échelles portugaises en Afrique et en Asie. — Arrivée des cargaisons orientales dans les marchés d'Europe. — Projet de Christophe Colomb de se rendre dans l'Inde par la route de l'Ouest, pour chercher les denrées de ce pays. — Il découvre l'Amérique. — Les Européens y fondent des colonies, et y transportent les végétaux de l'Orient. — Changement prodigieux dans le commerce des Européens.

On pourrait s'étonner que la marine des peuples de la Méditerranée se soit confinée si long-temps entre les côtes de cette mer intérieure, sans chercher à explorer le vaste Océan, si l'on ne se souvenait de toutes les difficultés que la navigation dans l'Océan atlantique devait présenter aux Italiens, aux Espagnols et aux Français. La boussole ne leur fut connue que tard, et leurs navires n'étaient construits que pour le trajet peu considérable de la mer intérieure, ou pour se rendre d'une île à l'autre. Comment la marine se serait-elle aventurée dans une mer inconnue, lorsque les moindres voyages dans la Méditerranée même devenaient souvent difficiles et dangereux, à cause des pirates et des corsaires? D'ailleurs la Méditerranée et la mer Noire ne mettaient-elles pas déjà les peuples maritimes de l'Europe en communication avec les deux autres parties du monde, et ces relations n'occupaient-elles pas suffisamment leur marine, surtout pendant les croisades, qui employaient tant la marine marchande que les galères armées? La routine des peuples anciens qui s'étaient peu souciés d'explorer les parages inconnus de l'Océan était devenue une règle de conduite pour les nouveaux états commerçans de l'Italie.

Cependant le génie des spéculations mercantiles, stimulé par l'esprit de rivalité, ne laissa pas reposer long-temps les républiques italiennes et les autres états leurs émules. Nous avons vu que leurs vaisseaux fréquentèrent, depuis le commencement du quatorzième siècle, les ports de la Flandre; mais nous n'avons point de renseignemens sur les commencemens de ces expéditions hasardeuses dans une mer qui auparavant n'était point sillonnée par les vaisseaux de la Méditerranée. Peut-être, en allant de port en port, s'habitua-t-on peu-à-peu à franchir le détroit de Gibraltar, à longer les côtes du Portugal, de l'Espagne et de la France, et à pénétrer dans le détroit de la Manche. Les premiers qui firent ces voyages durent passer, aux yeux de leurs contemporains, pour des hommes bien téméraires. Ici comme ailleurs les aventuriers ont probablement frayé la route aux spéculateurs prudens, qui ont pu profiter sans risque des folies ou des fautes heureuses de quelques étourdis.

A l'époque même où les marchands de la Méditerranée commencèrent à fréquenter les marchés de la Flandre, nous voyons aussi les marins italiens, espagnols et français explorer lentement les côtes de l'Afrique occidentale. On n'avait pas oublié les notions que les anciens avaient acquises sur ces côtes, et la tradition de l'existence d'un groupe d'îles charmantes que la poésie des écrivains ou la crédulité des peuples désignait sous le nom d'*Iles Fortunées* vivait encore dans le souvenir des nations. Par les relations que l'on avait avec les Maures de l'Afrique septentrionale, on devait d'ailleurs avoir recueilli d'autres renseignemens sur les côtes à l'ouest de cette partie du monde. Ces renseignemens et traditions réunis devaient inspirer quelque assurance aux marins, dans l'exploration des côtes de l'Océan, et stimuler leur zèle. La perspective d'arriver aux îles Fortunées promettait autant de gloire que de profit. Nous avons vu qu'il n'y avait pas, dans toute la Méditerranée, de marins plus hardis, plus aventureux, que les Génois. Pour eux, ce fut un besoin de tenter des expéditions à-la-fois au sud et au nord du détroit de Gibraltar; il paraît qu'ils eurent la gloire de découvrir ou de retrouver l'archipel Fortuné, c'est-à-dire celui des îles Canaries[1]. Cependant on n'a que des traditions vagues sur leurs premières tentatives, qui d'ailleurs n'eurent pas de résultats, du moins autant que nous sachions. On prétend qu'elles eurent lieu une vingtaine d'années avant la fin du treizième siècle[2]. La chose n'est pas invraisemblable, mais on n'a pas de preuves certaines du succès de ces voyages de découvertes.

Ce qui est maintenant bien constaté, c'est l'histoire d'une expédition qui fut tentée en 1341; nous en connaissons tous les détails par une relation contemporaine[3]. Une puissance dont il a été à peine

(1) Foglietta, Histor. genuens., liv. V. — Pietro d'Abano, Concil., différenc. 67e. — Consultez sur les passages de ces deux auteurs Tiraboschi, Storia della Letterat. ital., — et Spotorno, Storia letter. della Liguria.

(2) Giornale ligustico di scienze &c., 2e année, IVe cahier; Gênes, 1828.

(3) Monumenti d'un manoscritto autografo di Mess. Giov. Boccacci, trovati ed illustrati da Sebast. Ciampi; Florence, 1827,

question dans l'Histoire du commerce du Levant, et qui était destinée à en changer la direction, le Portugal, commençait à agrandir sa marine, et à prendre part au commerce maritime. Mieux que les états de la Méditerranée, il connaissait l'Océan et la manière d'y naviguer. Ce fut une compagnie de Lisbonne qui envoya, dans l'année qui vient d'être citée, une expédition de découverte aux îles Canaries. L'équipage des trois navires se composait de Génois, de Florentins et d'Espagnols : on trouvait alors des marins de ces nations dans tous les ports de mer, et ils se présentaient partout où il y avait des aventures maritimes à tenter. Ils arrivèrent en peu de jours à la hauteur de l'archipel, en visitèrent dix-huit à vingt îles, qu'ils trouvèrent habitées par des sauvages à peu près aussi grossiers que les insulaires que le navigateur Cook trouva dans la mer du Sud. Rien ne se présenta aux regards avides des marins pour exciter leur cupidité ; ils revinrent en Portugal peu satisfaits du résultat d'une expédition qui, en effet, ne leur avait rien rapporté.

Depuis lors les Canaries tentèrent d'autres aventuriers, et sans se douter encore des avantages qu'elles pouvaient offrir au commerce, on les jugea bonnes à conquérir. Un prince sans terre, Louis d'Espagne,

in-8°. — Comparez l'Antologia di Firenze, novembre et décembre 1826, pag. 133.

descendant d'Alfonse, roi de Castille, sollicita et obtint, en 1344, une bulle du pape Clément VI qui le nommait roi des îles Fortunées, ou, selon l'expression de la bulle, *prince de Fortunie,* à la charge de tenir ces îles en fief du Saint-Siége; cependant, comme avant tout il fallait soumettre les sauvages sur lesquels le prince voulait régner, Louis d'Espagne fit avec le dauphin Humbert une convention d'après laquelle ce dauphin, qui possédait une petite marine dans la Méditerranée, s'engageait à fournir au futur prince de Fortunie douze navires appelés *huissiers,* et six galères, pour la conquête de l'archipel[1]. Les projets de conquête échouèrent, et il se passa quelque temps avant qu'on essayât de nouveau de s'emparer des Canaries; mais depuis lors ces îles, avec le cap Boïador, situé un peu plus au sud, furent inscrites dans toutes les grandes cartes géographiques qui furent dressées à l'usage des peuples maritimes de la Méditerranée. On les voit indiquées, par exemple, dans l'atlas catalan de l'an 1346, dressé ou dessiné par Jacques Ferrer, et conservé à la Bibliothèque du Roi, à Paris; elles sont figurées de même dans un portulan italien, consistant en huit tableaux sur parchemin, que l'on conserve dans la Bibliothèque des Médicis, à Florence, et qui paraissent avoir été des-

(1) Valbonnais, Histoire du Dauphiné, tome II, preuves, n° 202.

sinés en 1351 [1]. Les peuples maritimes avaient même quelques renseignemens sur les pays au-delà du cap Boïador : on parlait vaguement de la rivière d'Or. En 1346, une galéasse de Mayorque, conduite par Jacques Ferne, alla hardiment à la découverte de cette rivière, dont le nom avait en effet de quoi tenter les marins; mais on n'entendit plus parler du sort de ce navigateur [2].

Tant d'essais malheureux ne durent pas encourager beaucoup à de nouvelles expéditions. Aussi ne se présenta-t-il pas d'abord d'autres imitateurs des Génois. A la fin du quatorzième siècle pourtant, on arma dans un port de Castille une escadre de cinq navires, montés par des Andalousiens et des Biscayens, pour reconnaître les côtes de l'Afrique. Ces aventuriers, qui ne parurent avoir d'autre but que de s'enrichir, débarquèrent dans les îles Canaries, enlevèrent au roi sa femme et cent soixante-dix

(1) Il Milione di Marco Polo, publicato ed illustrato dal conte Baldelli Boni; Florence, 1827, tome I, où il y a une copie gravée de l'Afrique occidentale du portulan.

(2) « Recessit de civitate Majoriscarum galeatia una Joh. Ferne Catalani. . . anno Domini 1346, causâ eundi ad Rujaurà, et de ipsâ galeatiâ nunquàm posteà aliquid novi habuerunt. » Manu crit d'Usodimare, extrait par Graberg, Annali di geografia e di statistica, tome II. — Comparez la lettre de M. Walckenaer, dans le tome VII des Annales des Voyages, de Malte Brun, et la réponse de M. Graberg, dans le tome VIII.

insulaires, chargèrent leurs navires de butin, et revinrent à Séville, où ils vendirent leur cargaison, et excitèrent par leurs récits la cupidité d'autres aventuriers [1].

Soit que Jean de Béthencourt eût entendu parler des Canaries par des pilotes, en Andalousie, soit qu'il en eût été informé d'une autre manière, il partit trois ans après, en 1402, de la Rochelle, avec un vaisseau sur lequel s'étaient embarqués plusieurs aventuriers; et, après avoir relâché à Cadix, il fit voile pour les Canaries, et en conquit une partie. Le roi de Castille, qui lui avait probablement fourni des secours, le reconnut comme seigneur des Canaries; mais, dans la suite, Béthencourt abandonna cette seigneurie à son neveu et à des Espagnols [2]; et elle est restée définitivement unie au domaine de la couronne d'Espagne.

Il semblait donc que tous les peuples eussent voulu tenter la conquête de l'Archipel, où personne ne trouvait pourtant justifié l'ancien surnom de *fortuné;* et tous ces efforts demeurèrent sans influence sur le commerce. La révolution s'opéra par une autre série d'événemens dont il faut maintenant parler [3].

(1) Mariana, Historia general de España, liv. XVI, chap. XIV. — Gomara, Histoire des Indes, liv. VI, chap. XVII.

(2) Bergeron, Voyages faits principalement en Asie, dans les douzième, treizième, quatorzième et quinzième siècles, tome I, chap. VII.

(3) On trouvera de plus amples détails dans le tome I de

L'infant de Portugal D. Henri, déjà instruit des progrès de la navigation européenne sur la côte d'Afrique, où lui-même avait aidé à conquérir Ceuta sur les Maures, et où les Portugais faisaient la guerre au roi de Maroc, voulut pousser les découvertes plus loin pour arriver à l'Inde. On prétend que la lecture des voyages du Vénitien Marco-Polo avait excité son génie [1]; il voulut arriver, à l'aide de sa marine, dans ces contrées dont Marco-Polo avait tant de merveilles à raconter. Si c'est à l'effet d'une lecture qu'est due la découverte de la route de l'Inde, il faut convenir que rarement un livre a produit une telle révolution.

Quoi qu'il en soit, D. Henri expédia, vers 1416, les premiers navires; ils n'allèrent pas au-delà du cap Boïador, ayant été effrayés par les écueils au près de la côte dont ils n'osaient s'éloigner. Peu d'années après, d'autres Portugais, envoyés à la découverte, furent jetés à l'île Porto-Santo, trouvèrent l'île Madère, et y fondèrent la colonie de Funchal [2]. Quoiqu'on eût imprudemment réduit en cendre une partie des su-

C. F. Walckenaer, Histoire générale des Voyages; Paris, 1826, in-8°.

(1) « Che tutti quelli serenissimi re s'infiammassero a voler far scoprir l'India orientale. » Discours de Ramusio à la tête des Lettres de Corsali, dans le tome I de sa Collection de voyages.

(2) Barros, decad. I da Asia do feitos que os Portuguceses fazaraõ no descubrimiento y conquista dos mares y terras da Oriente, Lisbonne, 1552.

perbes forêts, ce qui en restait détermina l'infant D. Henri à y établir des moulins à scie pour couper en planches les beaux arbres de l'île; il transporta à Madère la vigne de Chypre et la canne à sucre de la Sicile[1], où la canne était cultivée depuis près d'un siècle.

On eut de la peine à trouver des hommes assez courageux pour continuer les découvertes. En 1432, Gilianez, gentilhomme de la cour de l'infant D. Henri, osa doubler le redoutable cap Boïador; on découvrit les Açores, où ensuite des colons vinrent s'établir; on arriva au cap Blanc; la Guinée fut découverte et visitée en 1442. L'or qu'on y trouva fut un aiguillon pour le gouvernement et les particuliers; l'élan était donné; une découverte suivit l'autre. Un bourgeois de Lisbonne, Fernandès, ayant armé un navire, alla jusqu'au cap Vert; et Lanzarote pénétra jusqu'au Sénégal. Cadamosto découvrit, en 1456, les îles à l'ouest du cap Vert. Tous ces voyages firent une grande sensation dans le monde maritime. Des marins vénitiens et génois se mirent au service du Portugal, pour prendre part à ces expéditions glorieuses, qui révélaient l'existence de pays entièrement ignorés. Déjà on était si sûr d'arriver par mer à l'Inde, que le pape

(1) Navigazioni di Alvise da Cadamosto, dans le recueil de Ramusio, tome I; — et Plac. Zurla, dei Viaggi e delle Scoperte africane da Alv. Cadamosto; Venise, 1815.

Martin V accorda au Portugal la propriété de toutes les terres qu'on découvrirait à partir du cap Boïador jusqu'aux Indes orientales[1]. Par un traité conclu avec l'Espagne, en 1479, le Portugal se réserva le commerce de la Guinée et de toute la côte occidentale de l'Afrique, en abandonnant aux Espagnols la possession des îles Canaries.

Quand les découvertes se seraient arrêtées là, elles auraient déjà changé beaucoup la direction du commerce, et porté un coup sensible à la suprématie des villes de la Méditerranée. En effet, l'or, l'ivoire, les gommes, le coton, pouvaient se tirer à l'avenir des côtes de l'Afrique; on trouvait à Madère des bois excellens les vignes que l'infant Henri y avait fait transplanter donnèrent un malvoisie délicieux, et les cannes à sucre y vinrent à souhait. Les Canaries fournissaient l'orseille, les peaux de chèvres pour les maroquins, la cire, les bois fins, les fruits secs, surtout les figues. On pouvait transporter dans ces contrées tropicales les végétaux de l'Orient; on n'aurait plus eu besoin de les aller chercher dans la Méditerranée; le commerce pouvait se faire presque en entier dans l'Atlantique. Il aurait fallu pour cela plus de lumières, de philantropie et de prudence que n'en avaient les Portugais. Ils pillaient, incendiaient et mas-

(1) Barros, da Asia, dec. I, liv. I. — Freire, Vida del infante D. Henrique, Lisbonne, 1748.

sacraient, lorsqu'ils éprouvaient de la résistance de la part des Africains; ce qu'ils cherchaient avant tout sur la côte d'Afrique, c'était de l'or et des esclaves. Pour protéger ce commerce, on bâtit le fort d'Arguin, et on accorda un monopole à une compagnie marchande de Lisbonne, à laquelle on imposa un tribut annuel et l'obligation de continuer les découvertes en Afrique[1]. Dès lors, les expéditions se succédèrent rapidement. En 1472, les Portugais occupèrent les îles du Prince, de Saint-Thomas et d'Annobon : la seconde eut bientôt des plantations de sucre, auxquelles on condamna les malheureux nègres de travailler[2]. Le sucre de Saint-Thomas fut porté par les navires portugais dans les grands marchés d'Europe, comme nous le verrons plus bas.

Après avoir découvert, en 1484, le Congo et la rivière de Zaïre, et, en 1486, le royaume de Benin, les Portugais, longeant toujours les côtes d'Afrique, arrivèrent dans la même année au cap de Bonne-Espérance, qui fut d'abord pour eux le *cap des tourmentes* et des tempêtes; il ne fut doublé que onze ans plus tard. C'est alors que la possibilité de se rendre par cette voie dans l'Inde leur fut démontrée, et qu'ils conçurent une idée de la véritable forme de l'Afrique. Pour en être plus sûr, le roi de Portugal (c'était alors

(1) Barros, dec. I, da Asia &c.

(2) Ibid.

D. Juan II) envoya deux voyageurs par l'Égypte en Arabie, d'où l'un devait se rendre en Éthiopie, et l'autre dans l'Inde, pour bien s'informer de la configuration des terres, de leurs productions, de leurs richesses, et du commerce des habitans.

Après la mort de D. Juan II, son successeur D. Manuel fit continuer les voyages de découvertes vers l'Inde. En 1497, Vasco de Gama doubla le cap de Bonne-Espérance ; et, arrivé à l'île de Mozambique, il vit déjà un marché rempli des productions de l'Inde, que vendaient les Maures. La ville de Mélinde faisait également le commerce des épices et des tissus de coton de l'Inde. Chaque port de la côte orientale d'Afrique où les Portugais abordaient offrait le spectacle d'un marché et d'un mouvement de commerce dont on ne s'était pas douté. Il regnait chez les noirs d'Afrique plus d'esprit mercantile qu'en Portugal même. Les tribus d'hommes ayant les traits et la couleur des nègres, et la chevelure laineuse, qu'on trouve disséminées dans les îles de la mer des Indes, sont, aujourd'hui encore, une preuve vivante des relations qui existaient autrefois entre les Éthiopiens et les peuples qui adorent Brahma[1]. A chaque pas que les Européens faisaient dans ce monde nouveau, ils

(1) Discours de Thomas Stamford Raffles, dans le tome VIII des Verhandelingen van het Bataviaasch Genootschap ; Batavia, 1826.

voyaient des peuples en communication avec l'Inde, avec la mer Rouge, avec l'Arabie, grâce à l'industrie des Maures qui animaient tous les marchés, allaient partout, et passaient sans cesse d'une côte à l'autre. A Mélinde, Vasco de Gama prit à bord un pilote indien pour le guider sur la côte de Malabar.

Le navigateur portugais, en débarquant à Calicut, fut au terme des vœux de tout le Portugal. Le roi de Calicut accueillit d'abord sans défiance ces hardis étrangers qui arrivaient chez lui par une voie inconnue : il promit de faire le commerce avec eux : promesse d'autant plus importante pour les Portugais, que Calicut était alors la ville la plus mercantile de tout le Malabar, et le principal entrepôt pour le commerce des drogues et épices, des pierres fines, des tissus de coton et de soie, et des métaux précieux de la péninsule de l'Inde[1]. Les Maures étaient les facteurs de ce commerce, tant à Calicut et dans les autres villes de la côte de Malabar, qu'à Mélinde, Aden, dans les ports de la mer Rouge, jusqu'au Caire. Cette nation marchande ne vit pas sans frayeur arriver un peuple étranger pour troubler le marché où elle dominait; elle inspira des craintes au samorin, ou roi de Calicut, d'ailleurs assez indisposé contre des étrangers qui ne lui apportaient d'autres présens

(1) Navigat. de Vasco de Gama; dans le tome I du recueil de Ramusio.

que des pièces de draps, des chapeaux, du sucre et du miel. Sans doute les Portugais étaient mal informés des productions de l'Inde; sans cela, comment auraient-ils osé présenter du sucre à un prince d'un pays qui abonde en cette denrée? Ils eurent des notions plus saines quand le samorin leur apprit que ses états étaient remplis de canelle, de girofle, de poivre et de pierres précieuses, et qu'il souhaitait avoir des Portugais de l'or et de l'argent, du corail et de l'écarlate.

Les Portugais aussi cherchaient l'or; ils en étaient avides : n'étant pas une nation manufacturière, ils n'avaient presque aucune marchandise à offrir à l'Inde. Peu de nations en Europe, peut-être, avaient alors si peu l'esprit manufacturier et commercial que les Portugais. On le voit assez par les plaintes de leurs cortès, à cette époque, sur le tort que faisaient au royaume les marchands étrangers qui venaient s'y établir. Les cortès demandaient avec instance au roi qu'il ne tolérât pas de banquiers étrangers, de peur que tout l'or et l'argent du royaume ne passassent au dehors. Ils ne voulaient même pas que les navires étrangers vinssent se charger d'huile et de vin dans leurs ports [1]; ils toléraient encore moins que les étrangers prissent des cargaisons de sucre et d'autres den-

(1) Visc. de Santarem, Memorias para a historia e theoria das cortes geraes, parte 2a; Lisbonne, 1828, petit in-4°.

rées à l'île de Madère. Ils exigeaient que tout le produit de l'île fût porté à la douane de Lisbonne. C'est avec des vues aussi étroites, et avec cette rigueur, que les Portugais prétendaient diriger le commerce du monde.

Vasco de Gama revint, en 1499, à Lisbonne avec le faible reste de son équipage. Il apportait la nouvelle d'avoir enfin trouvé le pays d'où les Vénitiens tiraient les épices et les pierres fines. Dès l'année suivante, Cabral fut envoyé, avec une flotte de treize vaisseaux, dans l'Inde, afin d'y fonder un comptoir de commerce. Ce navigateur fit en effet un traité avec le samorin, et les Portugais eurent un lieu où ils pouvaient échanger les marchandises d'Europe contre les productions de l'Inde : c'était acquérir le même avantage que les Vénitiens possédaient dans les places du Levant. Cependant les Maures, ayant soulevé le peuple, firent piller et détruire la factorerie. Les Portugais établirent un autre comptoir au port de Cochin, qu'ils trouvèrent plus commode ; mais les marchandises portugaises y étaient peu recherchées. Une autre flotte vint prendre dans ce port des cargaisons de poivre, de gingembre et de canelle ; cependant les Maures étaient toujours là pour inquiéter les Portugais dans les marchés et en pleine mer : ils menacèrent le roi de Cochin de lui faire la guerre. Étienne de Gama vengea, par la destruction de Calicut, l'affront fait au commerce portugais, et il porta le comptoir à Cananor, ville dont le roi fit, avec les Portugais, un arrangement relatif au tarif des épices qui leur seraient vendues[1].

Les Portugais avaient trouvé de zélés partisans dans les chrétiens de Saint-Thomas qui, habitant Coulam et les autres villes de la côte de Malabar, s'y livraient, comme les Banians et les Maures, au commerce du poivre. Ces co-religionnaires se virent mal récompensés de leur prévenance. Tourmentés à cause de leurs croyances, que le clergé portugais voulut ramener aux dogmes de l'église romaine, ils se retirèrent des ports dans les montagnes pour y vivre tranquilles dans de simples villages, abandonnant le grand commerce aux chrétiens venus d'Europe.

Les commencemens des relations commerciales du Portugal avec l'Inde procurèrent à l'Europe une assez grande quantité de denrées orientales; toutefois ils n'offraient encore rien de certain. Le comptoir que les Portugais venaient de fonder à Cochin fut détruit comme celui de Calicut: au lieu de trafiquer, les Portugais furent obligés de combattre. Albuquerque, avec des forces considérables, fonda enfin une puissance solide sur les côtes de l'Inde. Les Maures, obligés de céder aux armes portugaises, se retirèrent à Ceylan et dans la presqu'île de Malacca pour y continuer le

(1) Barros, Decad. I, da Asia &c

commerce. Ainsi les Portugais restèrent maîtres de presque toute la côte de Malabar, et par conséquent aussi du commerce qui s'y faisait par mer; ils firent plus : ils se portèrent sur les côtes d'Arabie, s'emparèrent de l'île de Socotora, et rendirent tributaire le roi de l'île d'Ormuz[1]. Ils délivrèrent dans cette île plusieurs rois détrônés que l'on avait enfermés après leur avoir crevé les yeux : c'était la coutume cruelle de ces insulaires opulens qui menaient, comme je l'ai dit, la vie la plus dissolue. Scandalisés des mœurs dépravées qui régnaient à Ormuz, les Portugais chassèrent de l'île tous les hommes notés pour leurs infamies[2].

Le trouble était jeté dans le commerce du Levant, la communication entre l'Égypte et l'Inde était interceptée : on voyait des navires portugais assez hardis pour pénétrer jusqu'au haut de la mer Rouge; ils pillaient et détruisaient les navires du soudan d'Égypte qui se rendaient en Arabie, en Perse ou dans l'Inde. « Ces maudits étrangers, dit le cheïk Kotbeddin Albanefin[3], s'étaient emparés des ports de l'Inde; » ils infestaient aussi les ports de l'Yémen; ils étaient » venus jusque dans le port de Djidda et dans celui

(1) Barros, Decad. I, da Asia &c.

(2) Ibid.

(3) Histoire de la Mecque, manuscrit analysé par M. Silv. de Sacy, dans le tome IV des Notices et Extraits des manuscrits.

» de Suez, qui n'est qu'à deux journées du Caire; ils » prenaient les vaisseaux qui transportaient les pèle» rins, et les bâtimens marchands; ils pillaient les » biens des musulmans, et les emmenaient prison» niers. » Leurs navires croisaient dans la mer Rouge pour empêcher que les épices de l'Inde ne passassent en Égypte; ils voulaient que Venise les reçût, non pas d'Alexandrie, mais de Lisbonne[1]. Ils avaient défendu aux villes de l'Inde, sous peine d'esclavage et même de mort, d'expédier de l'épicerie sans leur autorisation. Les Maures surtout furent rigoureusement surveillés.

Appelé au secours des sultans ou rois de l'Yémen, en Arabie, et de Guzarate, dans l'Inde, le soudan d'Égypte Cansour Algouri envoya dans les parages de l'Arabie et dans la mer des Indes une expédition sous le commandement de l'émir Hosseïn, qui se porta sur Diu; mais, au lieu de combattre les Portugais, qu'il n'osait peut-être pas attaquer, il fit la guerre au sultan de l'Yémen qui lui refusait des vivres; il tâcha de s'emparer du port d'Aden, habité par de riches négocians, et étant, comme nous l'avons vu, le rendez-vous des bâtimens venant des Indes, et dont les cargaisons étaient destinées pour l'Égypte et la Syrie. Il pilla les vaisseaux de ce port, et revint à Djidda avec les dépouilles de l'Yémen. Quelque

(1) Lettres d'André Corsali, Florentin, dans le tome I de la Collection de Ramusio.

temps après, une révolution dirigée contre les Mameloucks précipita du trône le soudan d'Égypte, et fit suspendre la résistance faite aux Portugais de l'Inde[1].

Le Portugal accusa Venise de n'être pas restée étrangère à la guerre du soudan contre les conquérans du commerce indien, en représentant vivement au soudan le danger qui résultait pour tous les Musulmans, et pour le commerce dans la mer Rouge et la mer des Indes, des progrès et des établissemens des Portugais sur la côte de Malabar; danger dont au reste le soudan pouvait se convaincre par la perte de ses bâtimens marchands, et surtout par les victoires d'Albuquerque sur les Musulmans. En effet, ne s'en apercevait-il pas assez à la stagnation subite du commerce de transit, qui avait été si lucratif pour son trésor? En 1515, lorsque André Corsali alla dans l'Inde avec un vaisseau du Portugal, il ne partait plus d'épicerie pour l'Arabie et l'Éthiopie que tout juste ce qu'il fallait pour ces pays : elle y coûtait aussi cher qu'en Europe[2].

On dit qu'Albuquerque, pour porter un coup mortel à l'Égypte, et anéantir son commerce et jusqu'à son existence, conçut le hardi projet de détour-

(1) Le Levé des astres, ou Particularités de l'histoire de l'Yémen, manuscrit arabe. — Barros, Decad. I de Asia &c.

(2) Lettres d'André Corsali, l. c.

ner le Nil avant son entrée dans l'Égypte, et de le faire déboucher dans la mer Rouge [1]. Ce qu'il y a de certain, c'est que le Portugal entama dans la suite des négociations avec l'Abyssinie. L'impératrice Hélène promit de fournir des vivres à la flotte que le Portugal enverrait contre l'Égypte; cette princesse demandait avec candeur que les jeunes Portugais vinssent épouser des Abyssiniennes, et qu'on envoyât des Portugaises à ses sujets, afin de mieux resserrer, disait-elle, les liens d'amitié entre les deux peuples [2]. Cependant les Portugais n'étaient pas encore assez solidement établis dans l'Orient pour pouvoir exécuter une entreprise telle que la conquête de l'Égypte; ils en firent de plus utiles. Ayant pénétré jusqu'aux Moluques, ils s'étaient assuré l'achat régulier des épices; ils avaient pris Malacca, et ils avaient débarqué dans l'île de Ceylan. Ils obtinrent un établissement à Macao, en face du port chinois de Canton; enfin leurs navigateurs étaient parvenus jusqu'à l'île Niphon [3]. Ainsi, depuis l'archipel du Japon, ils avaient une suite d'échelles pour servir de dépôt ou de débouché à leurs marchandises. Dans la Chine, ils avaient

(1) Commentarios do grande Alf. de Alboquerque &c.; Lisbonne, 1576.

(2) Voyez sur ces négociations la Collection de Voyages par Ramusio.

(3) Commentarios do grande Alf. de Alboquerque &c.

Macao; dans les Moluques, Timor, Ternate, Tidor; dans la presqu'île orientale de l'Inde, Malacca; dans l'île de Ceylan, Colombo; sur la côte de Coromandel, Négapatnam, Méliapour et Masulipatan; sur la côte de Malabar, Coulam, Cananor, Cochin et Goa; ils avaient encore Baçaïm et Diu daus le royaume de Cambaie. Puis, en traversant la mer des Indes, et revenant à l'Afrique, ils trouvaient leurs comptoirs à Mozambique, Mombasa et Sofala. S'ils voulaient commercer sur les côtes de l'Arabie, ils étaient sûrs de trouver un asile à l'île d'Ormuz et au fort de Mékran. Voulaient-ils doubler le cap de Bonne-Espérance, et revenir le long de la Guinée en Europe, ils y trouvaient le fort de la Mina. Ils avaient d'abord disputé la possession des îles Canaries aux Espagnols, et ils furent les uniques possesseurs de la riche île de Madère. Depuis Lisbonne jusqu'à la Chine et au Japon, ils étaient donc sûrs de trouver des marchés et des acheteurs ou des vendeurs.

C'est vers l'an 1540 qu'ils eurent consolidé jusqu'à ce point leur commerce avec l'Asie et l'Afrique. Ils purent fournir alors à l'Europe presque toutes les marchandises et denrées que les Vénitiens, les Génois et les Barcelonais lui avaient fournies jusqu'alors; ils les pouvaient même fournir à meilleur marché, parce que leurs vaisseaux, ayant plus de capacité, en transportaient une plus grande quantité à la fois, et parce que les marchandises ne passaient pas par les mains d'autant de facteurs que lorsqu'on les recevait par la voie de l'Égypte ou de la Syrie.

Auparavant il ne passait guère aux octrois des petites villes de Portugal que des denrées du pays; mais depuis le commencement du seizième siècle, on voit inscrits dans les tarifs municipaux la cannelle, le poivre, la rhubarbe, le coton, la soie, les parfums, le marbre du Levant, et malheureusement aussi les esclaves, pour lesquels on payait à l'entrée des villes comme pour les marchandises[1].

En 1503, les Portugais avaient apporté pour la première fois à Anvers, qui attirait alors à soi le commerce de Bruges, les marchandises de l'Inde[2]; ils promettaient d'en fournir à l'avenir, et ils firent à cet effet un arrangement avec les autorités municipales. Quelques années après, deux navires, venant des Canaries, débarquèrent au même port une cargaison de sucre[3]; on l'offrit à moins de trois gros la livre pesant. Cependant, soit que le haut prix de cette denrée

(1) Comparez les chartes Foral antigo et Novo Foral, de Montemor, des années 1241 et 1503; de Torres-Vedras, des années 1282 et 1502, de Thomar, des années 1200 et 1510, dans les volumes V, VI et VII des Memorias da Acad. real das scienc. de Lisboa.

(2) Reiffenberg, Mémoire sur la population, le commerce &c., des Pays-Bas.

(3) Ibidem.

n'eût pas permis jusqu'alors de la répandre dans les classes inférieures de la société, et d'en rendre l'usage commun, soit que la concurrence fût trop grande, soit enfin qu'on ne fût pas accoutumé encore à recevoir des denrées par les navires de l'océan Atlantique, les marchands eurent beaucoup de peine à se défaire de leur sucre, malgré le bas prix auquel ils le vendaient[1]. Il paraît que les épiceries apportées par les Portugais furent aussi reçues d'abord avec quelque defaveur en Allemagne : on les crut sophistiquées; probablement on ne s'imaginait pas qu'on pût donner a bon compte les véritables épiceries de l'Inde, qui jusqu'alors avaient coûté très-cher. Ce fut en 1522 ou 1523 que les premières épiceries venant des îles Moluques furent apportées au marché d'Anvers[2]. Ce fait éveilla l'attention du commerce de la ville; on envoya aussitôt trois navires dans l'Inde; mais on n'avait pas en route des échelles comme les Portugais. Les navires souffrirent beaucoup : il n'en revint qu'un seul[3]. Une factorerie portugaise s'établit à Anvers;

(1) Reiffenberg, Mémoire cité.

(2) « 1522 (1523) den 21 januar wirdt alhier te Antwerpen in der Wagen d'ierste Specerijen, Nagelen gewogen, die gecomen waren van den nieuwen eylanden die gevonden waeren in den jaeren 1500, 20, 21 et 22, geheeten Moluco, Java, Malacha, Bandos &c. » F. G. V., Chronyck van Antwerpen, van 1500 tot 1574; Leyde, 1743.

(3) Chronyck van Antwerpen, van 1500 tot 1574.

elle fournissait aux Pays-Bas et aux villes Anséatiques des pierres précieuses, des perles d'Orient, de l'or, des épices, des drogues, de l'ambre, du musc, de l'ivoire, de l'aloës, du coton, des parfums, du sucre, du bois de Brésil, du pastel, du vin de Madère, des fruits secs[1]. Elle vendait d'abord beaucoup de piment de l'île Saint-Thomas en Afrique, où cette espèce de poivre croît en abondance; mais dans la suite le Portugal prohiba ce commerce, pour ne pas nuire au débit du poivre de l'Inde[2] qu'il vendait plus cher et avec plus de bénéfice.

La bonne fortune des Portugais avait produit une sorte de commotion dans toute l'Europe, surtout à Venise. D'abord, en apprenant qu'une expédition portugaise avait mis à la voile pour conquérir des terres dans l'Inde, que l'on venait, pour ainsi dire, de découvrir, on doutait que les navires pussent revenir; ensuite, quand sur cent cinquante navires sortis successivement dans le courant de l'année, il n'en revint que la moitié, on pensait que les Portugais se laisseraient décourager par les périls de cette longue navigation[3]. Mais enfin, à la vue des cargaisons d'épices

(1) Reiffenberg, Mémoire cité.

(2) Memorias economicas da Acad. real das sciencias de Lisboa, tome I, pag. 198.

(3) Voyez le discours de Ramusio sur l'histoire du commerce des épiceries, dans le tome I de sa Collection de voyages.

et d'autres articles précieux que les Portugais venaient offrir dans les ports d'Europe, on ne put plus se faire illusion sur la grande révolution qui était sur le point de s'opérer dans le commerce. Ceux qui savaient combien la voie de l'Égypte renchérissait les articles d'épicerie, les aromates, les étoffes de l'Inde; combien la voie de terre par la Perse et la Syrie était longue et peu sûre, comprirent bientôt tout l'avantage que la découverte de la nouvelle route maritime donnerait au Portugal. Ce pays, justement enorgueilli de son bonheur, se plaisait à laisser subsister de l'obscurité sur ses expéditions. On dit que le roi de Portugal, qui prenait déja le titre pompeux de roi de l'Inde et de l'Afrique, défendit, sous peine de mort, de dresser des cartes des îles de l'Inde[1].

Cependant Venise était trop intéressée à avoir des notions exactes sur des découvertes qui menaçaient de la priver de son plus beau commerce. Ses agens à l'étranger, qui étaient en général des hommes instruits, la servirent avec tout le zèle qu'inspirent le patriotisme et l'amour de la science. Le patricien Conti, qui exerçait les fonctions de consul vénitien à Lisbonne, était versé dans la géographie et la navigation, et il paraît qu'il fut consulté par le roi de Portugal. Conti se hâta d'informer sa patrie de la découverte

(1) Consultez les rapports analysés par Foscarini, dans le livre IV de son ouvrage Della Litteratura veneziana.

extraordinaire faite par les navigateurs de Lisbonne. On racontait les détails les plus merveilleux sur Calicut et sur les autres villes et contrées de l'Inde. Trivigiano, secrétaire de l'ambassade vénitienne en Espagne, mit par écrit tout ce qu'il put recueillir de renseignemens sur les pays visités par les Européens en Asie; il en fut de même de Girolamo Priuli, qui enregistra, dans un journal tenu pendant quinze ans, les détails qui lui parvenaient sur le commerce de l'Inde, et qui entremêla ces faits de réflexions judicieuses sur le changement qui allait s'opérer. Foscarini[1], qui a vu ce journal, assure que Priuli y discute tous les effets que la découverte des Portugais devait avoir sur la valeur des épiceries, dont il fait connaître les prix à l'époque où il écrivait : il en prédisait la baisse inévitable[2]. En 1504, un autre Vénitien, Vincent Quirini, étant en mission en Espagne, se hâta de se rendre sur les frontières du Portugal, afin de savoir ce qu'il y avait de vrai dans ces bruits étonnans sur l'Inde, qui s'étaient répandus. Il adressa ensuite son rapport à la république qu'il représentait[3].

(1) Foscarini, Della Litteratura veneziana.

(2) Plusieurs Priuli ont visité l'Inde; on a de Maffeo Priuli une relation sur ce pays, de l'an 1537; elle a été publiée sous le titre de Copia di una lettera venuta d'India, nella quale si leggono cose maravigliose e varie di quelli paesi; Venise, 1824.

(3) Foscarini, Della Litteratura veneziana, liv. IV.

Roncinotto, qui dirigeait la maison de commerce vénitienne de Dominique Priuli, à Alexandrie, voulut savoir par ses propres yeux ce qui en était; il remonta le Nil, traversa la Nubie et l'Abyssinie, s'embarqua pour l'Inde, et s'introduisit dans Calicut; il revint par la Perse, et à son retour il mit toutes ses observations par écrit[1].

Tous les rapports qui parvenaient au gouvernement vénitien devaient le convaincre qu'il avait perdu l'empire des mers et le monopole des marchandises de l'Inde; à l'avenir, le commerce devait se faire dans un vaste océan auquel sa marine n'était pas habituée.

D'autres événemens tourmentèrent l'altière république des lagunes de l'Adriatique. Une ligue plus formidable que toutes celles contre lesquelles Venise avait eu à lutter jusqu'alors, la fameuse ligue de Cambrai, dont j'ai déjà parlé, méditait la ruine des Vénitiens. Il fallut tout sacrifier pour résister à la tempête qui allait éclater sur leur cité. Pendant plusieurs années Venise fut obligée d'entretenir une puissante armée, et de négocier partout, afin de briser cette ligue, dont les nœuds à la vérité n'étaient pas étroitement serrés, et qui ne fit pas tout le mal dont elle menaçait son ennemie.

(1) Foscarini, Della Litteratura veneziana, liv. IV.

Cependant au milieu des embarras que la guerre donnait aux Vénitiens, ils n'oublièrent point les intérêts de leur commerce en Orient. On ne connaît pas bien les moyens politiques qu'ils employèrent secrétement pour empêcher les Portugais de profiter de leurs découvertes ; mais il semble que les autres puissances en aient été informées. Du moins, dans une harangue adressée à la diète germanique, à Augsbourg, et ayant pour but d'exciter de nouveau l'Allemagne contre Venise, Hélian, orateur envoyé par Louis XII, roi de France, qui alors était allié avec l'empereur Maximilien contre le pape et Venise, accusa ouvertement cette république d'avoir essayé de traverser tous les grands projets du Portugal, et d'avoir fourni des ingénieurs et des secours au soudan d'Égypte contre ce royaume, afin de se venger de ce que les Portugais avaient refusé de s'associer avec Venise pour le commerce de l'Inde[1]. Cette accusation est repoussée par les auteurs vénitiens, comme étant dénuée de preuves. En effet, loin de se brouiller avec le Portugal, Venise renouvela, en 1522, d'anciens traités de commerce qui la liaient avec cette puissance. Le roi Emmanuel permit aux galères vénitiennes d'apporter à Lisbonne des marchandises de toute espèce, moyennant un droit de cinq pour cent à prélever sur

(1) Amelot de la Houssaie, Histoire du Gouvernement de Venise. — Garnier, Histoire de France, tom. XXII.

la vente[1]. Ce traité était avantageux pour les deux nations; car, pour le commerce du Levant, il fallait au Portugal des assortimens de marchandises que Venise seule pouvait fournir, Lisbonne ayant trop peu de fabriques et trop peu de relations avec l'étranger, pour être pourvue d'autant de magasins que Venise. Sur les bords du Tage, on avait, comme je l'ai fait remarquer, l'esprit de la domination, mais celui du commerce y manquait; aussi n'y conserva-t-on pas long-temps la supériorité commerciale qu'on y avait acquise par une marine conquérante.

Le Portugal était encore à la recherche de la voie maritime de l'Inde, lorsqu'un homme, alors inconnu, mais qui depuis est devenu un des plus célèbres dans l'histoire, Christophe Colomb, engagea la cour à faire les frais d'une expédition qui devait chercher une voie toute différente pour parvenir dans l'Inde. Il s'agissait d'aller toujours à l'ouest, et de prendre ainsi l'Inde par un côté où personne ne pouvait y avoir encore abordé. Il avait consulté, en 1474, le savant astronome florentin Toscanelli, qui avait été également sollicité, au nom du roi de Portugal, de donner son avis sur la possibilité de ce voyage. Toscanelli était

(1) « Che ogni volta che le ditte galie veniranno sieno ben ricevute, e tutti quelli che in le ditte venira, venirando ben tratadi e favoriti. » Traité de l'an 1522, docum. IV du tome VII de Marin, Storia del commercio de' Veneziani.

bien convaincu que l'on pourrait se procurer les épices de l'Inde par la voie de l'ouest[1]; il indiquait une île Antille qu'on devait trouver en route, puis l'île de Cipangu ou Japon, et de là on arriverait sans difficulté à l'Inde : il avait tracé cette route sur une carte[2]. D'autres savans avaient des idées semblables : sur le globe que construisit Martin Behaim, en 1492, à Nuremberg, la route pour arriver au Cathay et au Cipangu était aussi indiquée à l'ouest de l'Europe[3].

Fatigué peut-être des projets et des offres de service des aventuriers génois, vénitiens et autres, qui accouraient sur les bords du Tage, le Portugal rejeta la proposition de Colomb. Le marin génois se rendit en Espagne. Dans ce royaume l'esprit d'émulation avait été excité par les succès des Portugais le long de la côte d'Afrique. Cadix, Séville, Palos, Huelva, et d'autres villes, avaient de bons pilotes et des navigateurs qui, plusieurs fois, avaient visité les côtes africaines, et connaissaient bien les parages des contrées

(1) Voyez le tome I de la Coleccion de los viages y descubrimientos que hicieron por mar los Españoles &c., par M. de Navarrete; Madrid, 1825.

(2) « Veo el noble y gran deseo vuestro de querer pasar adonde nacen las especerias &c. » Lettre de Toscanelli, dans l'Histoire de Colomb par son fils, D. Ferdinand, et dans le tome II de Navarrete, Colecc. de los viages &c.

(3) Forster, Histoire des découvertes et des voyages faits dans le Nord, tom II, liv III.

des Maures, et les îles de l'Océan voisines de l'Afrique. Les Espagnols étaient établis et faisaient d'assez fréquens voyages aux îles Canaries : cette route leur était familière. Colomb proposa de partir de cet archipel, en se dirigeant toujours à l'ouest, jusqu'à ce qu'il abordât à l'Inde par le côté oriental[1]. Le projet fut goûté par la cour d'Espagne : l'expédition fut armée, et mit en mer. Colomb, espérant de trouver cette Inde par une voie nouvelle, crut déjà voir la Tartarie quand il découvrit les premières terres et iles de l'Amérique[2]; il entendit même parler d'un Gange, ce qui dut le confirmer dans l'idée qu'il touchait au but.

Cependant la forme étrange des hommes, des végétaux, des animaux, la configuration et la position des îles et des continens, le convainquirent bientôt qu'un monde nouveau s'étendait devant ses regards, et qu'au lieu de l'est de l'Asie, il avait découvert un

(1) Colomb dit lui-même, dans le récit de son premier voyage, que le roi et la reine d'Espagne « pensaron de enviarme a mi Cristobal Colon à las dichas partidas de India para verlos dichos principes (le grand kan de Tartarie), y los pueblos y tierras y la disposicion dellas y de todo.... y ordinaron que yo no fuese por tierra al oriente por donde se costumbra de andar salvo, mas por el camino de Occidente, por donde hasta hoy no sabemos por certa fé que haya pasado nadie. » Pag. 2.

(2) « Por no perder tiempo quiero ir a ver si puedo topar à la isla de Cipango. » Pag. 23 du même récit. Cette île de Cipango

continent immense dont les richesses égalaient et surpassaient même sous plusieurs rapports celles de l'Inde, qui alors étaient un objet d'envie pour tous les peuples de la Méditerranée. Déjà, à la vue du coton, Christophe Colomb prévit le parti que l'Espagne pourrait tirer de cette production[1]; mais à l'aspect de l'or, des pierres fines, des épices, il ne balança pas à déclarer que c'était le plus beau pays du monde[2].

A aucune époque de l'histoire, les grandes découvertes ne s'étaient succédé aussi rapidement, et n'avaient produit une révolution aussi prompte dans la direction du commerce. Tandis que les Portugais fondaient des échelles commerciales et des colonies le long de l'Afrique et sur les côtes de l'Inde jusqu'en Chine, les Espagnols exploraient l'Amérique tropicale, et s'emparaient de vastes empires qui mettaient entre leurs mains des mines de métaux précieux, des

était, selon Marco-Polo, à quinze cents milles de l'Inde, et dans la haute mer. Plus tard, il crut y être arrivé, et voulut aller à Quisay, et porter les lettres du roi d'Espagne au grand khan des Tartares. Pag. 37, 40 et 44 du même récit.

(1) « Y tambien aqui se habria grande suma de algodon, y creo que se venderia muy bien aca sin le llevar á España &c. » Pag. 54 de ce récit.

(2) « Cuando yo descubri los Indias dije que eran el mayor señorio rico que hay el mundo; yo dije del oro, perlas, piedras preciosas, especerias &c. » Ibid, pag. 308.

terres fertiles en productions exquises et bien propres à flatter le goût des Européens, et à leur faire abandonner l'usage qu'ils faisaient de plusieurs denrées de l'Asie. Ce climat tropical convenait d'ailleurs à la plupart des productions de l'Inde, de la Perse, de l'Arabie; on ne tarda pas à les y transplanter. Ainsi la canne à sucre, transplantée de Madère et des îles du cap Vert au Brésil, y réussit parfaitement; il en fut de même du riz et d'autres productions utiles aux Européens. A la vérité, la compagnie portugaise de l'Inde, voyant que ces nouvelles cultures allaient nuire à son commerce, sollicita des prohibitions et en obtint; mais d'autres puissances eurent des colonies en Amérique. Cette partie du monde envoya avec profusion ses richesses végétales en Europe. La médecine y fit des conquêtes importantes: le quinquina, l'ipécacuana, et d'autres drogues officinales, se répandirent dans nos pharmacies, et nuisirent au crédit des thériaques de Venise.

Pour lors, c'en était fait du monopole des marchands levantins : rien ne pouvait les garantir de la perte de leurs avantages. Les nations d'Europe furent pourvues de denrées et de marchandises de tous les côtés, par la marine des grands états; elles n'avaient plus besoin de courtiser les Vénitiens, les Turcs ou les Sarrasins. Il n'y eut plus que quelques contrées de la Méditerranée qui trouvassent encore de l'avantage à continuer d'avoir des relations suivies avec le Levant. Pour le resté de l'Europe, il eut bien plus d'intérêt à tirer ses denrées de l'Amérique, ou de l'Inde par la voie de l'océan Atlantique et du cap de Bonne-Espérance. L'Angleterre et la Hollande, imitant l'Espagne et le Portugal, firent, comme ces deux puissances, des expéditions, des découvertes et des conquêtes; ils disputèrent aux Portugais et aux Espagnols quelques-unes de leurs colonies et possessions d'outre-mer. L'Angleterre chercha même une nouvelle route de l'Inde par la mer Blanche; elle y gagna au moins de nouvelles relations avec le nord de l'Europe. Quant à l'Amérique, toutes les grandes nations maritimes d'Europe y eurent des colonies, ou du moins quelques îles.

Un Génois, Paul Centurioni, conçut le hardi projet de détourner la route du commerce de l'Inde, en la faisant passer par la Boukharie, la mer Caspienne, le Volga et la Dvina. Muni de lettres du pape, il se rendit auprès du czar de Moscovie, pour le déterminer à entrer dans cette entreprise. Par maladresse, il joignit à ce projet utile celui de convertir les Moscovites : il échoua dans sa négociation. Le commerce d'Europe n'aurait pas d'ailleurs tiré beaucoup d'avantages de cette route longue et pénible; cependant elle aurait pu servir pour les marchandises précieuses, si les Russes avaient atteint alors le même degré de civilisation que les autres peuples européens[1].

Malgré les découvertes du Nouveau-Monde, l'Inde restait pour l'Europe le but d'immenses spéculations; aussi la Hollande, l'Angleterre, et plus tard les autres grandes nations maritimes, eurent leurs compagnies privilégiées pour exploiter le commerce de l'Inde, qui donnait encore des bénéfices considérables. Les Portugais ne purent conserver la position brillante à laquelle la fortune les avait élevés subitement, et qui les avait mis à même d'être les facteurs du commerce oriental.

Si, au lieu de chasser les Maures des ports de l'Inde, et de vouloir forcer le commerce à prendre la route de Lisbonne, ils s'étaient appliqués à ouvrir dans l'Inde des comptoirs, et à vendre à toutes les nations, et si au lieu de régner en conquérans, et de détruire le commerce, si florissant, entre l'Inde et l'Arabie, ils s'étaient contentés d'en recueillir les bénéfices, ils se seraient enrichis, et auraient joui long-temps peut-être des fruits de leur sagesse. Ayant fait le contraire de tout cela, ils virent promptement s'évanouir la perspective brillante du rôle qu'ils s'étaient cru appelés à jouer en Europe.

Les rois d'Espagne, ayant pris possession du

(1) Discours de Ramusio sur le commerce des épiceries.

trône de Portugal, après l'extinction de la dynastie régnante, voulurent attirer à eux ce grand commerce; ils prirent les armes pour soutenir leurs prétentions; ils exclurent les Vénitiens des marchés d'Espagne et de Flandre. Tout en voulant subjuger les Pays-Bas, ils réussirent à détruire cet entrepôt général, où s'étaient rencontrés les peuples du nord et du midi, les navires de la Méditerranée et de la Baltique; cependant les Pays-Bas se soulevèrent contre le joug qu'on voulait leur imposer. Devenus libres, les Hollandais attirèrent à eux le commerce d'Anvers; et, se voyant gênés par le roi Philippe dans leurs relations avec Lisbonne, ils tentèrent eux-mêmes des expéditions dans l'Inde, et finirent par y supplanter les Portugais. Amsterdam devint ce que les ports de Flandre avaient été pour le Nord. A la vérité les Espagnols demeurèrent puissans, mais ils ne furent jamais une nation très-commerçante.

Depuis que les Turcs infestaient la Méditerranée, il n'y avait plus de navigation sûre et stable. Cependant l'ordre chevaleresque de Malte leur livrait des combats acharnés. Charles-Quint leur prit Tunis; Venise osa se mesurer avec eux et leur faire de longues guerres sur la mer et sur le continent. Néanmoins les Turcs s'emparèrent de l'île de Chypre, dont la possession avait permis encore aux Vénitiens de communiquer directement avec la Syrie. Plus tard les Turcs envahirent aussi l'île de Candie; et, quoique cette riche contrée fût défendue opiniâtrement pendant plus de dix ans, Venise ne fut pas capable de se maintenir dans la possession de ce royaume : il succomba au croissant mahométan, après avoir coûté aux Vénitiens plus de cent millions de pièces d'or, la vie de plus de deux cents patriciens, des armées et des flottes entières. Presque tous les ports et parages du Levant, et toute la mer Noire, étaient alors au pouvoir des Turcs.

Soliman avait même projeté la conquête de l'Inde et la destruction du commerce des Portugais. Malgré les difficultés qui s'opposaient à son entreprise, le sultan turc avait commencé à la mettre à exécution, en faisant construire une flotte à Suez, sur la mer Rouge, où tout manquait pour cela. Il avait arrêté tous les bâtimens vénitiens à Alexandrie, et forcé les équipages à le servir. Si Soliman avait réussi, c'eût été un coup décisif pour le commerce des Européens. Heureusement pour eux, la flotte puissante des Portugais arrêta les Turcs dans leurs expéditions; ceux-ci se consolèrent en rapportant, selon leur coutume barbare, quelques tonneaux remplis de têtes, de nez et d'oreilles [1].

Les peuples de l'Inde et de l'Arabie, déjà fatigués de l'oppression exercée sur eux par les Portugais, s'é-

(1) Voyez la relation d'un pilote de l'expédition, dans le Recueil de voyages de Ramusio.

taient tournés aussi vers le fameux Thamas, roi de Perse, qui remplissait l'Orient du bruit de ses exploits. Il reçut des ambassades de l'Arabie, de Sumatra, des Moluques; elles se trouvèrent à sa cour avec les envoyés de l'empereur Charles-Quint et des Tartares voisins de la mer Caspienne. On le supplia d'être le libérateur de l'Orient, et de chasser les Portugais[1]; mais Thamas, n'ayant pas une marine égale à celle des Portugais, s'était bien gardé de compromettre sa gloire acquise, et les Portugais étaient demeurés en possession du commerce ou plutôt du monopole des productions de l'Inde.

Cependant les Turcs, quoique peu faits pour la vie sociale et active des commerçans, ne furent pas insensibles aux bénéfices que donnaient les douanes; les Vénitiens, les Anglais, les Français, purent enfin négocier avec eux. Les caravanes continuaient de venir de l'intérieur de l'Asie, et de porter des marchandises sur les côtes turques de la Méditerranée. En faciliter le débit était un moyen d'enrichir le trésor du sultan; il y eut donc du commerce en dépit des antipathies nationales, des guerres et des actes de violence.

Les Vénitiens établirent une échelle de commerce,

(1) P. Bisarri, Histoire de Perse, liv. X, dans le recueil Script. rerum persic.; Francfort, 1601; et le voyage de Roncinotto, dans le recueil des Voyages à Tana, publiés par Ant. Manuce.

pour les denrées du Levant surtout, à Durazzo, port de la Dalmatie, où les marchandises pouvaient arriver par la Turquie, sans avoir les corsaires à redouter. Malheureusement la bonne foi ne présida pas toujours aux transactions mercantiles, et les Latins ne furent pas toujours scrupuleux dans le choix des moyens de gagner au commerce avec les Barbares. C'est ainsi qu'ils fabriquèrent long-temps une petite monnaie, connue sous le nom de *temins*, que les Turcs prenaient pour de l'argent, et qui n'était que du cuivre argenté. On en exporta des cargaisons entières des ports d'Europe, pour servir aux achats des denrées orientales. On trompa grossièrement les Turcs, qui ne s'aperçurent que tard de la supercherie, et mirent enfin cette monnaie hors de cours. On prétend que les Latins avaient porté l'audace jusqu'à s'avertir mutuellement par les légendes latines de ces monnaies de leur mauvais aloi, afin que les Turcs seuls fussent trompés[1]. C'était au reste une habitude ancienne des peuples maritimes de l'Europe de fabriquer de la petite monnaie pour le commerce du Levant. Nous avons vu qu'on en frappait à Montpellier pour s'en servir dans les ports de l'Afrique. Les Vénitiens avaient plusieurs petites monnaies, telles que

(1) Ces légendes étaient : « Voluit hanc Asia mercem » et « De procùl pretium ejus! » — Archiv für Geschichte; Vienne, 1829, n° 70.

les *marcelles* et les *mocénigues* (*mocenighi*), dont ils exportaient des quantités considérables pour les ports de l'Égypte et de la Syrie, et sur la vente desquelles ils gagnaient encore quatre à cinq pour cent[1].

Une denrée que l'on n'avait pas connue autrefois, et qui commença au dix-septième siècle à prendre faveur d'abord au Levant[2], puis en Europe, et qui est restée chez nous un objet habituel de consommation, le café aurait pu devenir une branche considérable d'importation pour les peuples voisins de la Méditerranée, si les vaisseaux de l'Océan n'étaient allés le chercher eux-mêmes à Moka, et si on ne l'eût transplanté ensuite dans les colonies d'Amérique. Le thé, que l'on connut dans le même temps, ou un peu plus tard, fut un autre article de commerce maritime pour lequel l'Europe devint tributaire de l'Asie.

Venise avait sagement commencé de s'adonner davantage à l'agriculture; elle finit par récolter du riz au-delà de ses besoins. Ses fabriques conservèrent long-temps une réputation méritée, surtout celles où l'on apprêtait les objets de luxe; on recherchait ses glaces, son orfévrerie, sa bijouterie, ses cires, ses riches étoffes : les Turcs en recevaient une quantité

(1) Tariffa de Barthol. de Paxi; Venise, 1503. — Filiasi, Saggio sull' antico commercio de' Veneziani, part. I.

(2) Voyez le Traité d'Abd-Alkader sur le café, dans le tome I de la Chrestomathie arabe de M. de Sacy.

considérable. On se servait du sucre d'Occident pour confire les fruits destinés pour les contrées d'Orient. Tel était le changement produit dans le commerce[1].

Venise se distinguait dans les beaux-arts et dans le nouvel art de l'imprimerie; pour les affaires de banque et d'échange, elle était encore une des premières villes du monde, ainsi que pour la magnificence des fêtes publiques. A la regate, ou joute, donnée en 1557 pour les noces du doge, toutes les gondoles étaient drapées en velours et en damas; plus de deux cents femmes couvertes de perles et de bijoux d'une valeur immense brillèrent au cortège; les hommes étaient en costume de velours et de soie. Les arts et métiers avoient étalé dans des loges splendidement ornées les plus beaux produits de leur industrie; les orfèvres et les bijoutiers exposèrent aux regards de la jeune dogaresse des richesses auxquelles avaient contribué les diverses parties du monde. Une fête semblable fut donnée en 1571 pour célébrer une victoire sur les Turcs, avec lesquels il aurait pourtant mieux valu faire un bon commerce que de se battre. A cette fête on vit toutes les boutiques ornées de beaux tapis, les bijoux et les riches parures brillèrent de tous les côtés; la place de Rialto, sur laquelle on avait élevé

(1) Marin, Storia del commercio &c., tom. VIII.

le trophée de la victoire, était toute décorée de draperies écarlates [1].

Ces pompes et cet étalage de richesses acquises dans des temps plus heureux ne couvraient point à des yeux clairvoyans la décadence de la république. Son monopole d'épicerie etait irrévocablement perdu ; et telle fut à cet égard la baisse à Venise, que cette puissance altière, qui auparavant n'avait pas permis aux bâtimens étrangers d'apporter des épiceries dans ses ports, jugea à propos, au dix-septième siècle, d'encourager l'importation des épices sur bâtimens anglais, en réduisant pour eux les droits d'entrée jusqu'à la moitié [2]; démarche qui constatait et la décadence de sa marine et le besoin que Venise avait des autres peuples commerçans. Mais en revanche, les productions de son territoire s'étaient considérablement accrues, et il vint un temps où cette même Venise, qui auparavant allait chercher des soies dans l'Orient pour ses fabriques, en produisit assez sur son sol pour pouvoir en vendre tous les ans à la France et à l'Angleterre pour la valeur de vingt millions de francs [3], si toutefois cette assertion d'un auteur vénitien n'est pas exagérée : ce fut à une

(1) Sansovino, liv. X. — Il Ricoglitore; Milan, 1829, juillet.

(2) Marin, Storia del commercio &c., tom. VIII.

(3) Formaleoni, Storia filosof. e politica della navigazione, del commercio &c. del mar Negro; tom. I, chap. XIV.

époque où Lyon surpassait de beaucoup Venise, et où les soieries lyonnaises étaient recherchées de préférence dans le Levant.

Dans notre siècle, Venise est arrivée au dernier degré de sa décadence, en perdant sa liberté, ses richesses et le reste de son commerce; et l'Autriche n'a pu trouver d'autre moyen de lui conserver quelques affaires qu'en lui accordant la franchise de son port.

D'autres villes commerçantes de la Méditerranée n'avaient peut-être pas éprouvé d'une manière aussi sensible les suites de la découverte du cap de Bonne-Espérance et de l'Amérique. Gênes, quoique subjuguée et humiliée par Louis XII, à qui les bourgeois furent réduits à demander grâce pour leur vie, resta une ville très-puissante; il est vrai qu'elle ne commandait plus par ses flottes sur la Méditerranée. Nous l'avons vue, dans notre siècle, également effacée du nombre des républiques. Livourne fut plus florissante qu'avant l'arrivée des Turcs; une partie des affaires commerciales se porta de Venise et de Gènes dans ce port de la Toscane, qui depuis est toujours resté en communication avec le Levant, tandis que les anciennes républiques en ont à-peu-près oublié la route.

Le dix-neuvième siècle nous présente encore, comme au seizième, les Ottomans en possession de tous les ports du Levant, ainsi que de l'entrée de la mer Noire; toutefois la Russie les a forcés, en 1829, à ouvrir cette mer aux Européens. L'Égypte est toujours occupée par les Musulmans; et, comme dans les derniers temps des Sarrasins, les Chrétiens jouissent d'assez de facilité dans leurs relations avec Alexandrie, quoique le pacha exerce des monopoles à l'instar de ceux de l'ancien soudan. A peu de changement près, les consulats européens subsistent dans les échelles où ils avaient été établis pendant les croisades, ou peu de temps après. La Grèce n'est plus ce qu'elle était lors de la fin de l'empire de Byzance; après avoir été opprimée pendant trois siècles et demi par les Turcs, étant ravagée, pillée, dépeuplée, elle ne fait que se relever de ses ruines avec le secours de la France et des autres grandes puissances d'Europe; son commerce, si intéressant pour Marseille, a été réduit presqu'à rien. Cette Romanie, autrefois si importante pour Venise, compte pour peu de chose dans le commerce d'Europe.

Aujourd'hui, comme au moyen âge, les peuples éprouvent le besoin d'entretenir des relations mercantiles avec les échelles du Levant capables de fournir une quantité de denrées utiles. Malgré l'extension qu'a prise la navigation de l'Océan, et malgré la variété de productions fournies par le Nouveau Monde, surtout par les colonies d'Europe, on a encore le même desir qu'autrefois d'ouvrir des routes directes, à travers l'Égypte et la mer Rouge, avec l'Inde dont le riche sol est constamment un objet d'envie pour les peuples des climats tempérés. Malheureusement la barbarie des contrées intermédiaires n'a guère changé; mais depuis les bords de la mer Noire jusqu'à ceux de la Baltique, depuis le Caucase jusqu'aux frontières de la Chine, s'étend un empire chrétien qui pourra égaler un jour en civilisation les principales nations d'Europe, et changer en partie la direction du commerce de l'Inde, si ce changement ne part pas toutefois de l'Inde même, où grandit actuellement une race nouvelle, celle des Anglo-Indiens, qui sûrement aura un jour quelque influence sur les destinées du commerce de l'Orient, quand aura cessé le monopole de la compagnie anglaise, la plus puissante association mercantile que le monde a vue et verra peut-être, et que l'on était loin de prévoir dans le moyen âge.

FIN DU CHAPITRE XII ET DERNIER.

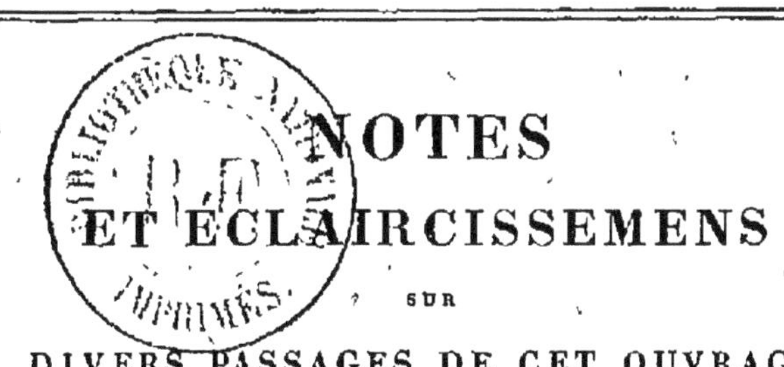

NOTES ET ÉCLAIRCISSEMENS SUR DIVERS PASSAGES DE CET OUVRAGE.

CHAP. II. — COMMERCE DE L'ÉGYPTE.

Pag. 57. — *Esclaves.*

NON contens d'alimenter la troupe des Mamelouks, en achetant des esclaves dans la Grèce et dans les pays situés entre la mer Noire et la mer Caspienne, les soudans d'Égypte en tiraient aussi des pays voisins. Les auteurs arabes nous ont conservé un traité que le soudan Kelaoun avait fait, en l'an 1285 de notre ère, avec le roi chrétien de la petite Arménie. Dans cet acte, le soudan stipulait, non-seulement que tous les voyageurs qui voudraient se rendre de l'Asie mineure, de la Perse, de la Mésopotamie dans l'Égypte, pourraient traverser librement l'Arménie, mais aussi que les habitans de l'Égypte pourraient tirer de l'Arménie *les chevaux, les mulets, les esclaves des deux sexes,* qu'ils y auraient achetés [1]. On est habitué à voir dans les transactions du moyen âge les captifs rangés auprès des bêtes de somme.

Pag. 58. — *Exportation du bois pour l'Égypte.*

Venise, située dans les lagunes où débouchent les ri-

(1) Voyez Reinaud, Extraits des auteurs arabes relatifs aux croisades; 2.e édition, p. 552.

vières de l'Istrie et du Frioul, pouvait se procurer à peu de frais les bois de toute espèce. Aussi fit-elle toujours un commerce considérable avec l'étranger. Cette facilité de se procurer toute sorte de bois avait donné lieu à la fabrication de la boissellerie, dans un des quartiers de Venise. On y façonnait des vases de toute espèce, des coupes, des caisses, des boîtes et cassettes, en chêne, frêne, sorbier, &c. Cette boissellerie avait beaucoup de débit dans le Levant; il paraît qu'elle passait en grande partie de l'Égypte et des États barbaresques dans l'intérieur de l'Afrique, chez les Bédouins, les habitans du Soudan, les Maures du désert [1], &c. Peut-être cette marchandise allait-elle de peuple en peuple à travers une grande partie de l'Afrique. Les ports de l'Asie recevaient également beaucoup de boissellerie vénitienne, et il est probable qu'elle se répandait aussi dans l'intérieur de cette partie du monde. Ce commerce a continué jusqu'à la fin de l'existence de la république vénitienne, après avoir duré au moins huit siècles. On sait en effet que déjà au dixième siècle cette branche de commerce était en plein exercice, puisqu'une loi du doge Pierre Candiano IV, de l'an 971, statua qu'à l'avenir les marchands vénitiens ne pourraient exporter pour les pays des Sarrasins que des planches de frêne longues de cinq pieds, et larges d'un pied et demi, des bassins, des coupes, des tasses, des caisses, des planches de peuplier blanc de la dimension susdite, et que ces objets en bois ne pourraient être déchargés que dans les ports de Mogadin et de Tripoli, en Afrique, et dans celui d'Ascalon, en Syrie [2]. Ce qui prouve combien la corporation des boisse-

(1) Filiasi, Saggio sull' antico commercio de' Veneziani, part. I.

(2) Codex trevisan., cité par le même.

liers fut considérable, c'est que plusieurs fois, dans les guerres de la république, elle fournit à la patrie un grand nombre de barques et d'hommes armés [1].

Pag. 75. — *Voyages des Latins dans l'Égypte, au moyen âge.*

Déjà au quatorzième siècle les pélerins de l'Europe éprouvaient, à ce qu'il paraît, très-peu de difficultés pour traverser l'Égypte, et se rendre par terre dans la Palestine. Nous avons la relation intéressante d'un de ces pélerins, Nicolo Frescobaldi, d'une famille très-considérée à Florence, qui s'embarqua en 1384 pour l'Égypte, la traversa jusqu'à la mer Rouge, et se rendit de là en Syrie, pour faire ses dévotions au Saint-Sépulcre. Comme cette relation, que Manzi a tirée il n'y a pas long-temps d'un manuscrit de la Bibliothèque barberine, à Rome [2], contient plus de détails que celles d'autres voyageurs du temps, sur l'état social et commercial de l'Égypte, un court extrait de son itinéraire ne sera pas déplacé ici.

Au mois d'août 1384, Frescobaldi, accompagné de deux autres Florentins, se rendit à Venise, où ils trouvèrent beaucoup d'autres pélerins prêts à s'embarquer directement pour la Syrie. Frescobaldi et ses compagnons voulurent s'y rendre par l'Égypte : aussi, au lieu de s'embarquer sur les galères, les trois Florentins firent marché avec un navire marchand (*coccha*) de sept cents tonneaux (le tonneau à mille livres pesant), et appelé *la Pola*, à raison de 17 ducats pour la traversée à Alexandrie. Le patron

(1) Filiasi, Saggio &c., part. I.

(2) Viaggio di Lionardo Nicolo Frescobaldi Fiorentino in Egitto e in Terra Santa, con un discorso dell' editore sopra il commercio degl' Italiani nel secolo XIV; Rome, 1818, in-8°.

du navire était un noble, de la famille de Morosini. La maison florentine de Portinari, à Venise, qui avait de grandes relations et des facteurs dans le Levant, leur donna des lettres de change sur Alexandrie et sur Damas, et ils s'embarquèrent le 4 septembre, après s'être munis de malvoisie et d'autres vivres. Le navire avait une cargaison de draps de Lombardie, d'argent en lingots, de cuivre raffiné, d'huile et de safran. Il avait à bord, outre les matelots et les passagers, quinze balistiers ou archers. On rencontra en route une galéasse démontée, transportant deux cents pèlerins pauvres qui, n'ayant que peu de chose à donner pour leur passage, s'étaient embarqués sur ce vieux bâtiment pour retourner en Europe. *La Pola* toucha à Zante et à Lépante, où l'on prit des rafraîchissemens. On entra ensuite à Modon, entrepôt du commerce des vins de la Romanie. Le podestat vénitien de la place, nommé Contarini, donna aux voyageurs des lettres de recommandation pour le consul vénitien à Alexandrie, pour celui de Barut, et pour le grand drogman du soudan. Ce renégat était vénitien de naissance, et avait pour femme la fille d'un renégat florentin. On toucha aussi à Coron, pour embarquer des marchandises au compte de quelques marchands qui étaient à bord de *la Pola*. Le navire prit ensuite le large, et, dans la nuit du 27 septembre, il entra dans le port d'Alexandrie. Ainsi la traversée n'avait été que de vingt-trois jours, y compris le séjour qu'on avait fait dans les places de la Grèce. Dès que *la Pola* fut entrée, une djerme, ou barque égyptienne, portant une vingtaine d'employés et de noirs vint aborder le navire. Ces douaniers enlevèrent la voile et le gouvernail, *selon leur coutume*, dit Frescobaldi. C'était une des mesures vexatoires auxquelles on soumettait les étrangers dans le port d'Alexandrie. Dès qu'il arrivait un bâtiment étranger, les douaniers enlevaient les agrès, la voilure et le gouvernail, pour être sûrs que le navire ne s'en irait pas sans l'autorisation du soudan. Cette mesure s'exécutait aussi à Aden, et sur la côte de la Barbarie : nous avons vu plus haut[1] un traité, entre l'Aragon et Tunis, dans lequel il fut stipulé que les douaniers tunisiens n'enlèveraient pas le gouvernail, les agrès et voiles des navires aragonais. Venise se soumettait apparemment en Égypte à la volonté despotique du soudan. On estima ensuite le navire et la cargaison, et on conduisit les passagers dans un bureau pour y être inscrits sur le registre, après quoi on les consigna entre les mains du *consul des Français et des pélerins*, c'est ainsi que le désigne Frescobaldi : Florence n'avait pas encore de consul en Egypte ; celui de France était chargé apparemment du soin de tous les pélerins qui n'avaient pas de consul de leur nation dans ce pays. Depuis les croisades, les rois de France étaient considérés comme les protecteurs du saint Sépulcre et de tous les pélerins qui allaient visiter la Terre-Sainte.

On examina à la douane tous les effets de nos voyageurs, et on leur fit payer deux pour cent de la monnaie d'or et d'argent qu'ils portaient, ainsi que de leurs effets. De plus, on les soumit à un tribut d'un ducat par tête. Ils allèrent loger chez le consul de France. Sa maison était vaste, et avait une cour autour de laquelle était pratiquée une galerie sur laquelle on passait pour se rendre dans de petites chambres ou cellules ; au-dessous de la galerie, il y avait des magasins pour y déposer les marchandises. Ils firent un accord avec le consul pour leur entretien. Ce Français

(1) Voyez ci-dessus, chap. IX, pag. 148.

avait épousé une chrétienne du pays sarrasin; mais à eux deux ils n'avaient guère qu'un grain de foi, à ce que prétend Frescobaldi. Il les mena chez les consuls des Vénitiens, des Génois et des Catalans, ainsi que chez Gui de Ricci, facteur de la maison Portinari. Nos voyageurs furent bien accueillis de tous ces fonctionnaires.

Alexandrie avait à cette époque une population de soixante-dix mille ames; un amiral, ayant sous ses ordres des troupes tartares, turcomanes, arabes et syriennes, maintenait l'ordre. Il y avait en outre un grand dignitaire civil, appelé Al-Meleck, auquel le consul de France présenta nos pélerins. Frescobaldi ne remarqua rien d'intéressant dans le palais de ce chef, que de très-beaux tapis.

Le canal du Nil à Alexandrie était encore en bon état, et la ville recevait par cette voie beaucoup de marchandises, surtout des soieries, épiceries et sucres. Il y avait à Alexandrie beaucoup d'habitans chrétiens; ils ne pouvaient quitter leurs maisons pendant les prières dans les mosquées. A cette époque, on enfermait aussi les Francs dans leurs khans ou fondes.

Voulant se rendre au Caire, les pélerins furent consignés entre les mains d'un drogman, en payant quatre ducats par tête. Ils se pourvurent de vin chez le consul de Venise, et s'embarquèrent, le 5 octobre, dans une djerme sur le canal du Nil, dont les bords étaient couverts de maisons de plaisance, de jardins et de vergers, qui fournissaient des cédrats, des dattes, des oranges et des citrons, &c. Le delta du Nil était couvert de plantations de sucre et de dattiers. Sur le fleuve, nos voyageurs virent une multitude de bateaux chargés de marchandises, et conduits en partie par des femmes, qui transportaient ces cargaisons à Rosette et Alexandrie.

Ils arrivèrent au Caire le 11 octobre, et furent conduits aussitôt chez le grand drogman, à qui ils remirent leurs lettres de recommandation. Ils virent revenir le soudan de la chasse, avec un cortége brillant. Ce soudan était Grec de naissance, et avait été vendu comme esclave, dans son enfance, à un émir d'Égypte. Il parvint plus tard au poste d'un des chefs de quartiers du Caire; puis, soutenu par les Mamelouks, et ayant emprisonné le sultan régnant et sa famille, il s'était emparé du trône.

A Boulak, ou au port du Caire, Frescobaldi vit autant de navires qu'il y en a dans les ports de Venise, de Gênes ou d'Ancône; ils étaient pour la plupart de la portée de quatre cents tonneaux. La place devant le château du soudan était habitée par un grand nombre de joailliers qui étalaient dans leurs boutiques une richesse étonnante en pierres précieuses et en perles. Les femmes du Caire se livraient beaucoup au négoce, et parcouraient toute l'Égypte pour suivre leurs spéculations mercantiles.

La monnaie qui circulait dans cette capitale était d'abord le besan d'or, qui valait un ducat et un quart, puis le ducat d'or de Venise. Il n'y avait pas d'autres pièces de ce métal. Nous avons vu que, dans le siècle suivant, les Florentins parvinrent à faire admettre aussi comme monnaie courante leur florin d'or. Les monnaies d'argent consistaient en *darems* et en *gros* ou *grossi* vénitiens, qui avaient la même valeur. Il circulait en outre une monnaie de cuivre sans coin, appelée *folari*, dont quatre-vingt-dix valaient un darem, du moins au Caire; ailleurs les folari valaient presque le double.

On trouvait au Caire un grand nombre de chrétiens des églises grecque, nubienne, géorgienne, éthiopienne, arménienne; il y avait peu de chrétiens latins; mais on comptait vingt-cinq mille chrétiens renégats. Il est probable que les Mamelouks, qui étaient nés, pour la plupart, de parens chrétiens, étaient compris dans ce nombre. Frescobaldi estimait la population du Caire supérieure à celle de toute la Toscane : dans une seule rue, il y avait plus d'habitans qu'à Florence. On disait que cent mille individus, faute de demeures, couchaient chaque nuit en plein air. Une foule de cuisiniers étaient occupés nuit et jour à cuire dans les rues et places publiques, pour les passans; des milliers de chameaux transportaient l'eau du Nil dans les maisons, et dix mille coursiers étaient toujours disposés pour le service des Sarrasins qui voulaient s'en servir pour des excursions. La ville possédait de grands dépôts de sucre, d'épiceries et de vivres. Les femmes des riches portaient des vêtemens de drap fin et de toiles d'Alexandrie, et s'enveloppaient de manière à ne laisser voir que les yeux; leurs chaussures étaient ornées d'or, d'argent, de pierreries et de perles. Les juifs et les chrétiens payaient un tribut montant à un ducat, et payable chaque treizième lune.

La rareté du bois forçait les habitans à se servir, pour combustible, de feuilles sèches, de paille et de bouse de chameau mêlée à de la terre.

Les voyageurs florentins, voulant se rendre en Palestine, firent une provision de vivres, et conclurent un marché avec le grand drogman, qui se chargea de leur fournir vingt-quatre chameaux arabes, moyennant quatre-vingt-seize ducats d'or; ils achetèrent aussi cinq ânes, pour leur servir de monture, et une tente pour y coucher la nuit. Le 19 octobre, conduits par un drogman, ils se dirigèrent sur Matarée, à l'entrée du désert. Un intendant du soudan y était occupé à récolter le fameux baume.

Quoique la plus grande surveillance s'exerçât pour empêcher qu'il n'en fût rien distrait, nos voyageurs surent gagner l'intendant, et remplirent plusieurs vases de ce baume, tant estimé alors.

Ils voyagèrent ensuite dans le désert, jusqu'au 25 octobre, sans trouver de l'eau. Voyant arriver de loin une grande caravane qui apportait des épiceries de l'Inde, ils furent obligés de se mettre à l'écart de peur d'être insultés par les Sarrasins. Des Bédouins vinrent lever sur eux un tribut de vivres; ils rencontrèrent aussi une troupe de gentilshommes français qui, de vingt, étaient réduits à neuf; ils avaient enterré plusieurs de leurs compagnons sous les sables du désert.

Le 28, ils atteignirent le pied du mont Sinaï. Après avoir fait leurs dévotions au couvent et dans les chapelles, ils se dirigèrent sur Gaza, et furent mis à contribution, en route, par une horde d'Arabes. Ils visitèrent Jérusalem à la fin de novembre, et partirent le 8 décembre pour Damas. Cette ville, avec ses faubourgs, leur parut immense; ils virent partir la caravane de la Mecque : près de vingt mille individus en faisaient partie. Chaque métier, à Damas, avait son bazar ou son quartier : de père en fils, chaque famille pratiquait toujours le même art; de là cette perfection de main-d'œuvre qu'on remarquait dans les produits des fabriques de cette ville. On faisait à Damas la meilleure essence de roses de tout le Levant; on y excellait aussi dans l'art du confiseur. Un facteur de la maison Portinari résidait à Damas; il fut très-utile à nos voyageurs. L'un d'eux mourut en cette ville; les deux autres se rendirent à Barut, afin de s'y embarquer pour l'Europe. Cette place de mer avait alors une forte garnison de troupes sarrasines. Les Vénitiens continuaient d'avoir un consul dans ce port, et une église desservie par des moines de Saint-François. Nos voyageurs virent arriver à Barut une troupe de pèlerins français, parmi lesquels il y avait des hommes de grande famille. Au mois de mai, ils s'embarquèrent sur un navire vénitien, et après une traversée orageuse, ils arrivèrent sains et saufs à Venise, d'où ils partirent ensuite pour leur ville natale.

Les annales de l'ordre de Saint-François nous fournissent aussi des preuves de la facilité que les Sarrasins accordaient, après les croisades, aux Européens, pour visiter l'Égypte. Albert de Sartène, moine de cet ordre, avait été chargé par le pape Eugène IV, en 1439, de travailler à ramener les Coptes et les Éthiopiens à l'église latine : sa commission le désignait comme légat papal « in partibus orientalibus Indiæ, Æthiopiæ, Egypti et Hierusalem [1]. »

Le commissaire du pape, s'étant embarqué à Venise pour la Syrie, se rendit de là au Caire, et demanda sur-le-champ au soudan un sauf-conduit pour se rendre dans l'Ethiopie et dans l'Inde. La mission secrète de ce moine fut suspecte au soudan : il craignait qu'il ne s'agît de quelque ligue des chrétiens d'Orient et d'Occident contre lui ; cependant il fit bien traiter l'émissaire du pape, et l'autorisa même à tenir une conférence avec les docteurs de la loi musulmane, sur les matières de la foi. Albert de Sartène, montrant autant d'assurance que s'il avait été au milieu de l'Europe, et se laissant emporter par son zèle, traita sans ménagement le mahométisme, et se répandit en invectives contre le prophète. L'auditoire s'écria qu'il avait encouru la peine de mort, et sa témérité aurait pu en effet

(1) Wadding, Annales minorum, tom. V.

lui coûter la vie. Cependant les chrétiens, employant à ce qu'il paraît la voie des présens, obtinrent sa grâce du soudan, qui fit venir le moine, l'accueillit très-bien, et lui accorda même la permission de parcourir l'Égypte et la Syrie; mais il lui défendit de passer dans l'Éthiopie et dans l'Inde. Le moine promit de se conformer aux ordres du soudan; cependant, arrivé aux frontières de l'Égypte, il crut, dans son zèle excessif, qu'il valait mieux se conformer aux ordres du pape que tenir ses promesses, et passa secrètement en Éthiopie[1]. De pareils traits ne devaient pas contribuer à donner aux Sarrasins une haute idée de la bonne foi des chrétiens d'Europe.

J'ajouterai un extrait du voyage de *l'orateur* d'Espagne, Pierre d'Anghiera, en Égypte, dans l'année 1502 : j'ai parlé de son ambassade dans le dernier chapitre; ici je me bornerai à consigner quelques-unes de ses observations sur l'état de l'Égypte sous les derniers soudans mamelouks[2]. Alexandrie lui présenta l'aspect le plus déplorable. « Impatient du repos, dit-il, je parcourus l'ancienne résidence des Ptolémées, cité autrefois si célèbre, si opulente, si belle, si peuplée : hélas! elle était tombée en ruines, et déserte en grande partie; elle avait encore sa vaste enceinte, ses rues nombreuses, ses hauts édifices; mais on en voyait l'intérieur réduit en cendres. On m'a allégué plusieurs causes de ces tristes changemens; les uns attribuaient sa décadence aux ravages de la peste; d'autres, à la guerre et aux séditions; mais d'autres regardent le despotisme de ses maîtres et la tyrannie féroce exercée en Égypte par les étrangers comme la principale

(1) Wadding, Annales minorum; tom. V.

(2) Legationis Babylon., lib. II et III.

cause de sa dépopulation. Comme Alexandrie est, avec Damas, la principale place de commerce de l'empire, tous les soudans que l'on proclame les uns après les autres pillent et écorchent les habitans de cette ville. Prêtant l'oreille aux délations, ils ont même recours aux tortures pour extorquer de l'argent, sans alléguer d'autre motif que celui-ci : « Nous voulons de l'argent. » Aussi tous les marchands de ce pays et tous les habitans riches s'attendent jour et nuit à devoir leur perte à leurs richesses; ils tremblent, et passent dans des soucis affreux une vie misérable. De là vient qu'actuellement le commerce languit, et qu'on ne voit presque plus de joaillerie. Tous les marchands feignent d'être pauvres, se nourrissent et se vêtissent chétivement, et vivent en général avec une grande parcimonie, pour ne pas exciter de soupçons. »

Pierre d'Anghiera explique l'origine des Mamelouks : « Ce sont des enfans chrétiens, achetés dans le Caucase et ailleurs, élevés durement en Égypte, exercés aux armes, et incorporés ensuite dans la troupe à cheval et dans la secte mahométane. Habitués aux fatigues, bien nourris et payés, ces cavaliers ne connaissent d'autre occupation que le maniement des armes, et se battent en général bien. De leurs rangs sortent les grands fonctionnaires de l'état, et parmi ceux-ci on élit les soudans. Les Mamelouks font trembler la population indigène : nation faible, efféminée, désarmée, adonnée uniquement aux arts mécaniques et au commerce. Un Mamelouk insulte impunément un habitant indigène, le tue même sans qu'il lui en soit demandé compte. »

Les Bédouins infestaient, à cette époque, les rives du Nil; et il n'y avait de sûreté pour les voyageurs chrétiens que dans les djermes qui remontaient le fleuve. Entre

Alexandrie et le Nil, il n'y avait plus qu'un désert : le canal et cette suite de maisons de plaisance dont parlait Frescobaldi n'existaient plus. Un grand nombre d'Éthiopiens venait comme aujourd'hui au Caire pour des affaires de commerce.

Dans toute l'Égypte, les chrétiens étaient méprisés, et regardés comme les derniers des hommes ; et ce mépris se fortifiait encore, selon Pierre d'Anghiera, de la soumission que montraient les marchands d'Europe, malgré tous les outrages qu'on leur prodiguait. Quand les Musulmans voyaient même des nobles vénitiens, qu'ils prenaient, à cause de la richesse de cette nation, pour les chefs de la chrétienté, se soumettre humblement aux avanies, jetés dans les cachots, chargés de chaînes, pourvu qu'on leur laissât faire quelque gain dans le commerce, ils concevaient l'idée la plus abjecte de tous les chrétiens, et les traitaient comme un peuple vil et vénal [1]. Pierre d'Anghiera prétend même que l'avidité avec laquelle les chrétiens recherchaient en Orient les objets de luxe contribuait à les faire mépriser par les Sarrasins. Peut-être exagère-t-il un peu : puisque les chrétiens étaient munis d'argent pour payer les riches

(1) Cùm mercatores qui ad eos assiduè commeant, ingentesque opum acervos, inutilium aromatum et effeminantum viriles animos gemmarum permutandarum gratia important, opprobriosa ferre passim ludibria, ignominias, contumelias, injurias, lucri gulosâ rabie captos videant ; cùm nacti occasionem quamcunque levem, nobiles etiam venetos (quos barbari, quia ex vicino ceteris negotiatoribus opulentiores esse cognoscunt, christianorum principes arbitrantur) catenis, carceribus, tormentisque interdùm, ut eos expilent quotidiè premant, patienterque omnia lucri causâ tolerare conspiciant, viles esse ac nullius momenti homines christianos omnes autumant. Legat. babylon., lib. III.

marchandises qu'ils recherchaient, il semble qu'il n'y avait pas de motif de les haïr ou de les mépriser à cause de ce commerce.

Uzzano [1] a dressé une liste des prix courans des marchandises qui se débitaient à Alexandrie. On y trouve l'indigo, l'encens, la lacque, les bois de sandal rouge et blanc, le poivre, la girofle, le borax, l'ambre; les miels de Catalogne, de Narbonne, de Candie, de Coron et du Golfe; deux espèces d'aloès, appelées *patico* et *socoltrino;* la canelle, le séné, les savons de Gênes, de Venise, de Tripoli, de Gaëte et de Pise; les vaires et hermines, les velours unis, les soies veloutées à ramages blancs, rouges et noirs; les huiles de Lombardie, de Séville, de Mayorque et de Tunis; l'encens, les sucres, l'ivoire, le gingembre, les métaux, le cinabre, les camelots, le kermès, &c.

Pag. 119. — *Commerce de la Grèce.*

La Morée, qui alors n'était pas dépeuplée comme elle l'est maintenant, était un pays important pour le commerce des Francs. Coron et Modon leur servaient d'echelles pour se rendre dans l'Orient; les bâtimens vénitiens y touchaient en se rendant en Syrie ou en Égypte. La république fit de ces deux places, qu'elle eut depuis la conquête de Constantinople par les Latins, des entrepôts de commerce, surtout pour les vins, le coton, la soie, le kermès, les laines, les raisins secs. On regardait la Morée comme un des pays les plus fertiles et les plus abondans en productions [2].

(1) Prattica della Mercatura, chap. XVI.

(2) Voyez la lettre de l'évêque de Tusculum, de l'an 1459, dans le tome VI de Wadding; Annales minorum.

Patras vendait de la soie et du kermès; Chiarenza ou Clarence expédiait des fruits, des grains, de la vallonée, du sel, de la soie, &c. Les marchands étrangers payaient pour les importations trois pour cent, et pour l'exportation du blé, trois et demi. L'or et l'argent n'étaient sujets à aucune taxe à l'entrée ni à la sortie [1].

Aux échelles de la Morée se liaient celles que la république vénitienne avait aux îles Ioniennes. La Grèce était convertie en une centaine de fiefs vénitiens, qu'il était défendu par la république de vendre ou de donner à d'autres qu'à des Vénitiens. Des feudataires de cette nation étaient seigneurs de Sparte, de Nicopolis, de Prévesa, de Janina; Coron, Modon et Corfou étaient remplis de colons vénitiens; on y avait envoyé aussi des artisans. Plusieurs îles de l'archipel grec étaient devenues la propriété de familles nobles, sous la suzeraineté de la république; les Pisani avaient les petites îles de Cos et de Nio; les Quirini, l'île de Stampali; les Favigiosi et Galusi, celle de Lemnos; les Sanudi, qui finirent par être déclarés archiducs de l'Archipel, furent maîtres de Poros, de Milo, de Micone, &c. C'étaient de puissans seigneurs, qui avaient leur marine et leurs troupes armées. Le territoire de l'île de Candie avait été réparti entre les nobles et les roturiers pris dans les divers quartiers de la ville de Venise. Ainsi la Grèce était remplie de familles latines, qui avaient intérêt à seconder le commerce et les vues de la métropole.

Pag. 141. — *Bois de brésil.*

On tirait le brésillet, ou bois de brésil, de l'Inde. Le P. Jordan Catalani le cite parmi les productions de ce

(1) Uzzano, Prattica della Mercatura, chap. II.

pays[1]. Marco-Polo appelle ce bois *verzin*, et dit que le meilleur croît dans l'île de Ceylan. Le *verzino colombino* du tarif de Pise[2] est sûrement le brésil de Ceylan.

Il est probable qu'on trouvait ce bois tant sur le continent que dans les îles de l'Inde.

Pag. 146. — *Rhubarbe.*

Voyez, sur cette production, le discours de Ramusio, qui s'entretint à Venise sur ce sujet avec un marchand qui avait apporté dans les lagunes la rhubarbe de Tartarie. Ramusio donne une description très-détaillée de cette plante. La pharmacie emploie plusieurs espèces de rhubarbe provenant toutes d'un immense territoire, en Asie, de près de vingt degrés de latitude, comptés depuis la province chinoise de Setchuen jusqu'aux montagnes entre la Sibérie et la Tartarie chinoise.

En longitude, ce territoire paraît s'étendre sur plus de trente degrés, et comprendre tout le plateau de l'Asie centrale. Selon M. Royle[3], les espèces connues des pharmaciens sous le nom de rhubarbe de Russie et de Turquie sont le *rheum palmatum*, tandis que la rhubarbe dite de Chine appartient à l'espèce appelée *rheum undulatum;* le commerce d'Europe en reçoit une troisième espèce, qui est le *rheum compactum*. Sur le mont Himalaya, cette plante a un port superbe, et sur le plateau de la Tartarie chi-

(1) « Cinnamomum et bresil et aliæ species omnes. » Description des merveilles d'une partie de l'Asie.

(2) Voyez Gabella di Pisa, dans le tome IV de Pagnini, Della Decima &c.

(3) Sur la rhubarbe d'Himalaya, dans le tome III des Transactions of the medic. and physic. society of Calcutta; 1827, in-8°.

noise, elle prospère encore à une élévation de seize mille pieds.

CHAP. III. — VENISE.

Pag. 151. — *Ravenne.*

Du temps du bas-empire, Ravenne avait une marine, et faisait le commerce avec l'Orient. Les marchandises du Nord y arrivaient, et s'expédiaient de là pour les contrées méridionales, et réciproquement. Les Vénitiens cherchèrent d'abord à y former des établissemens de commerce; puis, voyant que les Génois voulaient faire passer le commerce par Ravenne, pour nuire au port de Venise, ils firent des concessions aux Ravennois, afin de les empêcher de traiter avec Gênes; ils accordèrent le droit de citoyens vénitiens aux habitans de Ravenne, et quand ils furent assez forts pour ne plus craindre cette ville, ils eurent à Ravenne un vice-dominus pour surveiller leurs intérêts, c'est-à-dire pour empêcher la ville de prospérer par la liberté du commerce.

Pag. 152. — *Transport des pèlerins par la marine vénitienne.*

Quoique Marseille transportât beaucoup de pèlerins en Syrie, il s'en présentait encore un bien plus grand nombre au port de Venise, pour le trajet en Palestine. Riches et pauvres, Italiens et étrangers, y affluaient pour s'embarquer sur un des bâtimens qui partaient dans presque toutes les saisons de l'année pour l'Orient. Il y avait des magistrats chargés spécialement de surveiller l'embarquement de ces pèlerins, ainsi que leur séjour dans une ville aussi grande, où une police attentive était nécessaire, à cause de l'affluence des étrangers. Une classe d'hommes appelés *mes-*

seti ou *tolomazzi*, et semblables aux drogmans de l'Orient, était chargée, sous la surveillance de ces magistrats, de pourvoir au logement, aux changes des monnaies et à l'embarquement des pélerins : il devait toujours y en avoir deux sur la place Saint-Marc, afin d'être à la disposition des pélerins qui arriveraient, et ils ne pouvaient quitter la ville sans une permission. Ils prêtaient serment d'agir de bonne foi à l'égard des pélerins qui leur confieraient leurs intérêts; il leur était défendu de s'associer à des marchands, et de s'entendre avec les aubergistes et avec les patrons des navires. Plusieurs lois furent faites pour la protection et la sûreté des pélerins qui voudraient s'embarquer sur des navires vénitiens [1].

Pag. 156. — *Marine de Venise.*

L'arsenal de Venise, qui renfermait aussi les chantiers, excitait l'admiration des étrangers; il n'y avait rien de semblable dans aucun pays du monde. Qu'on se figure un vaste emplacement, entouré de murs, flanqué de tours, et semblable à une grande forteresse. C'est là que se préparaient l'équipement et l'armement des flottes et escadres qui allaient se répandre dans la Méditerranée; ici étaient les forges et les ateliers pour la fabrication de tous les ouvrages en fer, les ancres, la clouterie, les armes; là, on voyait les chantiers pour la charpente; ailleurs, les corderies, les voileries, &c. Par les rivières qui viennent du Frioul et de l'Istrie, Venise se procurait facilement les fers des mines et les bois des forêts de ces pays et des contrées plus éloignées. Les grosses galères qu'on employait pour

(1) Codex peregrinorum, manuscrit cité par Filiasi, Saggio sull' ant. commercio de' Veneziani, partie I.

les expéditions mercantiles avaient cent soixante-quinze pieds de long, et étaient munies de deux voiles : c'étaient les bâtimens qu'on employait pour les voyages en Flandre, en Angleterre, et en général pour les expéditions dans l'Océan, où il fallait à-la-fois lutter contre les tempêtes et contre les corsaires. Une autre espèce de galères appelées *subtiles* (*galee sottili*) avaient cent trente-cinq pieds de long, et portaient trois voiles. On les manœuvrait très-facilement, et leur course était rapide. Elles servaient particulièrement à la guerre ; aussi avait-on soin de les bien armer. Une troisième espèce enfin, intermédiaire des deux précédentes, servait uniquement au commerce du Levant ; on les appelait *mezzane*, et on leur donnait quatre voiles. Celles-ci portaient ordinairement deux cents hommes d'équipage, tandis que les grosses galères en avaient un tiers de plus. On avait encore d'autres espèces de navires, tels que les *coches*, dont la capacité permettait de transporter des cargaisons considérables, et qui s'employaient aussi au commerce du Levant, comme nous l'avons vu plus haut, par la relation du voyageur florentin Frescobaldi, qui s'embarqua sur un *coche*, de Venise pour l'Égypte. On avait des *tarèdes*, des *navires latins*, et d'autres espèces [1]. Quelquefois on construisait des vaisseaux énormes, pour le transport des hommes ou des effets. On vendait des navires aux étrangers, et ceux-ci venaient fréquemment en noliser à Venise, en se munissant d'une permission du doge, et en déposant un gage [2]. Pour les voyages de long cours, chaque navire, même

(1) Zanetti, Origine dell' arti venez.

(2) Chronique manuscrite citée par Filiasi, Saggio sull' antico commercio de' Veneziani, partie III.

marchand, avait toujours à bord un certain nombre de balestriers, ou gens de guerre, ainsi qu'une provision d'armes, pour servir aux matelots dans les cas d'attaque. Lorsque l'artillerie fut introduite dans la marine, il fallut nécessairement y conformer le système de construction et de défense des navires. C'était le gouvernement qui faisait construire, équiper et armer les galères pour les expéditions mercantiles; il mettait ensuite à l'enchère le loyer des galères et le droit de s'en servir pour ces expéditions d'outre-mer. Il était défendu à tout autre négociant d'envoyer des navires dans les ports où devaient toucher les galères privilégiées pour les expéditions de l'année. Pierre d'Anghiera trace un tableau intéressant de ces voyages annuels; je vais traduire les détails qu'il en donne.

« Rien n'est plus beau, dit cet homme d'état[1], que la marine vénitienne. En entrant dans l'arsenal on croirait voir l'entrée d'une place forte, car il est entouré de murs flanqués de tours, et gardé par des sentinelles. Là se font toutes les constructions. En avançant entre les ateliers des charpentiers et des forgerons, on est étourdi du bruit des marteaux; les uns forgent des ancres; d'autres, des épées, des pointes de lance, et toute espèce d'armes tranchantes; d'autres fabriquent des balestres et des *scorpions;* d'autres, des clous, des chaînes, et toute sorte d'instrumens en fer. Ailleurs, une multitude de femmes sont occupées à filer, à tisser, et à faire diverses espèces de toiles. Ailleurs on prépare la poudre à canon dans les moulins. Jamais on ne se repose : il semblerait que les forges de Vulcain et l'antre des Cyclopes ont été transportés dans ce lieu. En un mot, dans cet arsenal, on pré-

(1) Legationis Babyl., liber I.

pare tout ce qui est nécessaire à la marine et à l'armée de terre.

» Quand les galéasses y ont été construites et armées, on fait annoncer par un crieur public, dans les rues et carrefours, qu'un certain nombre de galéasses est prêt pour l'expédition d'Alexandrie ou d'une autre contrée; car les Vénitiens ont l'habitude d'envoyer tous les ans au loin un certain nombre de ces navires, pour acheter diverses marchandises; les unes vont au Tanaïs, en Scythie; d'autres, à Bérith, port de Damas, en Syrie; d'autres, à Alexandrie, en Égypte; beaucoup d'autres se transportent sur les côtes d'Afrique; quelques-unes se rendent en Espagne, en Flandre, dans la Grande-Bretagne; il y en a même qui vont trouver les habitans des bords de la mer Glaciale. Avant les guerres des Turcs, elles fréquentaient aussi Constantinople, et en rapportaient une grande quantité de tapis.

» Avertis par la publication faite au nom du doge et du sénat, les nobles livrés aux spéculations mercantiles s'assemblent pour l'enchère; on met les diverses galères à l'encan, et on les adjuge aux plus offrants. En vertu d'anciennes lois, on fait ensuite un examen sévère pour savoir si ceux qui s'offrent pour conduire les galéasses ont le talent nécessaire; puis on livre ces galères, toutes disposées pour le voyage, à leurs conducteurs nobles; car il n'est pas permis aux gens du peuple de conduire une galéasse. Chacun de ces navires porte cinq cents tonneaux sous le couvert. On dit qu'il en porte autant au-dessus. Le tonneau est évalué à un millier pesant. Il paraît que chaque galéasse a besoin de deux cents hommes soldés, dont cent cinquante pour les rames et les voiles; car elle a ce nombre de rames, quoiqu'on ne puisse guère s'en servir, vu la grandeur du bâtiment. On n'y a recours que dans les temps de calme plat, lorsqu'il s'agit d'entrer au port ou d'en sortir, ou de changer de direction : ils en ont trois rangs sur chaque flanc. On prépose à ces rameurs douze jeunes gens d'une grande agilité, qui montent lestement sur les mâts et les hunes, et en descendent de même au plus fort de la tempête. On les appelle les *gaillards*; c'est sur eux que pèse le plus grand fardeau du travail, dans les tempêtes et les combats : ils dirigent les autres matelots. Il y a en outre deux pilotes, sur l'avis desquels les douze gaillards ont la proue ou la poupe à tourner. Un pilote en chef, assisté d'un aide, est à la tête de tous. Enfin le patron a le commandement de tout l'équipage de la galéasse. Pour tout ce qui est nécessaire à la navigation, il y a dans le bâtiment des ouvriers choisis, tirés de l'arsenal, et élevés depuis leur enfance dans leur métier; chacun a ses aides et ses outils. Il y a des charpentiers, des forgerons, des archers, des armuriers, &c., ainsi que plusieurs cuisiniers, garde-magasins, et quatre inspecteurs de portes qui, sous la direction d'un écrivain à qui sont confiées toutes les marchandises, en surveillent l'entrée et la sortie. Il faut encore remarquer une disposition qui a été faite par les anciens Vénitiens, dans les premiers temps de la république, et qu'on a conservée jusqu'à nos temps : c'est que, pour venir au secours de la noblesse pauvre, une loi a statué que le patron de chaque galéasse, quelque part qu'elle allât, emmènerait huit fils de nobles indigens; qu'il leur donnerait une solde de soixante-dix pièces d'or et une nourriture convenable à la noblesse, et qu'il leur permettrait de porter quatre cent quintaux d'épicerie, sans payer aucun fret. En sorte qu'ils sont entièrement défrayés, et peuvent par leur industrie sortir de la pauvreté.

Ce sont les suffrages du sénat qui accordent cette faveur à un petit nombre parmi tous ceux qui la sollicitent.

« On croit que les galéasses, surtout celles qui reviennent de l'Égypte et de la Syrie, rapportent quelquefois une somme de deux cent mille ducats. Elles en rapportent en effet toute espèce de pierres précieuses, des épices, des parfums d'Arabie, et tout ce que la nature produit pour notre luxe, ainsi qu'une grande quantité de drogues médicinales qui se répandent ensuite dans toute l'Europe. Le transport et l'entrée de ces marchandises enrichit le trésor; et la république, grâce au commerce des citoyens, devient plus florissante de jour en jour. »

Paul Morosini, dans une lettre au syndic Rimburg, à Nuremberg, dit que, de son temps, la république avait vingt-quatre grosses galères qui, divisées en escadres, sillonnaient les mers, et que l'on évaluait à cent mille sequins au moins la valeur des objets que chacune de ces galères rapportait à Venise [1].

Nous avons vu que l'ordre de départ, pour les diverses escadres, a varié selon les temps. Aux témoignages cités dans le texte il faut joindre la chronique de Robert Lio [2], qui rapporte qu'en 1433 il partit une escadre pour les ports de Romanie, une autre pour Barut, une troisième pour Alexandrie, une quatrième pour la Barbarie, une cinquième pour la Flandre; qu'une sixième transporta des pelerins en Syrie, qu'enfin une septième se rendit à Aigues-Mortes, en France.

En touchant aux îles sujettes à Venise, les escadres

(1) Manuscrit cité par Filiasi, Saggio sull' ant. commercio de' Veneziani.

(2) Ibidem.

étaient obligées de prendre les dépêches du gouvernement et les lettres des particuliers tant pour les pays où elles se rendaient, que pour la métropole. On avait des bâtimens très-légers, appelés *grippes*, qui servaient d'avisos, quand une escadre, étant sur la côte d'Égypte ou de Barbarie, avait besoin de donner promptement quelque avis au sénat de Venise [1]. Le commerce avec le Levant se faisait quelquefois au comptant, et les galéasses rapportaient à Venise des sommes considérables en espèces [2]; mais il paraît qu'à leur départ elles emportaient beaucoup d'argent comptant. Uzzano [3] dit que, depuis le mois de mai jusqu'en septembre, l'argent était plus rare à Venise que pendant le reste de l'année, et que les escomptes coûtaient un pour cent de plus, à cause du départ des galères, qui emportaient beaucoup d'argent comptant, et dont l'expédition exigeait des fonds considérables. Au mois de janvier, il y avait également demande d'argent, à cause du départ des navires pour la Catalogne; mais ces demandes étaient moins fréquentes que celles des mois d'été, quand les escadres du Levant mettaient à la voile.

Pag. 174. — *Nations étrangères à Venise.*

Les Allemands apportaient à Venise une quantité immense de quincaillerie, d'outils en bois, et autres menus objets, que les Vénitiens débitaient ensuite avec bénéfice dans les marchés du Levant.

(1) Petri Mart., Legat. Babylon, lib. II.

(2) « Noscet dominatio vestra me de ducatis, pro dominatione vestrâ, cum galeis transmissis pro debito Saracinorum saccos duos, item in sacco cum 2,600, et alium cum 2,600, et byzantios albos 4,900 &c. » Lettre du bayle de Chypre au doge, citée par Filiasi.

(3) Prattica della Mercatura, chap. XLVIII.

Filiasi[1] dit positivement que les Maures ou Sarrasins avaient une fonde à Venise : elle était située sur la place appelée encore Champ ou Camp des Maures (*campo de' Mori*). C'était un vaste édifice décoré d'un portique avec des colonnes de marbre; on avait sculpté sur la façade des marchands arabes et persans, et des esclaves qui portaient des marchandises, ou qui conduisaient des chameaux. On croit aussi que les édifices appelés Ruga-Juffa servaient autrefois de demeure aux Arméniens de Perse, qu'on distinguait des autres Arméniens par le nom de *Armeni di Juffa*.

Les restrictions imposées au commerce des Juifs, à Venise, étaient très-anciennes. Déjà, en 945, une loi faite par le doge Orso Partecipazio défendit aux patrons des navires vénitiens de prendre à bord des Juifs ou d'autres marchands étrangers.

La ville de Venise renfermait, outre les étrangers appelés par le commerce, une foule d'étrangers d'une condition malheureuse : c'étaient les esclaves. Le gouvernement et les particuliers se faisaient servir par un grand nombre de Sarrasins, de Tartares, de Turcs, d'Arméniens, de Bulgares, de Bosniaques, de Russes, &c., acquis par la voie du commerce, ou enlevés pendant les guerres. On voit encore auprès du pont de Rialto de vastes souterrains où l'on enfermait chaque nuit les esclaves affectés aux travaux publics. De vieilles peintures et une tradition accréditée chez les vieux gondoliers feraient croire que l'on employait des Maures et des nègres à ramer sur les gondoles des canaux. La morale et la religion du temps ne trouvaient, à ce qu'il paraît, rien de

(1) Saggio sull' ant. commercio de' Veneziani, partie I.

choquant dans l'esclavage; et pendant tout le quinzième siècle, on voit les Vénitiens maintenir l'ancienne coutume de l'Orient. On cite un acte conservé dans les archives de Venise, et dans lequel, sous la date de 1492, un habitant de Venise vend à un autre un jeune esclave sarrasin, pour une somme de vingt-cinq sequins. Quelques auteurs vénitiens, tels que Gallicioli et Filiasi, regardent le grand nombre de ces étrangers répandus dans Venise comme une des causes de la corruption des mœurs de la république [1]. Il fut fait une loi pour défendre aux esclaves de préparer des herbes destinées aux philtres enchanteurs. Combien d'autres superstitions et coutumes abominables les esclaves orientaux ont-ils pu enseigner à leurs maîtres! Filiasi croit même que l'exemple des religieuses de l'Orient fut d'une influence pernicieuse sur la conduite de celles de Venise. La dissolution des mœurs arriva au point qu'après le tremblement de terre en 1511, le patriarche de Venise, s'élevant contre la corruption, représenta les monastères de femmes comme des lieux de prostitution publics, et les religieuses de la ville comme livrées ouvertement à la débauche [2].

Pag. 191. — *Verrerie de Venise.*

Murano a été, pendant quatre à cinq siècles, le lieu de fabrication de cette marchandise, que les Vénitiens savaient varier à l'infini, selon le goût des temps et des peuples, et qui trouvait un débit incroyable dans les contrées de l'Orient. Déjà en 1275 une loi, mentionnée dans la Chronique de Dandolo, défendit d'exporter de Venise,

(1) Filiasi, Saggio sull' antico commercio de' Veneziani; part. I.

(2) Chronique manuscrite de Priuli, citée par Filiasi, Memorie storiche de' Veneti; tom. III, chap. XXXIX.

non-seulement le sable et les autres matières premières de la verrerie, mais encore le verre cassé, que d'autres peuples pouvaient fondre et présenter sous de nouvelles formes. Il paraît qu'on avait anciennement de grosses masses de verre, pour être employées dans les fabriques. Filiasi présume qu'on les tirait de l'empire grec, où la composition du verre était parvenue à un certain degré de perfection. Une ancienne loi de Venise permet aux patrons d'embarquer ces masses pour leur servir de lest. Sabellico parle avec admiration des travaux qui s'exécutaient au commencement du quinzième siècle dans les verreries de Murano. On y fabriquait des cristaux, on y imitait en verre des fleurs, des fruits et des animaux; on y apprêtait des colliers, des bracelets, du strass, et d'autres ornemens employés à la parure des femmes; des vases, tant en verre blanc qu'en verre de couleur. La verroterie, à laquelle on donnait toute sorte de couleurs et de teintes agréables, et les fausses perles, étaient recherchées de toute part, surtout dans les contrées orientales. La miroiterie de Venise n'était pas moins renommée, et le Levant n'a connu pendant long-temps d'autres miroirs que ceux de cette ville. Plus tard, Venise eut aussi des fabriques de verres d'optique, et ce fut un nouvel article d'exportation pour les pays d'outre-mer [1].

Parmi les autres branches d'industrie pratiquées avec succès par les Vénitiens, il faut citer leurs cuirs dorés, portés à un haut degré de perfection, et leurs étoffes de pourpre et de draps d'or, qu'ils surent fabriquer dès le treizième siècle [2].

(1) Voyez Zanetti, Delle Arte &c. — Filiasi, Saggio &c., partie II.

(2) « Et illis qui præerunt ad accipiendum dacium illorum

Chaque métier, à Venise, avait ses statuts et réglemens, son église, ses écoles, sa confrérie, et formait une sorte de communauté particulière.

Pag. 204. — *Guerres entre les Génois et les Vénitiens, dans le Levant.*

Quoique le territoire de Gênes fût peu étendu, cette république fut pourtant en état, grâce à sa prospérité, d'armer des flottes considérables. Dans la guerre acharnée au sujet de la possession de Chioggia, dans l'Adriatique, elle mit en mer quatre-vingt-quatre galères, treize gros bâtimens, et cent treize bâtimens de charge [1]. En 1290, le gouvernement s'assura que la république pourrait armer cent-vingt galères. On prétend même qu'en 1293, il équipa cent-vingt galères, montées chacune par deux cent-vingt combattans; mais il est probable que c'est une exagération. Quoi qu'il en soit, Gênes fut assez puissante sur mer pour forcer sa rivale, Venise, à d'importantes concessions. C'est ainsi que dans le traité de paix conclu en 1398 entre les deux républiques il fut stipulé que, pendant treize ans, aucun bâtiment vénitien ne pourrait naviguer dans la mer Noire, ni dépasser Constantinople. C'était une conséquence du traité que Gênes venait de conclure avec l'empereur de Byzance, et qui assurait aux Génois le monopole du commerce de la mer Noire. Les Paléologues n'étaient pas assez puissans pour faire jouir les Génois de ce privilége. Aussi Gênes fut-elle obligée de se l'assurer par des combats sur mer. Déjà auparavant

hominum qui faciunt pannos ad aurum, purpuram et cendatum, &c. »; loi de l'an 1248, citée par Zanetti.

(1) Chinazzo, Histoire de la guerre de Chioggia, dans le recueil de Muratori.

ils étaient convenus, après une guerre acharnée contre les Vénitiens, que pendant deux ans la marine des deux peuples s'abstiendrait de fréquenter les parages de Tana et de Trébizonde, et que l'île de Ténédos serait confiée à la garde du duc de Savoie.

Ils continuèrent d'être partout, dans l'Orient, des rivaux extrêmement nuisibles pour les Vénitiens. Maîtres du faubourg de Péra, ils gênèrent l'abordage des navires de Venise à Constantinople, mirent leurs ennemis en prison, et forcèrent le bayle vénitien dans cette capitale à demander un autre mouillage, pour n'avoir plus rien à démêler avec les Génois de Péra [1].

Pag. 213. — *Commerce de Gênes avec le Levant.*

Il paraît que les Génois avaient réglé à-peu-près comme les Vénitiens le départ annuel des galères du Levant; elles partaient le 15 juillet, et emportaient, comme celles de Venise, beaucoup d'argent comptant. Aussi à cette époque l'argent devenait rare à Gênes, parce qu'alors on vidait les banques pour ces expéditions [2]. Les galères emportaient des cargaisons d'huile, de savon et de fruits, dont une partie était fournie par le royaume de Naples, par la Provence et le Languedoc; les safrans et les coraux faisaient aussi partie des envois, ainsi que le vif-argent des mines de l'Istrie. Uzzano donne une liste des marchandises qui se débitaient à Gênes. On y trouve

(1) « Cùm statio navium nostrarum ad palificatam Peræ non sit nisi cum maximo periculo tàm de nostris hominum quàm de eorumdem navibus et causâ scandalorum &c. » Codex bayli de Constant., manuscrit cité par Filiasi, Memorie storiche de' Veneti, tome III, chap. XXXIV.

(2) Uzzano, Prattica della Mercatura, chap. XLVIII.

une grande variété d'épices, d'arômes et de drogues du Levant. Par exemple, outre le bois d'aloës fin, cet auteur cite quatre autres sortes d'aloës, savoir, le *patico,* le *solcotrino,* le *cavallino,* le *caldamo;* trois espèces de gingembre, savoir, l'ordinaire, le *mecchino* et le vert; huit espèces de sucres, savoir, de Mayorque, de Sicile, de Damas, le sucre damasquin de Chypre, le damasquin *afatoli,* le *muzari,* le *bambillioni,* et les sucres d'une, deux à trois cuissons; quatre espèces de cire, savoir de Romanie, d'Espagne, de Barbarie et la cire *zavorra;* six espèces de mirobolans, qu'il distingue par les noms de *cabuli, cietrini, enbrici, ballcricci, indii, chondici;* deux espèces d'azur, l'outremer et le bleu du Magne[1], &c.

Pag. 217. — *Corsaires génois.*

Il faut distinguer, avec Manzi[2], les corsaires et les pirates. Les derniers étaient souvent des hommes d'un parti politique, vaincus et expulsés de la république, lesquels, poussés par le désespoir, exerçaient la piraterie contre leurs compatriotes et contre les étrangers. N'ayant pas d'asile sur terre, ils cherchaient leur subsistance sur mer, en se déclarant, en quelque sorte, les ennemis du genre humain. C'est ainsi qu'en 1323 un grand nombre de Génois du parti des Guelfes, ayant succombé aux Gibelins, et étant bannis de la république, armèrent en course dix galères, infestèrent la Méditerranée, en pillant indistinctement les navires et les côtes de Gênes et d'autres nations. On évalua leur butin à trois cent mille florins d'or. Ils allèrent

(1) Prattica della Mercatura, chap. LXXVI.

(2) Discours sur le commerce des Italiens au quatorzième siècle, à la tête du Voyage de Frescobaldi.

poursuivre lés Génois jusque dans la mer Noire, et y firent une alliance avec le khan turcoman de Sinope, qui les reçut dans le port de son petit état, et qui avoit aussi une petite marine en croisière. Mais le barbare, voulant apparemment s'emparer de leurs navires et de leur butin, médita une trahison contre ses nouveaux alliés. Il invita les chefs et les équipages de la flotte de ces pirates à un banquet, les fit cerner et massacrer. On dit que quinze cents hommes, parmi lesquels il y avait quarante nobles, périrent par cette trahison, et qu'il n'échappa de toute la flotte que trois galères, qui réussirent à gagner le large [1].

Les corsaires, au contraire, armés en course, sinon avec l'approbation, du moins avec l'assentiment tacite du gouvernement, ne faisaient la guerre qu'aux ennemis de la république, et s'emparaient, partout où ils le pouvaient, des effets appartenant aux nations avec lesquelles Gênes était en guerre. Les commandans des bâtimens corsaires visitaient même les navires neutres ou amis, pour voir s'ils n'avaient pas à bord des vivres, des armes, ou des marchandises destinés aux ennemis. Le butin qu'ils faisaient se partageait entre les chefs et l'équipage, par portions inégales, et réglées d'après les anciennes coutumes maritimes. Le Livre du consulat de mer indique avec beaucoup de détail la portion congrue de chaque fonctionnaire d'un bâtiment qui faisait du butin. Attendu qu'on regardait les Sarrasins comme les ennemis nés des chrétiens, les corsaires italiens, tant ceux de Gênes que de Pise, Naples, Sicile, les poursuivaient presque toujours dans la Méditerranée. Avant que les Florentins fussent une puissance maritime, ils prenaient quelquefois à leur solde des corsaires étrangers,

(1) Giov. Villani. Storia &c, livre IX, chap. CCXVII.

pour faire du tort à leurs ennemis; ils soudoyèrent, en 1362, Piérino Grimaldi, de Gênes, qui avait deux galères, et les ayant unies à deux autres galères, appartenant à la commune, ils firent enlever par cette petite escadre l'île de Giglio aux Pisans, leurs ennemis [1].

Les corsaires, surtout ceux de Gênes, ne distinguèrent pas toujours les ennemis et les amis, et se livrèrent trop souvent à des actes hostiles, capables de compromettre leur patrie. C'est ainsi que Philippe Doria pilla la ville de Tripoli, contre laquelle Gênes n'avait pas de motif de plainte; et cette hostilité injuste aurait mérité un châtiment exemplaire, si Gênes, peut-être pour encourager ses marins et les rendre redoutables, n'avait toujours usé d'indulgence en pareil cas.

Pag. 235. — *Orseille importée d'Orient par les* Ruccellaï.

Le lichen connu sous le nom d'orseille (*oricella, lichen roccella*) croît dans plusieurs îles de la Grèce, surtout à Candie. Il paraît que déjà dans l'antiquité elle servait à la teinture [2]. Vers l'an 1300, un marchand florentin qui faisait le commerce dans le Levant rapporta de là dans sa patrie le secret de la teinture du drap à l'aide de l'orseille. Sa famille se livra avec succès à cette branche d'industrie, d'autant plus précieuse pour Florence qu'elle était déjà en possession d'autres procédés de teinture pour ses manufactures de draps. Ces teinturiers furent désignés sous le nom d'*oricellari,* mot dont le peuple fit celui de *Ruccellaï,* qui est resté comme nom propre aux descen-

(1) Matteo Villani, Storie &c., livre XI, chap. XXVIII.

(2) Beckmann, Beyträge zur Geschichte der Erfindungen; Leipzig, 1785, tom. I, part. III.

dans du marchand qui avait apporté du Levant l'art de teindre à l'orseille[1]. On fut toujours tributaire du Levant pour la plante qui fournit la couleur rouge ou violette; mais du moins on pût imiter ce pourpre qui était tant estimé dans les cours orientales.

Par la suite, on découvrit que l'orseille était aussi indigène dans les îles Canaries, et dans celle du cap Vert. Depuis lors, on la tira en quantité de ces deux archipels, et on cessa presque de s'adresser pour cette drogue au Levant.

Pag. 241. — *Commerce des autres villes d'Italie.*

Toutes les grandes villes d'Italie prenaient une part indirecte au commerce du Levant, soit en fournissant des productions et des marchandises pour les assortimens qui devaient composer les cargaisons des navires destinés pour les ports de l'Orient, soit en consommant une partie des denrées et des riches produits que les flottilles d'Europe rapportaient de ces contrées d'outre-mer. Rome, siége du gouvernement papal, qui déployait beaucoup de faste, tant pour le culte que pour ses grands dignitaires, était toujours bien fournie de marchandises d'Orient et d'Occident. Cette métropole était un entrepôt pour la draperie du Languedoc, du Roussillon, de la Flandre et de l'Angleterre. On y débitait les fers de l'île d'Elbe, de la pelleterie, du pastel, des grains[2], &c.

Bologne était renommée pour sa toilerie, ainsi que Ferrare, et pour ses taffetas. C'est par Ancône que Florence recevait les denrées de l'Orient. Un tarif du port réglait

(1) Manni, De florentinis inventis commentarium; Ferrare, 1741, in-4°.

(2) Uzzano, Prattica della Mercatura, chap. LXVII.

les frets. Une fardelle de soie d'Andrinople, transportée à Ancône, et de là par terre à Florence, coûtait huit cents aspres, en été, et cinquante de plus en hiver; une pièce de camelot, cinq cent cinquante; une balle de kermès, six cents. Les marins d'Ancône connaissaient bien les mers : on possède encore les cartes nautiques des Benincasa et des Freducci.

Milan était pour la haute Italie ce que Rome était pour l'Italie moyenne; elle attirait tous les produits de l'industrie de la Lombardie. Vérone, Mantoue, Côme et Monza fournissaient aux magasins de Milan des draps gros et moyens. Ceux de Monza s'expédiaient sur Venise pour les assortimens destinés au Levant. Padoue envoyait à Milan son safran et son lin, Brescie, ses fers et aciers, le Montférat, du safran, des canevas et du chanvre[1]. Pour la mercerie, Milan était un des principaux marchés de l'Italie. La ville servait d'ailleurs d'entrepôt pour les laines achetées par les marchands italiens dans les marchés de Flandre, et demandées par les fabriques de draperie.

Depuis le milieu du quinzième siècle, les ducs de Milan défendirent les importations de draps étrangers, et peu de temps après, ils prohibèrent aussi l'entrée des soieries du dehors, pour favoriser les fabriques de Lombardie[2]; ce qui prouve que ce pays ne commerçait pas directement avec le Levant; car il n'aurait pu faire des assortimens pour les marchés Orientaux en excluant les tissus étrangers.

Il faut, au reste, que l'Italie, si heureusement pourvue par la nature, ait fourni beaucoup d'objets au commerce

(1) Uzzano, Prattica della Mercatura, chap. LXXXI.

(2) Gioja, Observat. d'économie publique; dans la Biblioteca ital., novembre 1826.

du Levant. Comment aurait-elle pu déployer autrement un si grand luxe, et consommer une si grande quantité des objets les plus riches que le commerce d'Orient fournissait alors? Quand on lit le Décaméron de Boccace où les mœurs du temps sont fidèlement peintes, puis le grand nombre de lois somptuaires qui furent faites par les divers états d'Italie pour réprimer la somptuosité des parures, des repas, des noces et même des funérailles[1]; enfin les descriptions que font quelques auteurs du moyen âge des costumes magnifiques pour les hommes et les femmes, on demeure convaincu que l'Italie a dû absorber une quantité immense de draps d'or, de plumes rares, de pierres précieuses, de perles, de parfums, de soieries &c.; et on peut se faire quelque idée de l'activité du commerce d'Orient. Il est vrai que ces riches étoffes se fabriquaient en partie dans l'Italie même; cependant elles ne suffisaient pas à la coquetterie des femmes, et l'Asie était mise à contribution conjointement avec l'Europe pour varier les parures. Tel était le costume qu'on appelait cyprica, et que la chronique de Musso[2] décrit comme peu décent. Depuis le sein jusqu'au bas du corps ce riche costume était couvert d'argent doré et de perles. Boccace parle aussi d'une étoffe très-fine, en soie et coton, tissée dans l'île de Chypre, et portée par les femmes riches de l'Italie; on appelait ce tissu *bucherame cipriano*[3]. Les hommes mêmes ajoutaient à leurs vête-

(1) Voyez Manzi, Discorso sopra gli spettacoli, le feste ed il lusso degl' Italiani nel secolo XIV; Rome, 1818, in-8°.

(2) Muratori, Script. rerum ital., tom. XVI; — et Manzi, Discorso &c.

(3) Décaméron de Boccace, 8e journée, nouv. X.

mens des parures, et c'était particulièrement leur coiffure qui brillait de perles et de pierres précieuses. Les deux sexes employaient les fourrures d'Asie jusqu'à la profusion; on n'en faisait pas seulement usage pour le vêtement; mais on les étalait même aux funérailles et dans les salles des grands banquets.

Chap. V. — Barcelone.

Page 289. — *Commerce de l'Andalousie.*

Selon Uzzano [1], on tirait de Grenade des maroquins rouges, du sucre en poudre, un peu de soie et de cire de bonne qualité, et des fruits secs. Les marchands italiens y apportaient de l'épicerie, de la draperie, surtout de la florence, de grosses étoffes et des papiers. A l'égard de ce dernier article je ferai remarquer que l'on avait au moyen âge du papier de lin et du papier de coton [2].

Un lieu qu'Uzzano appelle *la Lamia*, et qui est probablement le port d'Alméria, expédiait des cotons. Séville fabriquait du savon qui surpassait peu en qualité celui de Lisbonne. Ces deux villes fournissaient également du kermès [3].

Chap. VI. — France, Pays-Bas, Angleterre.

Page 278. — *Papier d'Égypte.*

Mabillon prouve que le papier d'Égypte a été en usage, tant en France qu'en Italie, jusqu'au neuvième et même jusqu'au dixième siècle [4].

(1) Prattica della Mercatura, chap. CXXIII.

(2) Dans le tarif de Siène on fait mention de « carte bambagine da scrivere. » Della Decima &c., vol. IV.

(3) Prattica della Mercatura, chap. LXIV.

(4) De re diplomaticâ, liv. I, chap. VIII.

Page 284. — *Embarquement des pèlerins à Marseille.*

Une partie des dispositions prises à Marseille au sujet des pèlerins appartient aux coutumes de la Méditerranée, comme on le voit par le livre du consulat de mer qui en contient de semblables. Ce code appelle d'abord pèlerin tout homme qui s'embarque avec des effets qui ne sont pas des marchandises; ainsi *pèlerin* et *passager* étaient synonymes. Le code prescrit les devoirs des patrons de navires envers les pèlerins qui ont payé le nolis; en cas de décès, leurs effets doivent être conservés et remis à leurs familles (chap. CXVII.); les pèlerins de leur côté ont l'obligation d'aider, de sauver et de garder le navire, de ne l'abandonner qu'à la fin du voyage, et d'assister aux conseils qui se tiennent dans le bâtiment. (Chap. CXXIII.)

Page 289. — *Tribut de poivre de Provence.*

Les tributs de poivre étaient usités aussi en d'autres parties de la France. En Bourgogne, le prieur de Notre-Dame de Semur se réservait une livre de poivre pour prix de l'affranchissement d'un serf; en 1290 le chapitre de Saint-Vincent à Châlons fit payer un quarteron de poivre par chaque marchand qui débitait cette denrée de l'Inde[1]. Il n'y a pas long-temps que les tribunaux de Corse ont retenti de la plainte des paysans de Poretto non loin de Bastia à qui Rome, en 1505, pour prix de sa protection, avait imposé un cens annuel d'une livre de poivre[2].

(1) Amanton, Annuaire du département de la Côte-d'Or; Dijon, 1827.

(2) Gazette des Tribunaux, du 31 avril 1828.

Page. 300. — *Fabriques de Languedoc.*

Carcassonne fabriquait, outre les draps, de la passementerie en coton, comme on le voit par une ordonnance de Philippe de Valois en faveur des pareurs ou passementiers de cette ville[1].

Uzzano indique les prix des pièces de quelques draps languedociens et provençaux; les plus chers, et par conséquent les plus fins, étaient ceux qu'il appelle *mischi da letto,* ils se vendaient vingt à vingt-cinq *moutons* la pièce; les blancs, *biacci da letto,* valaient seize à vingt *moutons;* les *mischi* de Grasse dix-huit à dix-neuf; les blancs de Narbonne quatorze à quinze[2], &c.

Page 340. — *Étain de Cornouailles.*

Le débit de l'étain de Cornouailles a dû être considérable dans l'Orient, selon la conjecture de J. Hawkins, auteur d'un mémoire sur le commerce de cette province[3]. Pendant long-temps on ne connut d'autres mines de ce métal que celles de Cornouailles, et les Orientaux avaient l'habitude d'étamer tous leurs vases de cuisine.

Avant que les marchands italiens vinssent chercher directement l'étain en Angleterre, il paraît qu'il se débitait à Bruges, et que de là il passait, soit dans l'intérieur de l'Allemagne, soit à Marseille, pour être transporté plus loin. Les Italiens, en l'achetant dans la suite directement

(1) « Cujuslibet panni qui fiat in Carcassonâ de cotono seu bombace albâ &c. » Ordonnance de l'an 1335, dans le tome II des Ordonnances des rois de France.

(2) Prattica della Mercatura, chap. LXIII.

(3) Transactions of the roy. Geolog. Society of Cornwall. vol. III, 1828.

en Angleterre, gagnèrent non-seulement au transport, mais ils haussèrent aussi la valeur du métal par le raffinage. Venise surtout apprit à raffiner l'étain d'une manière supérieure. Les Italiens transportaient l'étain en Égypte, en Syrie, à Constantinople, à Caffa, et jusqu'à Tauris.

TOM. II. CHAP. VIII. — CONSULATS.

Pag. 11. — *Consuls sur les navires.*

L'ordonnance de Philippe III, dont l'origine remonte à ce qu'il paraît à saint Louis, fut confirmée dans la suite; le roi Jean, par une ordonnance de l'an 1350, prescrit à la cour royale dans ce port d'autoriser, sur la réquisition des consuls, pour chaque voyage d'outre-mer, un des habitans du lieu qui s'embarqueront sur le navire à exercer une juridiction pleine et entière sur tous les marchands français, les matelots et sur les familles des gens de l'équipage. Ce consul remettra, lors de son retour, les fonds provenant de l'exercice de sa juridiction (probablement les amendes) à la cour royale, qui le récompensera selon ses peines et son mérite [1].

Ces consuls de navires paraissent avoir été en usage chez tous les peuples de la Méditerranée; il en est fait mention plusieurs fois dans le livre du consulat de mer, comme de fonctionnaires habituels dans les navires [2]. Ce

(1) « Ad requisitionem consulum teneatur curia nostra in singulis viagiis maritimis dare plenam juridictionem uni ex habitatoribus loci à consulibus præsentato qui ierit in dicto viagio, super omnes de regno nostro mercatores &c. » Privilèges d'Aigues-Mortes, dans le tome IV des Ordonnances des rois de France.

(2) Livre du consulat de mer, chapitres CCCXII, CCCXXIX et CCCXXXIII.

code autorise l'amiral à créer des consuls avec le consentement de toute la communauté du navire. Il leur accorde la moitié des amendes imposées dans le navire, et dans un autre endroit le code veut qu'ils donnent le tiers de ces amendes au capitaine, et une part à l'écrivain; mais il leur accorde la moitié des *justices* ou amendes, ainsi qu'un tapis, pour chaque navire ennemi qui sera pris. Il faut que les consuls prêtent serment à la communauté de juger loyalement et de veiller à ce que les distributions sur le navire se fassent sans fraude, ce qui fait voir qu'ils avaient la police du bâtiment. Si les vivandiers ont de faux poids ou mêlent de l'eau au vin mis en vente, et si les consuls sont convaincus de connivence avec eux, ceux-ci doivent être marqués au front et destitués [1]. Il est évident que ces consuls étaient une invention des siècles barbares, et que leurs fonctions et les peines dont leurs méfaits étaient punis se ressentaient des temps où il fallait prendre des dispositions menaçantes pour maintenir l'ordre non-seulement sur terre, mais aussi dans les navires. Le même code qui prescrit de marquer au front avec un fer chaud les consuls de navires qui sont de connivence avec des vivandiers frauduleux ordonne d'empaler vivant celui qui par malice coupe le câble du navire.

On peut remarquer la transition des consulats du dedans aux consulats du dehors dans une charte de priviléges accordés en 1129 par Roger roi de Sicile à la ville

(1) « Item, chaque consul est tenu d'agir loyalement, et s'ils consentent à quelque malversation, ils doivent perdre leur part, leur consulage, et doivent être marqués au front. » Livre du consulat de mer, chap. CCCXXXIII; traduct. de Boucher, Consulat de la mer, tome II.

de Messine. D'abord le roi accorde aux marchands qui voyagent sur mer dans les domaines napolitains de choisir entre trois un consul qui ait plein pouvoir de prononcer sur les contestations qui s'élèveraient entre eux, puis il accorde la même faculté d'élection aux marchands qui voyagent ensemble à l'étranger [1].

Pag. 32. — *Bayle vénitien à Constantinople.*

Quoique le bayle vénitien institué après la restauration du trône des Paléologues par les Génois n'eût pas la même autorité et la même pompe que l'ancien podestat de Constantinople, il conservait néanmoins plusieurs privilèges de cet ancien vice-roi ou gouverneur civil, et différait beaucoup des consuls. Il avait une sorte de cour, portait dans les cérémonies la chaussure pourpre, comme les empereurs, promulguait des édits obligatoires pour tous les Vénitiens résidant en Grèce, arborait les jours de fête le pavillon de Saint-Marc sur les clochers du quartier vénitien, et exerçait les droits seigneuriaux dans ce quartier rempli de maisons, églises, magasins, et hôtelleries. Il avait auprès de lui trois conseillers, deux juges et un avocat de la commune, un camerlingue et un connétable. Les Arméniens (probablement ceux qui professaient le culte

(1) «Volumus quod ubicumque mercatores navigiorum dominio civitatis prædictæ fuerint adunati, è tribus unum possint eligere et statuere confirmandum per consules (maris) prædictos, qui consul et nullus alius infrà regium dominium audiat, cognoscat et decidat causas ipsorum civium... coràm vero consule, per eosdem extrà nostrum dominium eligendo, omnes de nostrâ et successorum nostrorum potestate se convenient et accusent, et conveniantur et accusentur et non alibi. » Privilegia atque immunitates &c.; dans le tome II de Lünig, Codex diplomat. ital.

catholique) et les juifs de Constantinople étaient sous sa protection et appartenaient à sa juridiction. Plusieurs édits des empereurs déclarent positivement que les deux nations ne sont pas du ressort de la justice impériale; les juifs étaient obligés de payer pour cette protection des sommes très fortes; ils devaient de plus à toutes les grandes fêtes un présent au bayle. Dans le code des édits promulgués par les bayles vénitiens à Constantinople [1], il y a plusieurs dispositions relatives aux Juifs de la ville. Filiasi assure que quelques-unes sont singulières.

Pag. 33. — *Consuls vénitiens à Damas et à Sinope.*

D'anciens documens prouvent que le consul de Damas, ainsi que celui de Sinope, se faisait assister, dans les occasions importantes, par un conseil de douze membres, pris probablement parmi les marchands vénitiens qui résidaient ou séjournaient temporairement dans chacune de ces villes. Un de ces documens contient une délibération faite par le consul et par le conseil des douze dans l'église de Notre-Dame, à Sinope [2]. Selon l'historien Sandi, les consuls vénitiens dans le Levant avaient auprès d'eux un chapelain, un notaire, deux écuyers, sept serviteurs et dix chevaux de selle.

Pag. 39. — *Consul génois à Caffa.*

Ce consul n'était pas seulement un agent commercial, il était le gouverneur civil de la colonie. C'est à la demande du consul et des recteurs de la ville que le pape envoya, au quinzième siècle, le frère Jacques de Primadice

(1) Codex bajuli Constantin., manuscrit cité par Filiasi, Saggio sull' ant. commercio de' Veneziani, part. I.

(2) Filiasi, Saggio &c., part. I.

dans cette colonie, pour réformer le couvent de Saint François, qui, à ce qu'il paraît, s'était laissé gagner par la corruption de mœurs répandue dans ce port, où affluaient des étrangers de tous pays[1]. . .

Chap. VIII. — TRAITÉS DE COMMERCE.

Pag. 58. — *Traité entre Venise et Constantinople.*

En l'an 994, le doge Pietro Orsolo obtint des empereurs grecs Basile II et Constantin VIII des franchises pour les navires vénitiens qui se rendraient à Constantinople, dans l'Achaïe, en Épire, en Thrace, en Macedoine, en Chypre, à Candie, à Rhodes, &c.[2]; mais il paraît que les bulles d'or des empereurs relatives à ces priviléges n'existent plus. Ce serait le plus ancien traité de commerce avec l'Orient que Venise pourrait exhiber.

Pag. 95. — *Traités entre Venise et les rois d'Arménie.*

Le traité de l'an 1333 exemptait aussi de tout impôt les ouvriers vénitiens qui tissaient des camelots dans le royaume d'Arménie[3]. Il paraît que les Vénitiens transportaient particulièrement en Espagne et dans les ports de la Barbarie les camelots fins tissés dans ce pays. Filiasi assure qu'il existe parmi les manuscrits d'une collection particulière, à Venise, d'autres traités conclus entre cette république et les rois d'Arménie. Il y est stipulé, entre autres conditions, que les Vénitiens pourront traverser librement

(1) Wadding, Annales minorum, tome V, pag. 349.

(2) Codex Dandoli, manuscrit de la Bibliothèque ambroisienne cité par Filiasi, Saggio sull' ant. commercio &c.

(3) « Concedimus, Veniticos in terris nostris texentes zambellotos sint liberi ab omni regaliâ. » Manuscrits de la collection Svajer, cités par Filiasi, Saggio &c.

les états du roi d'Arménie pour se rendre à Tauris, en Perse, &c.

Pag. 106. — *Traités entre Venise et les Bulgares.*

Selon Filiasi [1], on possède à Venise les textes de plusieurs traités que la république avait conclus avec les rois de Rascie, les empereurs de Zagorie, et les *bans* de Croatie. Un de ces traités fut signé à Varna, en 1346, par Alexandre, empereur de Zagorie.

CHAP. X. — OBSTACLES DU COMMERCE DU LEVANT.

Pag. 175. — *Licences du commerce avec les Sarrasins.*

Il était prohibé non seulement de trafiquer avec les Sarrasins en certaines marchandises, mais il fallait même une licence pour visiter les lieux de la Terre-Sainte; ceux qui se rendaient dans ce pays sans une autorisation du pape encouraient la peine de l'excommunication. En 1420, le pape Martin V accorda aux moines de l'ordre des frères mineurs la faculté d'absoudre de l'excommunication les marchands vénitiens, génois, catalans, et leurs familles, qui, séjournant pour leur commerce dans les terres de l'Orient parmi les Sarrasins, auraient visité les lieux saints de la Palestine sans en avoir préalablement obtenu la permission. Le pape déclare que c'est en considération des secours fournis par ces Européens aux moines prédicateurs dans l'Orient qu'il leur accorde cette grâce [2].

(1) Saggio sull' ant. commercio, part. I.

(2) « Nonnulli mercatores veneti et januenses et catalani, nec non aliarum christianitatis partium, aliique christicolæ qui in terris infidelium ac inter schismaticos pro suis mercimoniis et aliis in ibi exercendis moram trahunt, et à quibus non modica per-

Pag. 204. — *Peste.*

Au onzième siècle, une peste répandue à Venise par un navire venant sans doute du Levant fit périr beaucoup de monde, ainsi que le jeune doge Jean Orseolo et sa femme Marie, princesse grecque [1].

CHAP. XI — ENVAHISSEMENT DE L'EMPIRE GREC PAR LES TURCS.

Pag. 227. — *Traités entre Venise et les Turcs.*

La paix que les Vénitiens firent avec les Turcs déplut beaucoup au clergé. Il trouvait que c'était une concession énorme faite au mahométisme de permettre aux Turcs de venir librement à Venise, comme les Vénitiens pouvaient venir à Constantinople. Æneas Sylvius, qui n'était encore qu'évêque de Sienne, exhala des plaintes amères à ce sujet dans une lettre adressée à un fameux prédicateur de l'ordre de Saint-François. « Les Vénitiens, écrit-il, ont fait la paix avec les Turcs; ils ont pris ce parti forcé pour ne pas perdre leurs possessions dans l'Orient : c'est ce que prouvent les conditions de cette paix, peu honorable pour les chrétiens. Je n'ose penser à ce que fera cette république quand nous nous apprêterons à faire la guerre aux Turcs, et je ne sais que dire des habitans de Ravenne; hélas! tout le monde est plus empressé à maintenir sa domination qu'à soutenir la foi. La piété est obligée de céder à l'ambition, et celle-ci à l'argent. Toute la chrétienté se vendrait si elle trouvait un acheteur; pourvu que le Turc donne de l'or, il trouvera tout le monde

cipitis subsidia &c » Regestum pontificium, pièces n°s 54 et 55, dans le tome V de Wadding, Annales minorum.

(1) Dandolo Chronicon.

soumis[1]. Il y a bien de la vénalité chez les gens de notre religion! »

Pag. 221. — *Soumission des alunières de Phocée aux Turcs.*

Jusqu'alors l'Europe n'avait eu d'autre alun pour la teinture selon les procédés des Orientaux que les diverses sortes dont il a été parlé dans le premier volume, et qui venaient toutes de l'Orient: telles que l'alun de roche, celui de Focée ou Foya, des environs de Smyrne; celui de Lupaï, qui venait des bords de la mer Noire; celui de Coltaï ou Cottaï, de la même contrée ou de la Syrie; celui de Castiglio, qui venait de la Barbarie, &c. La préparation de l'alun parut si merveilleuse à un évêque envoyé dans l'Orient, qu'il déclara que c'était non pas une œuvre humaine, mais une inspiration divine[2]. En 1459, un marchand génois, nommé Bartolomé Perdix ou Pernix, qui, à ce qu'il paraît, avait étudié l'exploitation des alunières de Syrie, et qui peut-être avait été employé ou intéressé dans cette entreprise, observa dans l'île d'Ischia, parmi les roches

(1) « Ematur tota christianitas si reperiat emptorem: parebunt Turco si dabit aurum &c. » Epistola Æneæ Sylvii, de l'an 1455; dans le tome VI de Wadding, Annales minorum. — Comparez la Lettre du cardinal de Cracovie, de l'an 1454, ibid.

(2) « In Turquiâ etiam fui in quodam castro posito super littus maris, in terrâ firmâ quod tenetur per unum nobilem januensem, nomine Andreolus Cathani, qui habet secum 52 equites et 400 pedites solum. Hic multa damna infert Turcis. Ibi ipse facit alumen sine quo nullus pannus benè potest tingi, et fit mirabili modo, nec scio quod illa ars potuit inveniri per humanum ingenium, sed potiùs per spiritum sanctum. » Le P. Jordan Catalani, Description des merveilles d'une partie de l'Asie.

volcaniques, des pierres alumineuses, essaya d'en extraire l'alun par la cuisson, comme il l'avait vu pratiquer en Orient, et réussit complétement[1]. Cependant il ne paraît pas que cet essai ait eu des suites. Un autre Génois trouva de l'alun à Volterra, et on y établit une alunière qui ne se soutint pas[2].

Un autre marchand italien, Jean de Castro, eut des succès plus marquans. Cet homme avait fait à Constantinople le commerce de draps et de couleurs, et il observa aussi, dans cette contrée, la manière d'apprêter l'alun. Après avoir tout perdu lors de la prise de Constantinople par les Turcs, et obligé de s'enfuir pour n'être pas massacré comme tant d'autres marchands chrétiens, il revint dans les états romains, sa patrie, et occupa une place auprès du Pape. Ayant remarqué à Tolfa qu'une plante[3] *(l'ilex aquifolium)* commune aux environs des alunières de l'Orient y croissait en abondance, il conçut l'idée de voir si les pierres du sol ne contenaient pas de l'alun. Ses premières expériences justifièrent ses conjectures, et il annonça avec joie au pape qu'il allait lui procurer le moyen de triompher des Turcs, en le mettant à même de fournir de l'alun à toute l'Europe, ce qui dispenserait le commerce de payer des sommes énormes aux Turcs pour cet article. On fit venir des Génois qui avaient travaillé aux alunières du

(1) Giustiniani, Annali della republica di Genoa: Gênes, 1537, in-folio, liv. V. — P. Pizari, Senatûs populique genuens. Historiæ; Anvers, 1579, in-folio, pag. 302.

(2) Supplementum supplem. Chronicarum; edit. à P. Jac. Phil. Bergomate; Venise; 1513, in-folio. — Vinc. Bruno, Teatro degl' inventori di tutte le cose; Naples, 1613, in-folio.

(3) Voyez Beckmann, Beyträge zur Geschichte der Erfindungen, tome II, part. I.

Levant; l'alun qu'on fabriqua fut envoyé à Venise et à Florence; on le trouva d'une qualité excellente: les Génois en achetèrent tout de suite pour vingt mille pièces d'or, et Cosme de Médicis en procura aux teinturiers de Florence pour la somme de soixante-quinze mille florins d'or. Le pape Pie II fit ériger une statue *à Jean de Castro, inventeur de l'alun*, et le récompensa selon son mérite[1].

Le succès des alunières de Tolfa encouragea les Italiens à en établir d'autres; mais celles du pape, soutenues par son autorité pontificale, étouffèrent les autres établissemens de ce genre. Après s'être attribué le monopole de l'alun[2], les papes en fixèrent arbitrairement les prix, et défendirent, sous peine d'excommunication, de faire venir de l'alun de Turquie, et de débiter dans la chrétienté l'alun oriental, afin de ne pas contribuer, est-il dit dans les bulles pontificales, à enrichir les ennemis de la foi chrétienne. Jules III, en renouvelant les prohibitions prononcées par Jules II et Paul III, lança les foudres de l'excommunication contre tous ceux qui achèteraient ou vendraient, exploiteraient, prépareraient ou transporteraient l'alun des Turcs, ou qui assureraient les cargaisons de cet alun, les déclarant

(1) « Propter quod Pius Johannem censuit dignum, quem singularibus prosequeretur honoribus, et cui statua erigeretur in patriâ, in quâ scriptum esset: « *Joanni de Castro aluminis inventori.* » Pii II Commentarii rerum memorabilium quæ temporibus suis contigerunt; Francfort, 1614, in-folio, pag. 185. — Compar. D. Ferrante della Marra, Discorsi delle famiglie estinte, forestiere, &c.; Naples, 1641, in-folio; — et Frangipani, Istoria della citta di Civita-Vecchia; Rome, 1761, in-4°.

(2) Consultez Fermosini, Tractatus criminalium; Lyon, 1670, in-fol., vol. II; — et Beckmann, Beyträge &c., t. II, où les diverses autorités relatives à l'histoire de l'alun d'Europe sont citées.

incapables de tester, de remplir des charges publiques, et de dresser des actes légaux; les villes même qui recevraient les marchands d'alun turc sont menacées de l'interdiction ecclésiastique.

Charles le Téméraire, duc de Bougogne, avait consenti, par une composition de l'an 1468, à ne recevoir que l'alun romain; cependant, comme dans la suite le pape haussa le prix de cette marchandise, Philippe-le-Beau, duc d'Autriche, fit déclarer en 1584, par un comité de bourgeois de Bruges, qu'il y aurait plus d'avantage à tirer l'alun de la Turquie. On le fit venir en effet du Levant, mais le pape Jules II se hâta de défendre ce commerce sous peine d'excomunication[1]. Il ne fut pourtant pas possible à la chambre apostolique de conserver long-temps le monopole d'une denrée que les autres peuples étaient interessés à chercher dans leur sol, et que les vaisseaux qui allaient en Turquie pouvaient rapporter facilement de ce pays. Il s'établit des alunières dans diverses contrées de l'Europe[2]; cependant celles des états romains se sont toujours maintenues, et ont justifié l'exclamation de l'inventeur Jean de Castro, qui dit à Pie II: « J'ai trouvé sept montagnes remplies d'alun: il y aurait de quoi pourvoir autant de mondes différens![3] »

Pag. 246. *Capitulation entre la France et la Turquie.*

Déjà le sultan Soliman avait accordé aux consuls, drogmans et marchands de France un sauf-conduit pour la Turquie, et Amurat avait confirmé, en 1514, ce sauf-

(1) Gobet, les Anciens Minéralogistes, vol. II.

(2) Voyez Beckmann, Beyträge &c., l. c.

(3) « At ego septem montes inveni, adeò hujuscemodi materiæ fœcundos, ut septem orbibus sufficere possint. » Pii II Commentarii rerum memorab. &c. »

conduit, en permettant aux navires et aux marchands de France de venir trafiquer en Turquie, pourvu qu'ils payassent les gabelles, les droits consulaires [1], &c.

CHAP. XII.—DÉCOUVERTE DU CAP DE BONNE-ESPÉRANCE ET DE L'AMÉRIQUE.

Pag. 273. — *Commerce d'Anvers en denrées orientales.*

Ce commerce s'accrut prodigieusement: en 1550, les Portugais importèrent des épiceries, du sucre, des pierres fines, pour la valeur de trois cent mille ducats; seize ans après, l'importation du sucre et des épices seules se monta à seize cent mille ducats, et celle des soies, camelots et étoffes d'or, à trois millions [2].

Pag. 290. — *Fausse monnaie.*

Les Sarrasins paraissent avoir eu aussi de la fausse monnaie pour tromper les chrétiens. Léon l'Africain nous apprend [3] que lorsque la ville de Tripoli en Barbarie, où les Italiens faisaient un commerce considérable, eut été soumise par Aboul-Hacen, roi de Fez, qui emmena le roi de Tripoli en captivité, une flotte de vingt bâtimens génois parut dans le port, et força la ville à se rendre. Les Génois, ayant débarqué, pillèrent les maisons, et firent les habitans prisonniers. Cependant le commandant établi par le roi de Fez négocia avec ces Italiens, et racheta les captifs moyennant une somme de cinquante mille ducats; ayant touché la rançon, les Génois mirent à la voile; mais quand ils examinèrent l'argent qu'ils avaient reçu, ils s'aperçurent que la moitié des pièces étaient fausses.

(1) Sauf-conduit d'Amurat, de l'an 1514, parmi les manuscrits de Brienne, tome LXXVIII, à la Bibliothèque du Roi.)

(2) Compar. Cavallo et Guichardin.

(3) Descript. Africæ, part. V, article Tripoli.

FIN DES NOTES ET ÉCLAIRCISSEMENS.

TABLE DES CHAPITRES

DU TOME II.

CHAPITRE VII.

CONSULATS.

CHAPITRE VIII.

TRAITÉS DE COMMERCE.

CHAPITRE IX.

SUITE DES TRAITÉS DE COMMERCE.

CHAPITRE X.

OBSTACLES DU COMMERCE DU LEVANT.

CHAPITRE XI.

ENVAHISSEMENT DE L'EMPIRE GREC PAR LES TURCS.

CHAPITRE XII.

DÉCOUVERTE DU CAP DE BONNE-ESPÉRANCE ET DE L'AMÉRIQUE.

FIN DE LA TABLE DES CHAPITRES.

TABLE ALPHABÉTIQUE

DES MATIÈRES

TRAITÉES DANS LES DEUX VOLUMES.

A

B

C

G

K

L

M

N

O

P

R

S

T

V

BIBLIOTHÈQUE ROYALE
I

FIN.

OUVRAGE DU MÊME AUTEUR.

Histoire des expéditions maritimes des Normands, et de leur établissement en France au Xe siècle.

Ouvrage qui a été couronné en 1822 par l'Académie royale des Inscriptions et Belles-Lettres. — Paris, 1826; chez Ponthieu et comp^e. Deux vol. in-8°. Prix, 12 francs.

www.ingramcontent.com/pod-product-compliance
Ingram Content Group UK Ltd.
Pitfield, Milton Keynes, MK11 3LW, UK
UKHW020127220726
13923UKWH00001B/36

9 782016 194805